公路水运工程施工安全
重大隐患排查要点

中国交通建设监理协会 主编

交通运输部安全与质量监督管理司 审定

人民交通出版社股份有限公司
China Communications Press Co.,Ltd.

内 容 提 要

本书由中国交通建设监理协会组织编写,交通运输部安全与质量监督管理司审定。全书共七章,分别为:施工安全隐患排查治理体系、临时设施及设备重大隐患排查、主要工序作业安全重大隐患排查、桥隧工程施工安全重大隐患排查、港口与航道工程安全隐患排查、特殊环境安全隐患排查、典型案例。书末附有《中华人民共和国安全生产法》和《公路水运工程建设重大事故隐患清单管理制度》。

本书图文并茂,文字精炼,具有较强的可读性和实用性,可作为公路水运工程监理从业人员安全管理知识轮训及继续教育教材使用,也可供交通建设项目管理、设计、施工等单位相关人员及高等院校相关专业师生学习参考。

图书在版编目(CIP)数据

公路水运工程施工安全重大隐患排查要点 / 中国交通建设监理协会主编. — 北京:人民交通出版社股份有限公司,2015.11
ISBN 978-7-114-12460-0

Ⅰ.①公… Ⅱ.①中… Ⅲ.①道路施工 – 安全管理 – 技术培训 – 教材②航道工程 – 工程施工 – 安全管理 – 技术培训 – 教材 Ⅳ.①U415.12②U615.1

中国版本图书馆 CIP 数据核字(2015)第 199631 号

书 名:	公路水运工程施工安全重大隐患排查要点
著 作 者:	中国交通建设监理协会
责任编辑:	孙 玺 黎小东
出版发行:	人民交通出版社股份有限公司
地 址:	(100011)北京市朝阳区安定门外外馆斜街 3 号
网 址:	http://www.ccpress.com.cn
销售电话:	(010)59757973
总 经 销:	人民交通出版社股份有限公司发行部
经 销:	各地新华书店
印 刷:	北京盛通印刷股份有限公司
开 本:	880×1230 1/16
印 张:	20
字 数:	560 千
版 次:	2015 年 11 月 第 1 版
印 次:	2023 年 10 月 第 9 次印刷
书 号:	ISBN 978-7-114-12460-0
定 价:	79.00 元

(有印刷、装订质量问题的图书由本公司负责调换)

《公路水运工程施工安全重大隐患排查要点》

编审委员会

主　　　任：黄　勇
副　主　任：刘　钊
委　　　员：马　忠　王　辉　王立强　关长禄　何　光
　　　　　　何　祎　吴志昂　张德军　杨黔江　陈传明
　　　　　　周　河　胡　兮　章　琦　黄　波　黄宏宝
　　　　　　程德宏（按姓氏笔画排序）
统　　　稿：何　祎　陈传明

审查组组长：黄　勇
成　　　员：陈　萍　翁优灵　刘　巍　桂志敬　周元超
　　　　　　吕翠玲

序 Preface

平安交通是建设"四个交通"的基础,是构筑现代交通运输体系重要一环。近几年来,公路水运行业安全生产深入开展"平安工地"建设,集中开展专项整治,突出落实安全责任,强化安全生产基层、基础、基本功建设,有效地防范和遏制了重特大事故发生。

随着我国经济社会的发展,公路水运行业安全生产面临新挑战,不断完善隐患排查治理和安全预防控制体系,是对公路水运行业安全隐患的一次大清查、大扫除,是新常态下加强安全生产形势研判,改进安全工作方式、创新公路水运行业安全管理的有益尝试,也是主动适应新常态,全面构建交通运输安全新体系重要环节。

中国交通建设监理协会组织相关专家学者编写的《公路水运工程施工安全重大隐患排查要点》,以公路水运工程重大事故隐患清单为指南,通过施工现场临时设施、重要设备、重点工序梳理,聚焦重大隐患,分析规律特点,传承固化经验,图文并茂,简洁实用,可作为公路水运行业工程监理人员和交通运输主管部门、项目业主以及从事安全生产监督管理人员提高业务素质的学习教材。

随着我国公路水运基础设施建设持续推进,工程建设条件更为艰巨,安全事故诱因更为复杂,工程质量安全风险持续加大。广大从业人员必须把安全发展理念贯穿于公路水运建设全过程,坚持安全第一,预防为主,综合治理,坚持红线意识和底线思维,强化重点时段、重点地区、重点领域、重点环节的安全监管,确保安全监管全覆盖,安全隐患零容忍,为交通运输健康发展提供强有力的安全生产保障。

2015 年 10 月

前言
Foreword

交通建设安全生产工作，事关人民群众生命财产安全，事关经济发展和社会稳定。为深入贯彻落实党的十八大、十八届三中、四中全会精神，加强交通建设安全生产形势研判，强化隐患排查，推进安全生产风险管理，建立隐患排查治理体系和安全预防控制体系，提高公路水运工程监理人员现场施工安全隐患排查能力，遏制重特大安全事故发生，经交通运输部安全与质量监督管理司同意，中国交通建设监理协会分别于2014年4月、2015年3月在北京召开了《公路水运工程施工安全重大隐患排查要点》培训教材的大纲编写工作会及教材审稿会。在教材的编写过程中，编写人员结合公路水运工程建设实际和监理工作需要，力求体现国际和国内工程建设管理与工程监理最新成果，图文并茂、简洁直观，突出实用性和可操作性。编写后的教材经专家函审、编者修改、专家会审定后出版。

本教材共分七章，包括施工安全隐患排查体系、临时设施及设备重大隐患排查、主要工序（通用）作业安全重大隐患排查、桥隧工程施工安全重大隐患排查、水运工程安全隐患排查、特殊环境安全隐患排查、典型案例等，书末附有《中华人民共和国安全生产法》和《公路水运工程建设重大事故隐患清单管理制度》。具体编写分工如下：第一章何祎、程德宏，第二章何光、杨黔江、吴志昂、陈传明、胡兮、王立强，第三章陈传明、周河、张德军、吴志昂、王立强，第四章关长禄、黄波，第五章王立强、黄宏宝，第六章王辉、章琦，第七章程德宏。全书由长沙理工大学何祎副教授、安徽省高等级公路工程监理有限公司陈传明高级工程师负责统稿。

教材的编写工作历时一年多。在编写过程中，长沙理工大学、吉林省交通基本建设质量监督站、上海市交通建设工程安全质量监督站、安徽省交通建设工程质量监督局、湖北省交通运输厅工程质量监督局、贵州省交通建设工程质量监督局、重庆市交通委员会工程质量安全监督局、天津港建设工程质量安全监督站、厦门市交通基本建设工程质量监督检测站、安徽省高等级公路工程监理有限公司、中交第一航务工程局有限公司、贵州省公路工程集团有限公司、广西八桂工程监理咨询有限公司、广州南华工程管理有限公司等单位提供了大力支持，在此谨向他们表示衷心感谢。

本书由交通运输部安全与质量监督管理司组织审定。主审专家对本书的成稿和内容质量的提升提出了许多建设性意见，在此向交通运输部安全与质量监督管理司领导和主审专家表示衷心感谢！

本书可作为公路水运工程监理从业人员安全管理知识轮训及继续教育教材使用，也可供交通建设项目管理、设计、施工等单位相关人员及高等院校相关专业师生学习参考。

限于编者的水平和经验，书中谬误和疏漏之处在所难免，敬请读者批评指正。

编　者

2015 年 10 月

目 录
Contents

第一章 施工安全隐患排查治理体系 ... 1
- 第一节 概述 ... 2
- 第二节 监理单位安全生产责任体系 ... 7
- 第三节 安全隐患排查程序与要求 ... 13
- 第四节 安全隐患排查方法 ... 16
- 第五节 施工安全风险评估 ... 20

第二章 临时设施及设备重大隐患排查 ... 29
- 第一节 临时工程 ... 30
- 第二节 临时用电 ... 38
- 第三节 特种设备 ... 41
- 第四节 大型专用设备 ... 100

第三章 主要工序（通用）作业安全重大隐患排查 ... 121
- 第一节 深大基坑施工 ... 122
- 第二节 桩基施工 ... 139
- 第三节 高边坡施工 ... 152
- 第四节 模板支架 ... 166
- 第五节 爆破作业 ... 173

第四章 桥隧工程施工安全重大隐患排查 ... 185
- 第一节 桥梁施工 ... 186
- 第二节 隧道工程 ... 205

第五章 港口与航道工程安全隐患排查 ... 237
- 第一节 水上抛填、潜水作业 ... 238
- 第二节 船舶作业 ... 241
- 第三节 大型预制构件出运和安装 ... 248

第六章 特殊环境安全隐患排查 ... 255
- 第一节 不良地质、环境施工 ... 256
- 第二节 台风和突风的预防 ... 265
- 第三节 跨线施工 ... 268

第七章 典型案例 ... 275

附录 ... 292
- 附录1 中华人民共和国安全生产法 ... 292
- 附录2 公路水运工程建设重大事故隐患清单管理制度 ... 304

参考文献 ... 309

第一章

施工安全隐患排查治理体系

为建立公路水运工程事故隐患排查治理的长效机制，消除重大事故隐患，防止或减少生产安全事故的发生，根据国家有关法律、法规、部门规章和文件的规定，公路水运工程必须开展安全生产隐患排查治理工作。隐患排查治理是安全监理的基础性工作，是抓好安全监理工作的关键。本章主要介绍安全生产隐患排查治理和风险管理的基本概念、监理单位的安全责任、监理单位的安全生产法律责任、监理单位安全生产责任体系、安全隐患排查程序与要求、安全隐患排查方法与治理措施及施工安全风险评估等方面内容。

第一节 概　　述

一、基本概念

1. 安全生产事故隐患

依据国家安全生产监督管理总局《安全生产事故隐患排查治理暂行规定》第三条规定，安全生产事故隐患（以下简称事故隐患），是指生产经营单位违反安全生产法律、法规、规章、标准、规程和安全生产管理制度的规定，或者因其他因素在生产经营活动中存在可能导致事故发生的物的危险状态、人的不安全行为和管理上的缺陷。

在事故隐患的三种表现中，物的危险状态是指生产过程或生产区域内的物质条件（如材料、工具、设备、设施、成品、半成品等）处于危险状态；人的不安全行为是指人在工作过程中的操作、指示或其他具体行为不符合安全规定；管理上的缺陷是指在开展各种生产活动中所必需的各种组织、协调等行动存在缺陷。

2. 事故隐患分级

事故隐患分为一般事故隐患和重大事故隐患。一般事故隐患，是指危害和整改难度较小，发现后能够立即整改排除的隐患。重大事故隐患，是指危害和整改难度较大，应当全部或者局部停产停业，并经过一定时间整改治理方能排除的隐患，或者因外部因素影响致使生产经营单位自身难以排除的隐患。

3. 隐患排查

隐患排查是指生产经营单位组织安全生产管理人员、工程技术人员和其他相关人员对本单位的事故隐患进行排查，并对排查出的事故隐患按照事故隐患的等级进行登记，建立事故隐患信息档案。

生产经营单位应当建立健全事故隐患排查治理制度，生产经营单位主要负责人对本单位事故隐患排查治理工作全面负责。任何单位和个人一旦发现事故隐患，均有权向安全监管监察部门和有关部门报告。

4. 隐患治理

隐患治理是指消除或控制隐患的活动或过程。对排查出的事故隐患，应当按照事故隐患的等级进行登记，建立事故隐患信息档案，并按照职责分工实施监控治理。对于一般事故隐患，由于其危害和整改难度较小，发现后应当由生产经营单位（如企业、项目、班组等）负责人或者有关人员立即组织整改。对于重大事故隐患，由生产经营单位主要负责人组织制订并实施事故隐患治理方案。

事故源于隐患，隐患是滋生事故的土壤和温床。"预防为主、综合治理"的前提，就是首先通过主动排查，全范围、全方位、全过程地去发现存在的隐患，然后综合采取各种有效手段，治理各类隐患和问题，把事故消灭在萌芽状态。只有这样，"安全第一"才能得到真正实现。从这个意义上说，排查治理隐患是落实安全生产方针的最基本任务和最有效途径。

二、安全生产事故隐患分类

依据国家和行业有关安全生产方面的法律、法规、标准、规范、规程以及部门规章要求，结合建设工程施工管理的特点，安全生产事故隐患可分为基础管理和现场管理两大类。对于基础管理类的事故隐患，排查治理时主要通过查阅工程管理资料的方法获得；而现场管理类事故隐患则需要对作业现场进行实地检查。

为了兼顾隐患的统计分析工作，了解隐患的分布情况，以便更有针对性地开展安全生产管理工作，制订相应的对策措施，将事故隐患基础管理部分细分为17个小类，具体见表1-1-1；将现场管理部分细分为16个小类，具体见表1-1-2。

事故隐患排查基础管理主要内容划分表　　　　表1-1-1

序号	隐患类别	序号	隐患类别
1	资质证照	10	临时用电
2	安全生产管理机构及人员	11	安全生产管理档案
3	安全生产管理制度	12	安全生产投入
4	施工组织设计	13	应急管理
5	专项施工方案	14	特种设备基础管理
6	安全操作规程	15	职业卫生基础管理
7	教育培训	16	相关方基础管理
8	技术交底	17	其他基础管理
9	风险预控		

事故隐患排查现场管理主要内容划分表　　　　表1-1-2

序号	隐患类别	序号	隐患类别
1	特种设备现场管理	9	职业卫生现场安全
2	生产设备设施及工艺	10	路基工程
3	场所环境	11	路面工程
4	安全防护	12	桥梁工程
5	主要工序作业	13	隧道工程
6	从业人员操作行为	14	水运工程
7	消防安全	15	相关方现场管理
8	临时用电	16	其他现场管理

1. 基础管理类隐患

基础管理类隐患主要包括施工单位资质证照、安全生产管理机构及人员、安全生产责任制、安全生产管理制度、施工组织设计、专项施工方案、安全操作规程、教育培训、技术交底、风险预控、临时用电、安全生产管理档案、安全生产投入、应急救援、特种设备基础管理、职业卫生基础管理、相关方基础管理、其他基础管理等方面存在的缺陷。

（1）施工单位资质证照类隐患

施工单位资质证照类隐患主要是指生产经营单位在企业资质证件、招投标管理、分包管理、安全生产许可证、消防验收报告、安全评价报告等方面存在的不符合法律法规的问题和缺陷。

（2）安全生产管理机构及人员类隐患

安全生产管理机构及人员类隐患主要是指施工单位未根据自身生产经营的特点，依据相关法律法规或标准要求，设置安全生产管理机构或者配备专职安全生产管理人员。

（3）安全生产管理制度类隐患

根据施工单位的特点，安全生产管理制度主要包括：安全生产许可证制度、安全生产责任制度、安全生产管理机构和专职管理人员制度、安全生产三类人员考核持证上岗制度、特种作业人员持证上岗制度、安全技术措施制度、专项施工方案审查制度、安全生产例会制度、安全生产教育和培训制度、安全生产技术交底制度、安全生产费用管理制度、安全生产检查制度、防护用品及设备设施管理制度、危险品安全管理制度、消防安全责任制度、特种设备管理制度、安全生产奖惩考核制度、安全生产事故隐患排查治理制度、意外伤害保险制度、安全事故应急救援预案管理制度、生产安全事故调查处理及报告制度、其他保障安全生产和职业健康的规章制度等。

安全生产责任制度是安全生产管理基础制度，根据施工单位建设项目的规模，安全生产责任制应涵盖单位主要负责人、安全生产负责人、项目负责人、专职安全生产管理人员、一般管理人员、技术员、岗位员工等层级的安全生产职责。未建立安全生产责任制或责任制建立不完善的，属于此类隐患。

施工单位缺少某类安全生产管理制度或某类制度制定不完善时，则称其为安全生产管理制度类隐患。

（4）施工组织设计类隐患

施工单位应编写施工组织设计，施工组织设计中的安全技术措施，应当具有较强的针对性、可操作性和指导性；施工组织设计应经施工企业技术负责人（实行总承包的为总承包企业技术负责人和专业总承包企业技术负责人）审核、签字。无施工组织设计，施工组织设计中安全技术措施内容不全，操作性不强，缺少针对性，施工组织设计审核手续不完善，则称其为施工组织设计类隐患。

（5）专项施工方案类隐患

针对危险性较大的分部分项工程，施工单位应按要求编制专项施工方案，专项方案应当内容齐全，安全技术措施具备针对性和可操作性；对达到一定规模的危险性较大的分部分项工程，施工单位应组织专家对专项施工方案进行审查、论证；施工中应严格执行专项施工方案，不得随意更改。危险性较大的分部分项工程专项施工方案不全，专项施工方案未经审核、签字或未经专家审查、论证，则称其为专项施工方案类隐患。

（6）安全操作规程类隐患

施工单位缺少岗位操作规程或是岗位操作规程制定不完善的，则称其为安全操作规程类隐患。

（7）教育培训类隐患

施工单位教育培训包括对单位主要负责人、项目负责人、专职安全管理人员、从业人员以及特种作业人员的教育培训，施工单位应根据相关法律法规，满足培训时间、培训内容的要求。施工单位未开展安全生产教育培训或培训时间、培训内容不达标的，称其为教育培训类隐患。

（8）技术交底类隐患

施工单位应落实安全生产技术交底制度，明确交底责任人、对象、方法、内容，逐级交底记录清晰、真实，内容可行，建立逐级交底台账。未建立安全技术交底制度，安全技术交底资料不全，内容无针对性，未建立交底台账，交底记录不真实，未逐级交底，未经双方签字确认等，称其为技术交底类隐患。

（9）风险预控类隐患

施工单位对风险源识别全面，预控措施操作性强，对重大风险源应制订安全管理方案，按规定开展桥隧及高边坡施工安全风险评估，重大风险源要对作业人员进行书面告知，按规定开展地质灾害评估。重大风险源未制订安全管理方案，方案中未明确责任人或预控措施针对性不强，风险源识别不全或预控措施操作性不强，未按规定开展桥隧及高边坡施工安全风险评估，重大风险源未对作业人员进行书面告知，未按规定开展地质灾害评估，称其为风险预控类隐患。

（10）临时用电类隐患

施工单位应按规定制订临时用电方案，标注用电平面布置图，巡视维修保养记录完整。未制订临时用电方案，方案中用电设备清单、负荷计算、用电工程图纸等不完整，未标注用电平面布置图，无电工巡视维修保养记录或记录不连续，称其为临时用电类隐患。

（11）安全生产管理档案类隐患

安全生产记录档案主要包括：在建工程安全生产监督及相关证件档案，安全生产责任制度资料档案，教育培训记录档案，施工组织设计与专项施工方案报审资料档案，安全生产事故隐患排查治理档案，安全检查记录档案，危险场所、设备设施安全管理记录档案，危险作业管理记录档案，劳动防护用品配备和管理记录档案，安全生产奖惩记录档案，安全生产会议记录档案，安全事故管理记录档案，安全检查及巡视记录，职业健康危害申报档案，意外伤害保险缴费记录，安全生产费用台账等。

施工单位未建立安全生产管理档案或档案建立不完善的，属于安全生产管理档案类隐患。

（12）安全生产投入类隐患

施工单位应根据规定，结合本单位和项目实际，建立安全生产费用保障制度。安全生产费用应当专项用于下列安全生产事项，主要包括下列支出：设置、完善、改造和维护安全防护设施设备支出；配备、维护、保养应急救援器材、设备支出和应急演练支出；重大风险源和安全事故隐患评估、监控（包括远程监控设施）和整改支出；安全生产检查、咨询、评价和安全生产标准化建设支出；配备和更新现场作业人员安全防护用品支出；安全生产宣传、教育、培训支出；安全生产适用的新技术、新标准、新工艺、新装备的推广应用支出；安全设施及特种设备检测检验支出；其他与安全生产直接相关的支出。

施工单位在安全生产投入方面存在的问题和缺陷，称其为安全生产投入类隐患。

（13）应急管理类隐患

应急管理包括应急机构和队伍、应急预案和演练、应急设施设备及物资、事故救援等方面的内容。应急机构和队伍方面的内容应包括：制定应急管理制度，按要求和标准建立应急救援队伍，未建立专职救援队伍的要与邻近相关专业专职应急救援队伍签订救援协议、建立救援协作关系，规范开展救援队伍训练和演练。应急预案和演练方面的内容应包括：按规定编制安全生产应急预案，重点作业岗位有应急处置方案或措施，并按规定报当地主管部门备案、通报相关应急协作单位，定期与不定期相结合组织开展应急演练，演练后进行评估总结，根据评估总结对应急预案进行改进。应急设施装备和物资方面的内容应包括：按相关规定和要求建设应急设施、配备应急装备、储备应急物资，并进行经常性检查、维护保养，确保其完好可靠。事故救援方面的内容应包括：事故发生后，立即启动相应应急预案，积极开展救援；事故救援结束后进行分析总结，编制救援报告，并对应急工作进行改进。

施工单位在应急管理方面存在的问题和缺陷，称其为应急管理类隐患。

（14）特种设备基础管理类隐患

特种设备属于专项管理，在安全生产事故隐患分类中，为了将专项管理加以区分，将其分别分为基础管理和现场管理两部分。

凡涉及施工单位在特种设备相关管理方面不符合法律法规的内容，均归于特种设备基础管理类隐患。这类隐患主要包括特种设备管理机构和人员、特种设备管理制度、特种设备事故应急救援、特种设备档案记录、特种设备的检验报告、特种设备维护或保养记录、特种作业人员证件、特种作业人员培训等内容。

(15) 职业卫生基础管理类隐患

与特种设备类似，职业卫生也属于专项管理。凡涉及施工单位在职业卫生相关管理方面不符合法律法规的内容，均归于职业卫生基础管理类隐患。这类隐患主要包括职业危害申报、变更申报、职业病防治计划及实施方案、职业卫生管理制度或操作规程、危害因素检测报告、职业危害因素监测及评价、危害告知、设备及化学品材料中文说明书、职业健康监护档案、职业卫生档案、职业卫生机构及人员、职业卫生教育培训、职业卫生应急救援预案等内容。

(16) 相关方基础管理类隐患

相关方是指施工单位将生产经营项目、场所、设备发包或者出租给的其他生产经营单位。施工单位涉及相关方面的管理问题，属于相关方基础管理类隐患。

(17) 其他基础管理类隐患

不属于上述 16 种隐患分类的安全生产基础管理类的不符合项，属于其他基础管理类隐患。

2. 现场管理类隐患

现场管理类隐患主要是针对特种设备现场管理、生产设备设施、场所环境、安全防护、主要工序作业、从业人员操作行为、消防安全、临时用电安全、职业卫生现场安全、有限空间现场安全、辅助动力系统、路基路面工程、桥梁工程、隧道工程、水运工程、相关方现场管理、其他现场管理等方面存在的缺陷。

(1) 特种设备现场管理类隐患

公路水运工程中特种设备主要包括锅炉、压力容器(含气瓶)、压力管道、施工升降机、起重机械(含架桥机)等。这类设备自身及其现场管理方面存在的缺陷，属于特种设备现场管理类隐患。

(2) 生产设备设施及工艺类隐患

施工单位生产设备设施及工艺方面存在的缺陷，称为生产设备设施及工艺类隐患，该类隐患中包括重大危险源使用和管理存在的问题和缺陷。此处的生产设备设施主要针对大中型设备、高处作业及临时设施的拆除施工，不包括特种设备、电力设备设施、消防设备设施、应急救援设施装备以及辅助动力系统涉及的设备设施。

(3) 场所环境类隐患

施工单位场所环境类隐患主要包括项目施工驻地、拌和站、预制场、钢筋加工场、施工便道便桥、易燃易爆场所、危险化学品作业场所、地质不良场所施工、台风与突风预防、跨线施工等方面存在的问题和缺陷。

(4) 安全防护类隐患

主要包括防护栏杆、安全网及其他防打击、防坠落措施；文明施工、安全警示标识、标牌；避雷设备和个体防护等方面存在的问题和缺陷。

(5) 主要工序作业类隐患

主要包括桥梁深水围堰、支架脚手架、模板、起重安装、隧道开挖、支护、各类爆破作业、高边坡、深基坑施工等方面存在的问题和缺陷。

(6) 从业人员操作行为类隐患

从业人员"三违"主要包括：从业人员违反操作规程进行作业、违反劳动纪律进行作业、负责人违反操作规程指挥从业人员进行作业。从业人员操作行为类隐患包括"三违"行为和个人防护用品佩戴两方面。

(7) 消防安全类隐患

施工单位消防方面存在的缺陷，称为消防安全类隐患，主要包括应急照明、动火作业、消防设施与器材等内容。

(8)临时用电安全类隐患

施工单位涉及用电安全方面的问题和缺陷，称为用电安全类隐患，主要包括配电室，配电箱、柜，电气线路敷设，固定用电设备，插座，临时用电，潮湿作业场所用电，安全电压使用等内容。

(9)职业卫生现场安全类隐患

职业卫生专项管理中，涉及生产经营单位在职业卫生现场安全方面不符合法律法规的内容，均归于职业卫生现场安全类隐患。这类隐患主要包括禁止超标作业，检、维修要求，防护设施，公告栏，警示标识，生产布局，防护设施和个人防护用品等方面存在的问题和缺陷。

(10)路基工程类施工隐患

主要包括地质灾害地段路基施工、特殊路基施工等方面存在的问题和缺陷。

(11)路面工程类施工隐患

主要包括路面基层底基层施工、水泥路面施工、沥青路面施工、交通安全组织管理等方面存在的问题和缺陷。

(12)桥梁工程类施工隐患

主要包括基础施工、下部结构施工、上部结构施工等方面存在的问题和缺陷。

(13)隧道工程类施工隐患

主要包括隧道施工一般安全要求、隧道开挖、初期支护与衬砌、隧道监控量测与超前地质预报、通风防尘照明、排水及消防、瓦斯隧道施工、信息管理等方面存在的问题和缺陷。

(14)水运工程类施工隐患

主要包括施工船舶及临时电缆、码头工程或通航建筑物、航道工程等方面存在的问题和缺陷。

(15)相关方现场管理类隐患

涉及相关方现场管理方面的缺陷和问题，属于相关方现场管理类隐患。

(16)其他现场管理类隐患

不属于上述15种隐患分类的安全生产现场管理类的项，属于其他现场管理类隐患。

三、安全生产事故隐患排查治理目标

贯彻执行国家安全生产方面的法律、法规、规章、标准、规程，落实安全生产管理规章制度；全面排查安全生产行为、基本条件、基础设施、技术装备等方面存在的安全隐患；通过安全隐患排查治理，落实各相关方的责任领导、责任部门、责任人，制订治理措施并限期整改；有效杜绝施工作业中的"违章指挥、违章操作、违反劳动纪律"等违法行为；减少和防止生产安全事故的发生，实现安全生产工作目标。

第二节　监理单位安全生产责任体系

一、监理单位的安全责任

《建设工程安全生产管理条例》第十四条规定的监理单位的安全责任是：

"工程监理单位应当审查施工组织设计中的安全技术措施或者专项施工方案是否符合工程建设强制性标准。

工程监理单位在实施监理过程中，发现存在安全事故隐患的，应当要求施工单位整改；情况严重的，应当要求施工单位暂时停止施工，并及时报告建设单位。施工单位拒不整改或者不停止施工的，工程监理单位应当及时向有关主管部门报告。

工程监理单位和监理工程师应当按照法律、法规和工程建设强制性标准实施监理，并对建设工程安全生产承担监理责任。"

监理的安全责任包括以下内涵：

(1)审查施工组织设计中的安全技术措施以及专项施工方案是否符合工程建设强制性标准，是工程监理单位重要的安全责任。

①施工组织设计中必须包含安全技术措施和施工现场临时用电方案。监理工程师对施工组织设计审查一般包括：安全管理、质量管理和安全保证体系的组织机构，项目经理、工长、安全管理人员、特种作业人员配备的人员数量及安全资格培训持证上岗情况；施工安全生产责任制、安全管理规章制度、安全操作规程的制定情况；起重机械设备、施工机具和电气设备等设置是否符合规范要求；基坑支护、模板、脚手架工程、起重机械设备和整体提升脚手架拆装等专项施工方案是否符合规范要求；事故应急救援预案的制订情况；冬季、雨季等季节性施工方案的制订情况；施工总平面图是否合理，办公、宿舍、食堂等临时设施的设置以及施工现场场地、道路、排污、排水、防火措施是否符合有关安全技术标准规范和文明施工的要求；施工单位（包括总承包单位和专业承包单位）的技术负责人是否进行了审核，签字手续是否齐全。

②施工单位对不良地质条件下有潜在危险性的土方、石方开挖，滑坡和高边坡处理，桩基础、挡墙基础、深水基础及围堰工程；桥梁工程中的梁、拱、柱等构件施工等，隧道工程中的不良地质隧道、高瓦斯隧道、水底海底隧道等，水上工程中的打桩船作业、施工船作业、外海孤岛作业、边通航边施工作业等，水下工程中的水下焊接、混凝土浇筑、爆破工程等，爆破工程，大型临时工程中的大型支架、模板、便桥的架设与拆除，桥梁、码头的加固与拆除，以及其他危险性较大部分项工程应当编制专项施工方案。对行业主管部门要求施工单位应当组织专家进行论证、审查的专项方案，应当及时组织论证、审查。

③工程监理单位对施工组织设计安全技术措施和专项施工方案进行审查，重点在于是否符合工程建设强制性标准，对于达不到强制性标准的，应当要求施工单位进行补充完善。

④对于施工单位提交的专项施工方案，还应审查施工单位（包括总承包单位和专业承包单位）的技术负责人是否进行了审核，签字手续是否齐全。有专家论证、审查要求的，是否进行了论证、审查，是否按照专家意见修改完善。

⑤在程序上，监理工程师首先应当熟悉设计文件，对图纸中存在的有关问题，提出书面的意见和建议；并按照监理规范的要求，在工程项目开工前，由总监理工程师组织专业监理工程师审查施工单位报送的施工组织设计，提出审查意见，并经总监理工程师审核、签字；在分部分项工程开工前，由总监理工程师组织专业监理工程师审查施工单位报送的危险性较大分部分项工程专项施工方案，提出审查意见，并经总监理工程师审核、签字。监理单位基于施工组织设计和专项施工方案审核提出意见和建议，应当书面通知施工单位，并报送建设单位核备。

⑥在施工过程中，工程监理单位应当加强危险性较大分部分项工程专项施工方案执行情况的监理，发现施工单位擅自更改、调整改专项施工方案的，应当作为事故隐患进行处理。

(2)工程监理单位在实施监理过程中，发现存在安全事故隐患的，应当要求施工单位整改；情节严重的，应当要求施工单位暂时停止施工，并及时报告建设单位。施工单位拒不整改或者不停止施工的，工程监理单位应当及时向有关主管部门报告。

(3)工程监理单位应当贯彻落实安全生产方针政策，督促施工单位按照施工安全生产法律、法规和标准组织施工，消除施工中的冒险性、盲目性和随意性，落实各项安全技术措施，有效杜绝各类不安全隐患，杜绝、控制和减少各类伤亡事故，实现安全生产。

(4)工程监理单位未能按照法律、法规和工程建设强制性标准认真履行安全监理职责，工作不作为而造成的安全事故的，将承担相应的法律责任。

二、监理单位的安全生产法律责任

《建设工程安全生产管理条例》第五十七条规定的监理单位的法律责任有：

"违反本条例的规定，工程监理单位有下列行为之一的，责令限期改正；逾期未改正的，责令停业整顿，并处 10 万元以上 30 万元以下的罚款；情节严重的，降低资质等级，直至吊销资质证书；造成重大安全事故，构成犯罪的，对直接责任人员，依照刑法有关规定追究刑事责任；造成损失的，依法承担赔偿责任：

(一)未对施工组织设计中的安全技术措施或者专项施工方案进行审查的；

(二)发现安全事故隐患未及时要求施工单位整改或者暂时停止施工的；

(三)施工单位拒不整改或者不停止施工，未及时向有关主管部门报告的；

(四)未依照法律、法规和工程建设强制性标准实施监理的。"

工程监理单位违反了法律、法规的要求，就要承担相应的法律责任。监理单位的安全生产法律责任包括以下内涵：

(1)如果监理单位未对施工组织设计中的安全技术措施或专项施工方案进行审查，包括完全没有进行审查和没有达到应有的审查深度，除非是工程监理单位可以证明，确实是自己尽到了专业的注意义务，仍然无法发现存在的问题，否则，监理单位都要承担法律责任。

(2)发现安全事故隐患未及时要求施工单位整改或者暂时停止施工，既包括监理单位在监理过程中对于应当发现的安全事故隐患，根本没有发现，也包括监理单位虽然发现了事故隐患，但是没有要求施工单位整改或者暂停施工。监理单位不能以自己根本没有发现存在的安全事故隐患为由，逃避法律责任。发现安全事故隐患并及时要求施工单位整改或者暂时停止施工，是监理单位对预防安全事故应当尽到的基本义务。

(3)施工单位拒不整改或者不停止施工，未及时向有关主管部门报告，监理单位在发现事故隐患以后，并不是通知完施工单位整改或者暂停施工就可以了事。如果施工单位拒不整改或者停止施工，监理单位需要继续履行一定义务，即向有关主管部门报告。对于报告提出的要求是及时报告，如果报告不及时，也是违法行为。

(4)如果监理单位没有按照法律、法规和强制性标准进行监理，就是没有尽到监理责任，构成违法行为。

(5)在行政责任方面，对于监理单位的上述违法行为，首先应当责令限期改正；逾期未改正的，责令停业整顿，并处 10 万元以上 30 万元以下的罚款；情节严重的，降低资质等级，直至吊销资质证书。

(6)在刑事责任方面，《刑法》第一百三十七条规定："建设单位、设计单位、施工单位、工程监理单位违反国家规定，降低工程质量标准，造成重大安全事故的，对直接责任人员，处 5 年以下有期徒刑或者拘役，并处罚金；后果特别严重的，处 5 年以上 10 年以下有期徒刑，并处罚金。"这里的刑事责任针对的并不是单位本身，而是单位的直接责任人员。承担刑事责任的前提是造成重大的安全事故。

(7)民事责任方面，监理单位的违法行为往往也是违约行为，如果给建设单位造成损失，监理单位还需对建设单位承担赔偿责任。

三、安全监理组织管理机构

1. 安全监理组织机构的建立

(1)工程监理单位应建立安全监理组织机构，制定安全监理规章制度，检查指导项目安全监理工作。

(2)工程监理单位应确定落实监理安全责任的分管领导和归口管理的部门，在单位各级岗位职责中落实监理安全责任，起草编制企业内部的落实监理安全责任的工作导则，确定企业内部各项目监理机构落实监理安全责任的考核检查标准。

（3）工程监理单位应定期、全面检查和评估所有工地的安全状况、各监理机构所采取的安全工作措施。

（4）工程安全监理应遵循总监理工程师负责制下的分工负责制原则，项目监理机构应落实监理安全责任的分管人员，并明确各类监理人员的安全职责。

（5）各类监理人员的安全责任内容要列入监理计划、监理实施细则并严格落实。

（6）工程项目监理单位设置为两级监理机构的，监理单位内部的安全生产领导小组组长由总监理工程师担任，副组长由副总监理工程师（总监代表）、安全监理工程师担任，成员由总监设立部门的负责人、各驻地监理工程师、总监办各专业监理工程师组成。监理单位安全生产领导小组机构如图 1-2-1 所示。

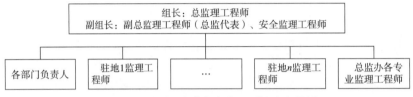

图 1-2-1 二级监理机构安全监理工作组织机构图

（7）工程项目监理单位设置为一级监理机构的，监理单位内部的安全生产领导小组组长由总监理工程师担任，副组长由副总监理工程师（总监代表）、安全监理工程师担任，成员由设立部门的负责人、各专业监理工程师组成。监理单位安全生产领导小组机构如图 1-2-2 所示。

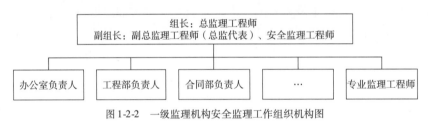

图 1-2-2 一级监理机构安全监理工作组织机构图

（8）监理单位的总监理工程师、驻地监理工程师、专业监理工程师和现场监理人员须经安全生产教育培训、考核合格后方可上岗，定期开展监理企业内部的安全教育培训工作。

2. 项目安全监理机构的设置，安全监理人员的配置要求

（1）监理单位项目监理机构应根据工程具体情况设置监理人员，所设监理人员与委托监理合同的服务内容、期限、工程环境、工程规模等因素相适应，满足项目安全监理工作的需要。

（2）高速公路和一级公路可设置二级监理机构，即总监理工程师办公室（简称总监办）和驻地监理工程师办公室（简称驻地办）。开工里程在 20km 以下的，宜设置一级监理机构，即总监办。监理机构应配备一定数量专职安全监理人员，总监办和各驻地办应至少配备一名专职安全监理工程师。

（3）二级和二级以下公路工程可根据工程规模、难易程度、合同工期安排、现场条件等因素设置一级或二级监理机构。公路机电工程宜设置一级监理机构。

（4）设置一级监理机构的建设项目，总监办应设置安全生产管理机构，并配备一定数量的专职安全监理人员，设置二级监理机构的建设项目，总监办与驻地办均应设置一定数量的专职安全监理工程师。

（5）专职安全监理工程师应由具有相应专业的中级或中级以上专业技术职称、曾有过工程监理经历的人员担任，且应为交通运输部核准资格的专业监理工程师，并经过交通运输部组织的监理工程师安全监理的培训、考核合格持证上岗。

（6）监理机构中专职安全监理人员的数量和结构，应根据监理内容、工程规模、合同工期、工

程条件和施工阶段等因素，按保证对工程实施有效监理的原则确定。

（7）采用二级监理机构和监理总承包时，应由中标的监理单位划分各级监理机构及监理人员的职责和权限；当对监理机构分别招标时，应由建设单位划分确定监理机构各自的职责和权限。

（8）项目监理机构应负责工程项目现场安全监理工作的实施。

四、安全隐患排查治理职责

1. 总监理工程师的安全隐患排查职责

（1）总监理工程师对所监理工程项目的安全监理工作全面负责；并根据工程项目特点，建立健全项目监理机构的安全生产管理机构，明确各类监理人员的安全职责与分工；审核内部安全体系。

（2）主持召开安全监理工作会议，主持编写监理规划中的安全监理计划，审批安全监理实施细则，主持编写安全监理工作月报、安全监理专题报告；参加项目安全生产工作会议，协调和解决项目安全生产问题。

（3）审核施工单位施工组织设计的安全技术措施、危险性较大的分部分项工程的专项施工方案和应急救援预案；审核施工单位资质、分包单位资质、协议与施工安全技术措施及三类人员与特种作业人员持证上岗情况。

（4）组织审核项目安全生产专项费用的使用情况，审查施工单位大中型施工机械设备和自升式架设设施的验收手续。

（5）检查安全监理工作的落实情况；审查有关劳动保护和安全生产技术措施计划，签发监理工作指令，根据有关规定必要时向有关部门报告。

2. 副总监理工程师（总监代表）的安全隐患排查职责

（1）副总监理工程师在总监理工程师不在期间，受总监理工程师委托作为其代表处理日常监理事务。

（2）副总监理工程师应当在授权范围内行使职权，并对总监理工程师负责。

（3）负责总监理工程师指定或交办的安全监理工作。

3. 驻地监理工程师的安全隐患排查职责

（1）在总监理工程师的领导下对驻地办的安全监理工作负总责，并根据工程项目特点，确定施工现场的监理机构人员及其岗位，明确专业监理工程师、现场监理人员的岗位及其职责分工，审查内部安全体系。

（2）主持召开驻地办的安全工作会议；审核安全监理实施细则；审核并签发有关安全监理专题报告；检查驻地办安全监理工作制度落实情况；参加项目安全生产工作会议，协调和解决项目安全生产问题。

（3）审查施工单位施工组织设计的安全技术措施、危险性较大的分部分项工程的专项施工方案和应急救援预案；审核施工单位资质、分包单位资质、协议与施工安全技术措施及三类人员与特种作业人员持证上岗情况。

（4）审查项目安全生产专项费用的使用情况，审查施工单位大中型施工机械设备和自升式架设设施的验收手续。审查施工单位特种设备检测检验、使用登记证书和维护保养记录。

（5）主持编写并上报安全监理月报，签发监理工作指令，根据有关规定必要时向有关部门报告。

4. 专职安全监理工程师的安全隐患排查职责

（1）专职安全监理工程师在总监理工程师或驻地监理工程师的领导下从事项目的专职安全监理工作，负责项目监理机构日常安全监理工作的实施；协助总监理工程师或驻地监理工程师进行内部安全体系审查。

（2）审查施工单位报审的安全生产保证体系、安全技术措施、专项施工方案及各项安全技术资料。

（3）检查施工机械、电气设备、消防器材等的质保资料及实物；抽查施工单位安全生产自查情况，参加建设单位组织的安全生产专项检查。

（4）不定期巡视和检查施工现场，掌握所监理的施工现场安全生产动态，一旦发现安全隐患应督促施工单位整改，对整改情况进行复查。

（5）根据安全隐患的严重程度，及时发出安全监理工作指令，向总监理工程师或驻地监理工程师提出施工暂停建议，督促施工单位及时采取针对性措施，消除事故隐患，施工单位整改后应进行复查，若施工单位对安全隐患拒不整改或拒不暂停施工，应按规定程序上报。

（6）对施工现场的重大危险源及关键部位按照《公路工程施工监理规范》有关规定和要求安排现场监理人员旁站，并要求做好监控记录。

（7）管理监理机构的安全监理资料、台账；如实记录施工现场安全生产工作情况，对施工单位的安全生产费用落实情况进行检查，签认安全生产费用计量单。

5. 专业监理工程师的安全职责

（1）在总监理工程师或驻地监理工程师的领导下从事本专业的安全监理工作，协助总监理工程师或驻地监理工程师进行内部安全体系审查；审查本专业的安全生产报审资料；参加编写安全监理实施细则，审核施工组织设计或专项施工方案中的安全技术措施，审查本专业的危险性较大的分部分项工程的专项施工方案。

（2）负责就安全监理实施细则向相关监理人员交底，并组织实施。

（3）检查施工安全生产状况，对安全事故隐患进行处理，签报监理指令和通知，必要时向驻地监理工程师或总监理工程师报告并参与处理。

（4）根据职责分工，对其管理范围内的项目安全生产监理工作负责；参加安全防护设施检查、验收并在相应表格上签署意见；提供与本职责有关的安全监理资料。

（5）参加安全监理例会和安全监理会议，汇报施工安全状况，如实记录施工现场安全生产工作情况。

6. 监理员的安全隐患排查职责

（1）在总监理工程师、驻地监理工程师、专职安全监理工程师、专业监理工程师的领导下，检查施工现场的安全生产状况，从事施工现场日常安全巡视监督检查工作。

（2）发现安全事故隐患，及时向专职安全监理工程师、专业监理工程师报告。

（3）按照《公路工程施工监理规范》有关规定和要求，对相关工艺和工序严格执行旁站制度，并及时做好旁站记录。

（4）参加施工现场安全防护设施检查、验收并在相应表格上签署意见，做好检查记录；根据职责分工，对其管理范围内的项目安全生产监理工作负责。

（5）参加安全监理例会和专项安全监理会议，汇报现场施工安全状况，如实记录施工现场安全生产工作情况；提供与本职责有关的安全监理资料。

7. 监理单位应根据各岗位职责签订如下安全生产责任书

（1）总监理工程师安全生产责任书；

（2）副总监理工程师（总监理工程师代表）安全生产责任书；

（3）驻地监理工程师安全生产责任书；

（4）专职安全监理工程师安全生产责任书；

（5）专业监理工程师安全生产责任书；

（6）监理员安全生产责任书。

第三节　安全隐患排查程序与要求

一、安全隐患排查程序

施工单位应做好安全隐患自查工作，施工单位项目负责人对本合同段施工阶段隐患排查治理负全责。应以项目领导班子为决策管理机构，以质量安全管理部门为主要办事机构，以基层安全管理人员为骨干，以全体员工为基础，形成从上至下的组织保证。形成从主要负责人到一线员工的隐患排查治理工作网络，确定各个层级的隐患排查治理职责。对设计中存在的施工安全考虑不足，缺乏防范生产安全事故技术措施的，施工单位应及时报监理机构，由建设单位组织设计、监理、施工单位复核，设计单位应提交自查报告。

1. 排查程序

事故隐患排查治理应按照排查登记、公示公告、防范或整改、验收销号等程序进行处理。

(1)排查登记。施工单位项目负责人应根据所在省(区、市)统一的排查要求对各施工工序及设备、危险物品、现场环境与驻地等开展一次全面排查，将排查出的事故隐患分级建档，登记编号，对重大及特别重大的事故隐患由业主单位报当地交通主管部门，其中特别重大的事故隐患还应报省(区、市)交通主管部门。当事故隐患等级可能随时间、外界条件变化时，应注重动态监控并在档案中及时调整其等级，对升级为重大及特别重大的事故隐患予以补报，对降级的事故隐患亦应相应报告。

(2)公示公告。施工项目部应当如实向施工作业班组、作业人员详细告知作业场所和工作岗位存在的危险因素、危险特征及防范措施，由双方签字确认。在作业场所明显部位设置重大及特别重大的事故隐患公示牌；制订应急预案并告知作业人员与现场相关人员，必要时组织演练。

在上述场所应设置明显安全警示标志，在无法封闭施工的工地，还应当悬挂当日施工现场危险告示，以告知路人和社会车辆。

建议事故隐患公示牌不宜小于 40cm×60cm，版面宜采用黄色底版黑色字体，做到 1 个隐患 1 块牌，并根据变化调整，由专职安全员负责动态管理。事故隐患公示牌应包含事故隐患名称、隐患等级、临界危险特征、防控措施、涉险人员名单以及施工责任人、专职安全员、监理人员、业主监督人等信息。

(3)防范或整改。施工单位对处在危险区域有潜在危险的驻地应坚决搬迁，对有危险的作业点进行有效防范，对施工机具登记管理，在使用维修前应加强检查，对所有隐患的防范措施应一一审核是否有操作性，是否有效。监理单位应加强对防范整改的监督检查，并对施工单位的整改情况加以书面确认。业主单位应制订奖惩措施，对无防范措施或措施无效及整改不力的施工项目部严格惩处，对仍存在重大及特别重大事故隐患的场所、部位、立即停工整顿。

(4)验收销号。建设单位应制定本项目隐患排查治理的验收销号标准。当有完善有效的防范措施时可验收，但应确保无隐患或施工完工方可销号。在建设单位组织验收销号前，施工单位应先组织自验，项目验收销号结果应按项目管理的隶属关系报交通主管部门。对难以按时消除事故隐患的，应制订监控措施，落实责任人和整改时限。

(5)监督检查。根据事故隐患的严重程度和有关规定，省级交通主管部门对存在重大事故隐患的项目，应纳入重点督查计划，落实现场督导人员和措施；对未通过验收或销号的项目，应督促建设单位查清原因，落实监控和治理措施。

2. 一般隐患治理

(1)现场立即整改隐患。违反操作规程和劳动纪律的行为的隐患，属于人的不安全行为的一般隐患，排查人员一旦发现，应当要求立即整改，并如实记录，以备对此类行为统计分析，确定是否为习惯性或群体性隐患。有些设备设施方面简单的不安全状态，如安全装置没有启用、现场混乱等物的不安全状态等一般隐患，也可以要求现场立即整改。

（2）限期整改隐患。有些隐患难以做到立即整改，但也属于一般隐患的，则应限期整改。

限期整改通常由排查人员或排查主管部门对隐患所属单位发出"隐患整改通知"，内容中需要明确列出如隐患情况的排查发现时间和地点、隐患情况的详细描述、隐患发生原因的分析、隐患整改责任的认定、隐患整改负责人、隐患整改的方法和要求、隐患整改完毕的时间要求等。

限期整改需要全过程监督管理，除对整改结果进行"闭环"确认外，也要在整改工作实施期间进行监督，以发现和解决可能临时出现的问题，防止拖延。

3. 重大隐患治理

针对重大隐患，应制订专门的排查治理方案，并报监理工程师审核批准。由于重大隐患治理的复杂性和较长的周期性，在没有完成治理前，还要有临时性的措施和应急预案，治理完成后还有书面申请以及接受核查等工作。重大事故隐患治理方案应当包括以下内容：

（1）治理的目标和任务；
（2）采取的方法和措施；
（3）经费和物资的落实；
（4）负责治理的机构和人员；
（5）治理的时限和要求；
（6）安全措施和应急预案。

此外，对检查过程中发现的重大事故隐患，应当下达整改指令书，并建立信息管理台账。同时，根据事故隐患的严重程度和有关规定，必要时，应报告上级交通主管部门并对重大事故隐患实行挂牌督办。

4. 巡视检查

监理工程师应对施工现场安全生产情况进行巡视检查，监督施工单位落实各项安全措施。发现有违规施工和存在安全事故隐患的，应要求施工单位整改；情况严重的，由总监理工程师下达工程暂停施工令，并报告建设单位；施工单位拒不整改或不停止施工的，应及时向当地政府有关部门书面报告。在巡视中，如果发现存在安全隐患，应及时签发《监理通知》，责成施工单位整改，并跟踪整改结果。

隐患巡查工作如图 1-3-1 所示。

二、安全隐患排查要求

隐患排查的实施是一个涉及项目所有管理范围的工作，需要有序开展。

1. 排查计划

排查工作涉及面广、时间较长，需要制订一个比较详细可行的实施计划，确定参加人员、排查内容、排查时间、排查安排、排查记录等内容。为提高效率，也可以与日常安全检查、安全生产标准化的自评工作或管理体系中的合规性评价和内审工作相结合。

2. 隐患排查的种类

（1）日常隐患排查。主要是指班组、岗位员工的交接班检查和班中巡回检查，以及业主、监理和项目部质量安全等部门专业技术人员的日常性检查。日常隐患排查要加强对关键装置、要害部位、关键环节、重大危险源的检查和巡查。

（2）综合性隐患排查。主要是指以保障安全生产为目的，以安全责任制、各项专业管理制度和安全生产管理制度落实情况为重点，各有关专业和部门共同参与的全面检查。

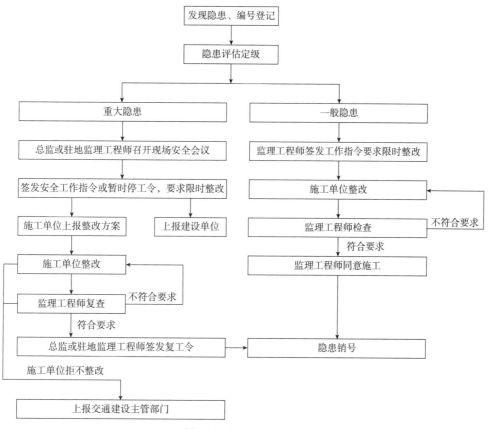

图 1-3-1　隐患巡查工作图

(3) 专业隐患排查。主要是指对施工区域位置、专业施工场所、工序、工艺、关键设备、临时用电、消防等系统分别进行的专业检查。

(4) 季节性隐患排查。主要是指根据各季节特点开展的专项隐患检查，主要包括：

①春季以防雷、防静电、防解冻泄漏、防解冻坍塌为重点；

②夏季以防雷暴、防设备容器高温超压、防台风、防洪度汛、防暑降温为重点；

③秋季以防雷暴、防火、防洪度汛、防静电、防凝保温为重点；

④冬季以防火、防爆、防雪、防冻防凝、防滑、防静电为重点。

(5) 重大活动及节假日前隐患排查。主要是指在重大活动和节假日前，对施工场所、主要工序作业、主要设备装置是否存在异常状况和隐患、应急救援等进行的检查。

(6) 事故类比隐患排查。指对项目内和行业内发生事故后的举一反三的安全检查。

3. 排查的实施

以专项排查为例，项目组织隐患排查组，根据排查计划到各部门和各所属单位进行全面的排查，流程及关键点如图 1-3-2 所示。

排查时必须及时、准确和全面地记录排查情况和发现的问题，并随时与被检查单位的人员做好沟通。

4. 排查结果的分析总结

(1) 评价隐患排查是否覆盖了计划中的范围和相关隐患类别。

(2) 评价隐患排查是否做到了"全面、抽样"的原则，是否做到了重点部门、高风险和重大危险源适当突出的原则。

(3) 确定隐患排查发现，包括确定隐患清单、隐患级别以及分析隐患的分布（包括隐患所在单位

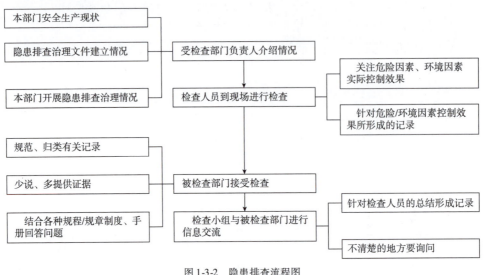

图 1-3-2 隐患排查流程图

和地点的分布、种类)等。

(4)做出隐患排查治理工作的结论,填写隐患排查治理标准表格。

(5)提交隐患排查情况总结。

第四节 安全隐患排查方法

一、安全隐患主要排查方法

安全隐患排查工作主要包含以下内容:准备工作;确定评价对象、划定作业单元;隐患排查;风险评价;风险控制的策划;实施风险控制措施;定期评审与持续改进等。

1. 准备工作

应编制完整的隐患排查、风险评价方案,收集必要的资料,建立主要单元的隐患排查提示表,建立一支高素质的评价队伍。

(1)隐患排查、风险评价方案

隐患排查、风险评价方案主要内容:隐患排查、评价目的、范围;隐患排查、评价时间要求;隐患排查、评价工作组介绍及任务分工;隐患排查、评价工作流程介绍;隐患排查、评价工作质量要求。

(2)资料收集

资料主要内容:重要工艺流程图;重要作业区平面位置图;危险工序作业、特种及大型设备和材料清单;近几年职业健康安全事故、事件清单;制定适用的有关法律法规清单;制定现行有关隐患排查治理的规章制度及表格清单。

①注意收集的时间范围原则上收集时间一般不超过5~8年,但要注意,各个项目实际情况不一样,还要考虑合同段主要工序作业情况、关键设备设施的状态,人员的流动性和组织管理体制的变化。

②收集时要有一定的规律性,目的就是要保证不得遗漏。比如按时间先后顺序进行收集就是一个很好的方法。

③收集前要对收集人员作简要的技术培训。目的就是保证收集人员按规范的语言来描述,叙述情况时尽量用简洁的语言。

④为了保证统计表的真实性,要注明收集人、收集时间、审核人及审核时间。
⑤收集完毕时,要有简要的说明,最好配备一定数量的图和表。
(3)主要单元的隐患排查提示表
主要作业单元的隐患提示表主要是帮助那些对本单元不太熟悉的评价人员开展辨识工作。尽量做到辨识不遗漏、辨识正确和起参考作用。

隐患提示表中的隐患应该满足如下要求之一:
①具有重大或关键影响;
②本单位未发生,但行业中其他单位发生过事故的隐患;
③本单位历史上发生过,很长一段时间未再发生的重大事故(工序、工艺条件未发生重大变化);
④新技术、新工艺、新材料、新设备中存在辨识、评价人员容易疏忽的隐患;
⑤有关法律、法规禁止的隐患;
⑥相关方强烈关注的行为或隐患。
(4)隐患评价队伍
隐患评价队伍要求:既要满足当前工作的需要,又要考虑组织长远发展的要求;既要考虑个人的业务水准,更要考虑工作组整体工作能力;既要考虑年龄上具有一定的延续性,也要考虑职务上具有一定的层次性;组织要重视培训工作,从培训策划到培训实施,再到培训效果的监测都要认真筹划。

2. 确定评价对象、划定作业单元

公路水运工程施工划分作业活动时,可按单位工程、分部工程、分项工程及主要工序作业进行层次分解,直至各施工作业类别下的关键作业活动,主要以调查表的形式划分作业单元。以人工挖孔桩施工为例,其作业活动划分如表1-4-1所示。

作业单元划分表　　　　　　　　　　　　表1-4-1

编号:

序号	分项工程	作业类别	作业活动
1	桩基	人工挖孔桩	孔口处理
			开挖与护壁
			钢筋笼制作与安装
			混凝土施工
2	…	…	…
			…
			…

评价单位:　　　　　　评价人员:　　　　　　日期:

3. 隐患排查
(1)隐患排查的依据
①国家、地方法律、法规及标准规范;
②本单位(项目)安全生产方针、安全生产目标;
③相关方要求;
④本单位(项目)、同行业历史上事故、事件;
⑤本单位技术、财务、人力等条件。

(2)隐患排查方法

隐患排查方法可以采用安全检查表法。

安全检查表法是指为了系统地找出施工中的不安全因素,把施工过程加以剖析,按人、物、环境三个方面查出各层次的不安全因素,形成隐患排查表,然后确定检查项目,以提问的方式把检查项目按施工过程中的主要隐患因子的控制情况编制成安全检查表,以便进行检查或评审。其分为隐患排查表和安全检查表两种表格。以人工挖孔桩施工作业为例,其隐患排查如表1-4-2所示;对应的安全检查表如表1-4-3所示。

隐 患 排 查 表　　　　　　　　　　　　　　表1-4-2

编号:

序号	作业活动	危险有害因素		
		人	物	环境
1	孔口处理			
2	开挖与护壁			
3	钢筋笼制作与安装			
4	混凝土施工			

辨识单元:人工挖孔桩　　　辨识人员:　　　日期:

安 全 检 查 表　　　　　　　　　　　　　　表1-4-3

编号:

序号	安全检查项目	是或否	备注
1	专项施工方案的编写与审核		
2	人员持证上岗、教育培训及技术交底		
3	地质水文情况与勘察设计文件的符合性		
4	安全防护设备设施的配备		
5	临时用电管理		
6	机具、工具管理		
7	应急管理		
8	…		

检查单元:人工挖孔桩　　　检查人员:　　　日期:

4. 风险评价

风险评价是指在隐患排查的基础上,通过对所收集的大量的详细资料加以分析,估计和预测风险发生的可能性或概率(频率)和损失严重程度,并根据国家所规定的安全指标或公认的安全指标,衡量风险的水平,以便确定风险是否需要处理和处理的程度。

风险评价可按评价结果的量化程度进行分类,具体如下:

(1)定性风险评价方法。主要是根据经验和直观判断能力对项目建设的工序、工艺、设备、设施、环境、人员和管理等方面的状况进行定性的分析。评价的结果是一些定性的指标,如是否达到了某项安全指标、事故类别和导致事故发生的因素等,如安全检查表、专家现场询问观察法、作业条件危险性评价法(LEC法)、故障类型和影响分析、危险可操作性研究等。

(2)定量风险评价方法。是运用基于大量的实验结果和广泛的事故资料统计分析获得的指标或规律(数学模型),对项目建设的工序、工艺、设备、设施、环境、人员和管理等方面的状况进行定量的计算。安全评价的结果是一些定量的指标，如事故发生的概率、事故的伤害（或破坏）范围、定量的危险性、事故致因因素的事故关联或重要度等。定量风险评价方法包括：概率风险评价法、伤害（或破坏）范围评价法、危险指数评价法。

重大安全隐患宜采用定量风险评价方法管理。

5. 风险控制的策划

危险源应实行分级管理。各级机构和部门除对本级负责的危险源应根据要求进行必要的定期检查、隐患处理或上报、危险因素控制措施的制订和落实外，同时应督促下一级机构作好危险源管理工作。

风险控制计划的制订应符合图 1-4-1 所示原则。

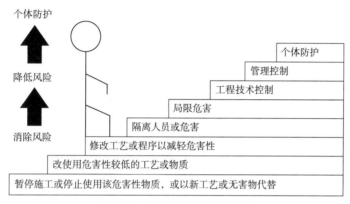

图 1-4-1　风险控制计划制订原则

6. 实施风险控制措施

实施风险控制措施应做到：

（1）建立健全安全风险管理规章制度；

（2）宣传、教育与培训；

（3）应急管理；

（4）不断检查，持续改进。

7. 定期评审与持续改进

通过定期评审与持续改进，不断解决危险因素与风险控制之间的"适应"关系，实现项目施工的安全生产方针、目标。

二、安全隐患处置措施

隐患处置及其方案的核心都是通过具体的处置措施来实现的，可分为工程技术措施和管理措施，再加上对重大隐患需要做的临时性防护和应急措施。

1. 处置措施的基本要求

（1）能消除或减弱生产过程中产生的危险、有害因素；

（2）处置危险和有害物，并降低到国家规定的限值内；

（3）预防生产装置失灵和操作失误产生的危险、有害因素；

（4）能有效地预防重大事故和职业危害的发生；

（5）发生意外事故时，能为遇险人员提供自救和互救条件。

2. 工程技术措施

工程技术措施的实施等级顺序为直接安全技术措施、间接安全技术措施、指示性安全技术措施等；应根据等级顺序的要求，按消除、预防、减弱、隔离、连锁、警告的等级顺序选择安全技术措施；应具有针对性、可操作性和经济合理性并符合国家有关法律、法规、标准和设计规范的规定。

根据安全技术措施等级顺序的要求，应遵循以下具体原则：

（1）消除。尽可能从根本上消除危险、有害因素；如采用无害化工艺技术，生产中以无害物质代替有害物质、实现自动化作业、遥控技术等。

（2）预防。当消除危险、有害因素有困难时，可采取预防性技术措施，预防危险、危害的发生；如使用安全阀、安全屏护、漏电保护装置、安全电压、熔断器、防爆膜、事故排放装置等。

（3）减弱。在无法消除危险、有害因素和难以预防的情况下，可采取减少危险、危害的措施；如局部通风排毒装置、生产中以低毒性物质代替高毒性物质、降温措施、避雷装置、消除静电装置、减振装置、消声装置等。

（4）隔离。在无法消除、预防、减弱的情况下，应将人员与危险、有害因素隔开和将不能共存的物质分开；如遥控作业、安全罩、防护屏、隔离操作室、安全距离、事故发生时的自救装置（如防护服、各类防毒面具）等。

（5）连锁。当操作者失误或设备运行一旦达到危险状态时，应通过连锁装置终止危险、危害发生。

（6）警告。在易发生故障和危险性较大的地方，配置醒目的安全色、安全标志；必要时设置声、光或声光组合报警装置。

3. 安全管理措施

安全管理措施包括建立健全事故隐患排查治理制度、提高安全意识、安全教育培训、安全检查和应急救援等几种。事故隐患排查治理制度主要有：事故隐患排查治理制度、事故隐患排查治理逐级监控责任制、事故隐患分级登记建档制度、事故隐患报告和举报奖励制度、事故隐患排查治理资金使用专项制度、事故隐患排查治理定期统计分析报表制度、重大事故隐患上报制度、重大事故隐患治理方案等。隐患排查工作可与项目的日常管理、专项检查和监督检查等工作相结合。

隐患排查的方式主要有：

（1）日常隐患排查；

（2）综合性隐患排查；

（3）专业性隐患排查；

（4）季节性隐患排查；

（5）重大活动及节假日前隐患排查；

（6）事故类比隐患排查。

隐患处置要建立事故隐患信息档案，明确隐患的级别，按照"五定"（定整改方案、定资金来源、定项目负责人、定整改期限、定控制措施）的原则，落实隐患处置的各项措施，对隐患处置情况进行监控，保证隐患处置按期完成。

第五节　施工安全风险评估

一、危险源分类与辨识

根据《职业健康安全管理体系　要求》（GB/T 28001—2011），危险源是指可能导致人身伤害和（或）健康损害的根源、状态或行为，或其组合。危险源辨识是指识别危险源的存在并确定其特性的过程。风险是指发生危险事件或有害暴露的可能性，与随之引发的人身伤害或健康损害的严重性的组合。风险评价是指对危险源导致的风险进行评估、对现有控制措施的充分性加以考虑以及对风险是否可接受予以确定的过程。

(一)危险源的分类

在一般情况下,对危险因素和有害因素不加以区分,统称为危险、有害因素。危险、有害因素主要是指客观存在的危险、有害物质或能量超过一定限值的设备、设施和场所,也就是所谓危险源。

事故发生的本质是存在有能量、有害物质以及由于失去控制导致能量意外释放或有害物质的泄漏。危险源分为第一类(根源性)危险源和第二类(状态性)危险源。第一类危险源是指生产或活动过程中存在的可能发生意外释放的能量或危险物质,如机械能、电能、热能、化学能、声能、光学能、生物能和辐射能等。第二类危险源主要指导致能量或危险物质的约束或限制措施破坏或失效的各种因素,包括生产活动中的人、物、环境、管理等几个方面的问题。

一起事故的发生往往是两类危险源共同作用的结果所造成的。两类危险源相互关联、相互依存。第一类危险源的存在是事故发生的前提,在事故发生时释放出的危险、有害物质和能量是导致人员伤害或财物损坏的主体,决定事故后果的严重程度;第二类危险源是第一类危险源造成事故的必要条件,决定事故发生的可能性。因此,危险源辨识的首要任务是识别第一类危险源,在此基础上再识别第二类危险源。

危险源的分类是为了便于对危险源进行辨识和分析,危险源的分类方法有多种。

1. 按诱发危险、有害因素失控的条件分类

危险、有害物质和能量失控主要体现在人的不安全行为、物的不安全状态和管理缺陷等三个方面。

在《企业职工伤亡事故分类》(GB 6441—1986)中,将人的不安全行为分为操作失误、造成安全装置失效、使用不安全设备等13大类;将物的不安全状态分为4大类。

(1)人的不安全行为分类
①操作失误(忽视安全、忽视警告);
②安全装置失效;
③使用不安全设备;
④手代替工具操作;
⑤物体存放不当;
⑥冒险进入危险场所;
⑦攀坐不安全位置;
⑧在起吊物下作业(停留);
⑨机器运转时加油(如修理、检查、调整、清扫等);
⑩有分散注意力的行为;
⑪不使用必要的个人防护用品或用具;
⑫不安全装束;
⑬对易燃易爆等危险品处理错误等。

(2)物的不安全状态分类
①防护、保险、信号等装置缺乏或有缺陷;
②设备、设施、工具、附件有缺陷;
③个人防护用品、用具缺少或有缺陷;
④生产(施工)场地环境不良。

(3)管理缺陷
①对物(含作业环境)性能控制的缺陷,如设计、监测和不符合处置方面要求的缺陷。

②对人的失误控制的缺陷,如教育、培训、指示、雇佣选择、行为监测方面的缺陷。

③工艺过程、作业程序的缺陷,如工艺、技术错误或不当,无作业程序或作业程序有错误。

④用人单位的缺陷,如人事安排不合理、负荷超限、无必要的监督和联络、禁忌作业等。

⑤对来自相关方(如供应商、施工单位等)的风险管理的缺陷,如合同签订、采购等活动中忽略了安全健康方面的要求。

⑥违反安全人机工程原理,如使用的机器不适合人的生理或心理特点。此外一些客观因素,如温度、湿度、风雨雪、照明、视野、噪声、振动、通风换气、色彩等也会引起设备故障或人员失误,是导致危险、有害物质和能量失控的间接因素。

2. 按导致事故和职业危害的直接原因进行分类

根据《生产过程危险和有害因素分类与代码》(GB/T 13861—2009)的规定,将生产过程中的危险、有害因素分为四大类、四个层次,四大类分别是"人的因素""物的因素""环境因素"和"管理因素";四个层次分为大、中、小、细四类。

(1)人的因素

①心理、生理性危险有害因素;

②行为性危险和有害因素。

(2)物的因素

①物理性危险和有害因素;

②化学性危险和有害因素;

③生物性危险和有害因素。

(3)环境因素

①室内作业场所环境不良;

②室外作业场地环境不良;

③地下(含水下)作业环境不良;

④其他作业环境不良。

(4)管理因素

①职业安全卫生组织机构不健全;

②职业安全卫生责任制未落实;

③职业安全卫生管理规章制度不完善;

④职业安全卫生投入不足;

⑤职业健康管理不完善;

⑥其他管理因素缺陷。

3. 按引起的事故类型分类

参照《企业职工伤亡事故分类标准》(GB 6441—1986),综合考虑事故的起因物、致害物、伤害方式等特点,将危险源及危险源造成的事故分为20类。此种分类方法所列的危险源与企业职工伤亡事故处理调查、分析、统计、职业病处理及职工安全教育的口径基本一致,也易于接受和理解,便于实际应用。

(1)物体打击:指落物、滚石、锤击、碎裂崩块、碰伤等伤害,包括因爆炸而引起的物体打击。

(2)车辆伤害:是指企业机动车辆在行驶中引起的人体坠落和物体倒塌、飞落、挤压伤亡事故,不包括起重设备提升、牵引车辆和车辆停驶时发生的事故。

(3)机械伤害:是指机械设备运动(静止)部件、工具、加工件直接与人体接触引起的夹击、碰撞、剪切、卷入、绞、碾、割、刺等伤害,不包括车辆、起重机械引起的机械伤害。

(4)起重伤害：是指各种起重作用(包括起重机安装、检修、试验)中发生的挤压、坠落、(吊具、吊重)物体打击和触电。

(5)触电：指电流流经人体，造成生理伤害的事故。适用于触电、雷击伤害。如人体接触带电的设备金属外壳，裸露的临时线，漏电的手持电动工具；起重设备误触高压线，或感应带电；雷击伤害；触电坠落等事故。

(6)淹溺：包括高处坠落淹溺，不包括矿山、井下透水淹溺。

(7)灼烫：指火焰烧伤、高温物体烫伤、化学灼伤(酸、碱、盐、有机物引起的体内外灼伤)、物理灼伤(光、放射性物质引起的体内外灼伤)，不包括电灼伤和火灾引起的烧伤。

(8)火灾：指造成人身伤亡的企业火灾事故。不适用于非企业原因造成的火灾，比如，居民火灾蔓延到企业，此类事故属于消防部门统计的事故。

(9)高处坠落：是指在高处作业中发生坠落造成的伤亡事故，不包括触电坠落事故。

(10)坍塌：是指物体在外力或重力作用下，超过自身的强度极限或因结构稳定性破坏而造成的事故，如挖沟时的土石塌方、脚手架坍塌、堆置物倒塌等，不适用于矿山冒顶片帮和车辆、起重机械、爆破引起的坍塌。

(11)冒顶片帮：指矿井工作面、巷道侧壁由于支护不当、压力过大造成的坍塌，称为片帮；顶板垮落为冒顶。两者常同时发生，简称为冒顶片帮。适用于矿山、地下开采、掘进及其他坑道作业发生的坍塌事故。

(12)透水：指矿山、地下开采或其他坑道作业时，意外水源带来的伤亡事故。适用于井巷与含水岩层、地下含水带、溶洞或被淹巷道、地面水域相通时，涌水成灾的事故。不适用于地面水害事故。

(13)放炮：是指爆破作业中发生的伤亡事故；适用于各种爆破作业。如：采石、采矿、采煤、开山、修路、拆除建筑物等工程进行的放炮作业引起的伤亡事故。

(14)火药爆炸：指生产、运输、储藏过程中发生的爆炸；适用于火药与炸药生产在配料、运输、储藏、加工过程中，由于振动、明火、摩擦、静电作用，或因炸药的热分解作用，储藏时间过长或因存药过多发生的化学性爆炸事故；以及熔炼金属时，废料处理不净，残存火药或炸药引起的爆炸事故。

(15)瓦斯爆炸：是指可燃性气体瓦斯、煤尘与空气混合形成了浓度达到燃烧极限的混合物，接触火源时，引起的化学性爆炸事故。主要适用于煤矿，同时也适用于空气不流通，瓦斯、煤尘积聚的场合。

(16)锅炉爆炸：指锅炉发生的物理性爆炸事故。适用于使用工作压力大于0.7表大气压、以水为介质的蒸汽锅炉，但不适用于铁路机车、船舶上的锅炉以及列车电站和船舶电站的锅炉。

(17)容器爆炸：容器(压力容器的简称)是指比较容易发生事故，且事故危害性较大的承受压力荷载的密闭装置。容器爆炸是压力容器破裂引起的气体爆炸，即物理性爆炸，包括容器内盛装的可燃性液化气，在容器破裂后，立即蒸发，与周围的空气混合形成爆炸性气体混合物，遇到火源时产生的化学爆炸，也称容器的二次爆炸。

(18)其他爆炸：凡不属于上述爆炸的事故均列为其他爆炸事故。

(19)中毒和窒息：包括中毒、缺氧窒息、中毒性窒息。

(20)其他伤害：是指除上述以外的危险因素，如摔、扭、挫、擦、刺、割伤和非机动车碰撞、轧伤等。矿山、井下、坑道作业还有冒顶片帮、透水、瓦斯爆炸危险因素。

4. 按职业健康分类

参照卫生部、劳动与社会保障部、总工会等颁发的《职业病范围和职业病患者处理办法的规定》和《职业病目录》，将生产性粉尘、毒物、噪声和振动、高温、低温、辐射(电离辐射、非电离辐射)及其他危险、有害因素分为7类。

(二)危险源的辨识

危险源辨识应坚持"横向到边、纵向到底、不留死角"的原则;应做到"三个所有",即考虑所有的人员,考虑所有的活动,考虑所有的设备设施。

1. 危险源辨识的方法

识别施工现场危险源方法有许多,如现场调查、工作任务分析、安全检查表、危险与可操作性研究、事件树分析、故障树分析等,现场调查法是安全管理人员采取的主要方法。

(1)现场调查方法。通过询问交谈、现场观察、查阅有关记录,获取外部信息,加以分析研究,可识别有关的危险源。

(2)工作任务分析。通过分析施工现场人员工作任务中所涉及的危害,可识别出有关的危险源。

(3)安全检查表。运用编制好的安全检查表,对施工现场和工作人员进行系统的安全检查,可识别出存在的危险源。

(4)危险与可操作性研究。危险与可操作性研究是一种对工艺过程中的危险源实行严格审查和控制的技术。它是通过指导语句和标准格式寻找工艺偏差,以识别系统存在的危险源,并确定控制危险源风险的对策。

(5)事件树分析。事件树分析是一种从初始原因事件起,分析各环节事件"成功(正常)"或"失败(失效)"的发展变化过程,并预测各种可能结果的方法,即是逻辑分析判断方法。应用这种方法,通过对系统各环节事件的分析,可识别出系统的危险源。

(6)故障树分析。故障树分析是一种根据系统可能发生的或已经发生的事故结果,去寻找与事故发生有关的原因、条件和规律。通过这样一个过程分析,可识别出系统中导致事故的有关危险源。

上述几种危险源辨识方法从着眼点和分析过程上,都有其各自特点,也有各自的适用范围或局限性。因此,安全管理人员在识别危险源的过程中,往往使用一种方法,还不足以全面地识别其所存在的危险源,必须综合地运用两种或两种以上方法。

2. 危险源辨识的步骤

危险源辨识的步骤可分为以下几步:

(1)划分作业活动;

(2)危险源辨识;

(3)风险评价;

(4)判断风险是否容许;

(5)制订风险控制措施计划。

3. 危险源辨识的注意事项

应充分了解危险源的分布。

(1)从范围上讲,应包括施工现场内受到影响的全部人员、活动与场所,以及受到影响的社区、排水系统等,也包括分包商、供应商等相关方的人员、活动与场所可施加的影响。

(2)从状态上,应考虑以下三种状态:

①正常状态,指固定、例行性且计划中的作业与程序;

②异常状态,指在计划中,但不是例行性的作业;

③紧急状态,指可能或已发生的紧急事件。

(3)从时态上,应考虑到以下三种时态:

①过去,以往发生或遗留的问题;

②现在，现在正在发生的，并持续到未来的问题；
③将来，不可预见什么时候发生且对安全和环境造成较大的影响。

(4) 从内容上，应包括涉及所有可能的伤害与影响，包括人为失误，物料与设备过期、老化、性能下降造成的问题。

①弄清危险源伤害与影响的方式或途径；
②确认危险源伤害与影响的范围；
③要特别关注重大危险源与重大环境因素，防止遗漏；
④对危险源与环境因素保持高度警觉，持续进行动态识别；
⑤充分发挥全体员工对危险源辨识的作用，广泛听取意见和建议。

二、施工安全风险评估

施工安全风险评估的基本流程包括风险定义、危险源辨识、风险分析、风险估测、风险控制等步骤。

(一)高速公路路堑高边坡工程施工安全风险评估

1. 评估方法

依据交通运输部编制的《高速公路路堑高边坡工程施工安全风险评估指南(试行)》，高速公路路堑高边坡工程施工安全风险评估分为总体风险评估和专项风险评估两个阶段。

(1) 总体风险评估。以高速公路全线的路堑工程整体为评估对象，根据工程建设规模、地质条件、工程特点、施工环境、诱发因素、资料完整性等，评估全线路堑边坡施工安全风险，确定风险等级并提出控制措施建议。总体风险评估结论应作为编制路堑边坡工程施工组织设计的依据。

总体风险评估对象包括：
①高于20m的土质边坡、高于30m的岩质边坡；
②老滑坡体、岩堆体、老错落体等不良地质体地段开挖形成的不足20m的边坡；
③膨胀土、高液限土、冻土、黄土等特殊岩土地段开挖形成的不足20m的边坡；
④城乡居民居住区、民用军用地下管线分布区、高压铁塔附近等施工场地周边环境复杂地段开挖形成的不足20m的边坡。

(2) 专项风险评估。在总体风险评估基础上，将风险等级达到高度风险(Ⅲ级)及以上的路堑段作为评估单元，以施工作业活动为评估对象，根据其施工安全风险特点及类似工程事故情况，进行风险辨识、分析、估测；并针对其中的重大风险源进行量化评估，提出具体的风险控制措施。专项风险评估可分为施工前专项评估和施工过程专项评估。专项风险评估结论应作为编制或完善专项施工方案的依据。

满足下列条件之一的路堑高边坡，应开展专项风险评估：
①总体风险等级为Ⅲ级及以上的；
②总体风险评估中单一指标影响过大的。

专项风险评估的基本程序包括：风险辨识、风险分析、风险估测、风险控制。

路堑高边坡施工过程中，出现如下情况之一的，应开展施工过程专项风险评估：
①经论证出现了新的重大风险源；
②风险源(致险因子)发生了重大变化，如现场揭露地质条件与事前判别的地质条件相差较大、主要施工工艺发生实质性改变、发生生产安全事故或重大险情等情况。

(3) 应结合被评估项目的工程特点，采用相应的定性或定量的风险分析和评估方法。具体评估方法可参照《高速公路路堑高边坡工程施工安全风险评估指南(试行)》选用。

(4) 总体风险评估应在项目开工前实施。专项风险评估应在路堑边坡分项工程开工前完成。施工中,经论证出现新的重大风险源,或发生生产安全事故(险情)等情况,应补充开展施工过程专项评估。

2. 评估组织与评估报告

(1)总体风险评估工作由建设单位负责组织,专项风险评估工作由施工单位负责组织。组织单位按照"谁组织谁负责"的原则对评估工作质量负责。

(2)总体风险评估和施工前专项风险评估应分别形成评估报告,施工过程专项风险评估可简化形成评估报表。评估报告应反映风险评估过程的全部工作,报告内容应包括编制依据、工程概况、评估方法、评估步骤、评估内容、评估结论及对策建议等。

(3)总体风险评估报告由建设单位(或工程总承包单位、代建单位)组织专家审查,专项风险评估报告由施工单位组织专家审查。评审专家组不得少于5人,专家应由建设、设计、勘察、监理、施工等单位具有高边坡勘察、设计、施工管理经验的人员组成。评估小组根据专家评审意见对评估报告进行修改,形成最终报告。

(4)专项风险评估报告评审通过后应向项目建设单位报备。当专项风险评估等级达到Ⅳ级(极高风险)时,建设单位应组织专家论证。

3. 实施要求

(1)新建高速公路项目,应组织进行项目总体风险评估。对重大风险源应按规定报备。

(2)施工单位应根据风险评估结论,完善路堑高边坡工程施工组织设计和专项施工方案,分类制订相应的专项应急预案,对项目施工过程实施预警预控。对重大风险源应建立日常巡查、监测预警、定期报告、销号等制度,并严格实施。对暂时无有效措施的Ⅳ级风险,应立即停工。

(3)高速公路路堑高边坡工程施工安全风险评估工作费用在项目安全生产费用中列支。

(4)各省级交通运输主管部门及其监管机构在履行施工安全监督检查职责时,应将高速公路路堑高边坡工程施工安全风险评估实施情况纳入检查范围。对未按规定开展风险评估的项目,责令限期整改。对Ⅳ级风险的施工作业应切实加强重点督查。

4. 风险控制措施

(1)总体风险评估和专项风险评估均应提出风险控制措施建议。

(2)总体风险评估应提纲携领地提出重点风险源的主要控制措施建议,重点是需投入较多物力、财力才能控制风险的措施。

(3)专项风险评估应针对一般风险源、重大风险源提出系统全面、重点突出的控制措施建议,作为现场安全管理、安全交底、专项施工方案编制的依据。

(4)针对路堑高边坡风险事故的原因,施工期间可采取风险控制措施包括:施工方案调整、加强安全措施、提高管理水平和人员的素质。

(5)调整施工方案,主要包括合理调整施工顺序、改进施工工艺。

①合理调整施工顺序,即为了减少和控制施工过程发生风险事故,对施工工序从时间顺序和空间次序上进行合理安排或调整;

②改进施工工艺,即从施工方法、工艺参数上改进,减少和控制施工过程发生的风险事故。

(6)施工安全措施,除应执行现行的有关标准、规范外,还应当根据实际工程特点,采取安全有效、便于施工的安全措施,降低施工安全风险,主要包括安全技术措施、安全替代措施、应急救援措施。

①安全技术措施,包括监测预警、对不安全场所进行安全隔离或加固防护、设立警告标志、人工警戒或专人指挥等;

②安全替代措施,对人工直接操作有较大风险的,可以用机械或其他方式替代人工操作;

③安全救援措施,主要指制订应急预案和做好应急准备。

(7)从管理和人的方面控制安全风险主要包括加强管理、人员素质提高。

①加强管理,重点是抓落实,安全管理人员落实,安全管理制度落实,安全资金投入落实,现场管理措施落实;

②人员素质提高,主要是进行经常性的安全教育和培训,强化安全意识和观念,提高安全操作技能;对特殊工种进行专门培训,做到持证上岗;对关键风险控制点安排人员巡逻检查;施工人员身体健康状况符合工种要求;施工前做好安全技术交底。

(8)路堑高边坡风险控制措施建议,可参见《高速公路路堑高边坡工程施工安全风险评估指南(试行)》附录C。

(二)公路桥梁和隧道工程施工安全风险评估

1. 评估方法

依据交通运输部编制的《公路桥梁和隧道工程施工安全风险评估指南(试行)》,公路桥梁和隧道工程施工安全风险评估分为总体风险评估和专项风险评估。

(1)总体风险评估。桥梁或隧道工程开工前,根据桥梁或隧道工程的地质环境条件、建设规模、结构特点等孕险环境与致险因子,估测桥梁或隧道工程施工期间的整体安全风险大小,确定其静态条件下的安全风险等级。

(2)专项风险评估。当桥梁或隧道工程总体风险评估等级达到Ⅲ级(高度风险)及以上时,将其中高风险的施工作业活动(或施工区段)作为评估对象,根据其作业风险特点以及类似工程事故情况,进行风险源普查,并针对其中的重大风险源进行量化估测,提出相应的风险控制措施。

2. 评估步骤

公路桥梁和隧道工程施工安全风险评估工作包括制订评估计划、选择评估方法、开展风险分析、进行风险估测、确定风险等级、提出措施建议、编制评估报告等方面。评估步骤一般为:

(1)开展总体风险评估。根据设计阶段风险评估结果(若有),以及类似结构工程安全事故情况,用定性与定量相结合的方法初步分析本项目孕险环境与致险因子,估测施工中发生重大事故的可能性,确定项目总体风险等级。

(2)确定专项风险评估范围。总体风险评估等级达到Ⅲ级(高度风险)及以上桥梁或隧道工程,应进行专项风险评估。其他风险等级的桥梁或隧道工程可视情况开展专项风险评估。

(3)开展专项风险评估。通过对施工作业活动(施工区段)中的风险源普查,在分析物的不安全状态、人的不安全行为的基础上,确定重大风险源和一般风险源。宜采用指标体系法等定量评估方法,对重大风险源发生事故的概率及损失进行分析,评估其发生重大事故的可能性与严重程度,对照相关风险等级标准,确定专项风险等级。

(4)确定风险控制措施。根据风险接受准则的相关规定,对专项风险等级在Ⅲ级(高度风险)及以上的施工作业活动(施工区段),应明确重大风险源的监测、控制、预警措施以及应急预案。其他风险等级的桥梁、隧道工程可根据工程实际情况,按照成本效益原则确定相应的风险控制措施。

3. 评估组织与评估报告

(1)公路桥梁和隧道工程施工安全风险评估工作原则上由项目施工单位具体负责。当被评估项目含多个合同段时,总体风险评估应由建设单位牵头组织,专项风险评估工作仍由合同施工单位具体实施。

当施工单位的施工经验或能力不足时,可委托行业内安全评估机构承担相关风险评估工作。

(2)评估工作负责人应当具有5年以上的工程管理经验,并有参与类似工程施工的经历。

(3)风险评估工作应形成评估报告。评估报告应反映风险评估过程的主要工作。报告内容应包括评估依据、工程概况、评估方法、评估步骤、评估内容、评估结论及对策建议等。评估结论应当明确风险等级、可能发生事故的关键部位、区域或节点、事故可能性等级、规避或者降低风险的建议措施等内容。

4. 实施要求

(1)施工单位应根据风险评估结论，完善施工组织设计和危险性较大的分部分项工程专项施工方案，制订相应的专项应急预案，对项目施工过程实施预警预控。专项风险等级在Ⅲ级(高度风险)及以上的施工作业活动(施工区段)的风险控制，还应符合下列规定：

①重大风险源的监控与防治措施、应急预案经施工企业技术负责人和项目总监理工程师审批后，由建设单位组织论证或复评估。

②施工单位应建立重大风险源的监测及验收、日常巡查、定期报告等工作制度，并组织实施。

③施工项目经理或技术负责人在工程施工前应对施工人员进行安全技术教育与交底；施工现场应设立相应的危险告知牌。

④适时组织对典型重大风险源的应急救援演练。

⑤当专项风险等级为Ⅳ级(极高风险)且无法降低时，必须提高现场防护标准，落实应急处置措施，视情况开展第三方施工监测；未采取有效措施的，不得施工。

(2)监理单位在审查工程施工组织设计文件、危险性较大的分部分项工程专项施工方案、应急预案时，应同时审查施工安全风险评估报告；无风险评估报告，不得签发开工令。

工程开工后，监理单位应督查施工单位安全风险控制措施的落实情况，并予以记录。对施工中存在的重大隐患应及时指出并督促整改，对施工单位拒不整改的，应及时向建设单位及公路工程安全生产监督管理部门报告。

(3)风险评估报告经监理单位审核后应向建设单位报备。建设单位应对极高风险(Ⅳ级)的施工作业，组织专家或安全评估机构进行论证或复评估，提出降低风险的措施建议；当风险无法降低时，应及时调整设计、施工方案，并向公路工程安全生产监督管理部门备案。

(4)各级交通运输主管部门在履行施工安全监督检查职责时，应将施工安全风险评估实施情况纳入检查范围。对极高风险(Ⅳ级)的施工作业应切实加强重点督查。

(5)公路桥梁和隧道工程施工安全风险评估应遵循动态管理的原则，当工程设计方案、施工方案、工程地质、水文地质、施工队伍等发生重大变化时，应重新进行风险评估。

(6)施工安全风险评估工作费用应在项目安全生产费用中列支。

第二章

临时设施及设备重大隐患排查

第一节 临时工程

一、拌和站

(一)基本知识

拌和站(又称搅拌站)是工业建设中用于土建搅拌施工等大型机械的统称(图2-1-1),可分为稳定土拌和站、水稳拌和站、沥青拌和站、混凝土拌和站等类别。混凝土拌和站由搅拌主机、物料输送系统、物料称量系统、物料储存系统、控制系统等五大系统和其他附属设施组成。混凝土搅拌站的型号由一些字母和数字组成,包括:由混凝土搅拌站(楼)的组代号、装机台数、搅拌机形式代号、主参数和变型或更新代号等。其中,组代号HZ为混凝土搅拌站,HL为混凝土搅拌楼;装机台数用阿拉伯数字标准,单机可省略;搅拌机型式代号S为双卧轴式,D为单卧轴式,T为行星式,W为涡浆式,F为锥形倾斜出料式,Z为锥形反转出料式;主参数代号为生产率,单位m^3/h;变更或更新代号用A、B、C…表示。

图2-1-1 混凝土拌和站

(1)搅拌主机按其搅拌方式分为强制式搅拌和自落式搅拌。
(2)物料输送系统由集料输送、粉料输送、液体输送三个部分组成。
(3)物料称量系统主要分为集料称量、粉料称量和液体称量三部分。
(4)物料储存系统由集料储存、粉料储存、液体储存三部分组成。
(5)控制系统是整套设备的中枢神经。

对于拌和站上述组成系统而言,主机系统、物料储存系统、物料输送系统及控制系统容易发生安装不规范、设备损坏等安全隐患。

(二)隐患排查

1. 主机系统隐患

表现形式: 如图2-1-2所示。

图2-1-2 混凝土拌和站主机系统安全隐患

原因分析: 主机配件缺失或未按要求安装,线路由非专业人员安装或安装不规范。

处置措施: 外露皮带传动装置必须设置防护罩,电缆与尖锐物体接触时必须增加衬垫等保护措施。

2. 物料储存系统隐患

表现形式：如图 2-1-3 所示。

原因分析：无安装图纸或未按照安装图纸进行安装；安装人员对拌和站安装工艺流程不熟悉；未提前预埋防雷接地装置。

处置措施：严格按照设计图纸安装，加强日常安全检查，发现损坏的安全附件及时更换，高处临边设置防护栏杆。

图 2-1-3　混凝土拌和站物料储存系统安全隐患

3. 物料输送系统隐患

表现形式：如图 2-1-4 所示。

原因分析：未按照安装图纸进行安装；设备在倒运、安装、使用过程中造成损坏。

处置措施：大型设备的外露皮带传动装置必须设置防护罩。

4. 控制系统隐患

表现形式：如图 2-1-5 所示。

图 2-1-4　混凝土拌和站物料输送系统安全隐患

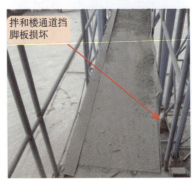

图 2-1-5　混凝土拌和站控制系统安全隐患

原因分析：未按安装图纸进行安装，线路由非专业人员进行布设，未执行检修制度定期开展检修。

处置措施：明确责任人并定期检修，控制室内设置消防器材，作业平台处设置挡脚板防止杂物坠落伤人，及时清扫通道处的杂物。

（三）监理要点

1. 审查和审批的工作内容

（1）审查及审批拌和站建设方案：

①审查水泥罐体基础计算结果及缆风设施；

②审查平面布置、排水设施、沉淀池围护方案等；

③审查应急预案、临时用电方案等。

（2）开工前的安全审查要点：

①审查所用进场防护材料的出厂合格证；

②审查特种作业人员持证上岗情况；

③审查作业人员体检情况，患有高血压、心脏病、癫痫、严重贫血等疾病不得从事高处作业；

④审查拌和站设备安装、拆除是否由专业人员进行；

⑤检查承包人安全技术交底和安全培训工作，并留有记录。

2. 需监理现场排查的工作内容

（1）日常巡查拌和站水泥罐体缆风设施、防雷设施完好情况；

（2）日常巡查周边护栏、作业人员专用斜坡道、爬梯等安全围护情况；

（3）日常巡查临时用电线路、供配电设施等；

（4）日常巡查高处作业人员佩戴安全防护用品情况，如安全帽、安全带、防滑鞋等；

（5）日常巡查是否存在酒后作业和疲劳作业等违反劳动纪律情况；

（6）适时巡查大雨、大风等恶劣天气是否停止作业；

（7）日常巡查在施工人员作业时，现场是否有专人观察和指挥；

（8）拌和站设备进行维修保养时，必须确保设备处于停运状态，有专人进行监护，控制室应关门上锁，防止人员误操作引发事故；

（9）检查是否定期对设备进行维修保养，所有设备的外露传动装置必须增设保护罩。

二、临时码头

（一）基本知识

高桩式临时码头主要由钢管桩支撑，钢管桩布置采用直斜桩相结合的形式，上部结构为梁板组合结构，主要采用型钢结构，材料主要有钢管、贝雷架、工字钢、钢板等。为兼顾高低水位船舶均能系靠码头，方便人员在不同水位上下，在码头前、后沿设置系船柱、系船环及护轮坎；在码头前沿设置橡胶舷梯，后沿设置扶梯，平台外围设置栏杆等附属设施（图2-1-6）。

临时码头施工中频繁涉及起重吊装、水上作业、高处作业，极易发生起重伤害、人员淹溺、高处坠落事故，易对航道内航行船舶造成影响，极易发生碰撞等事故。

临时码头施工作为一种危险性较大的工作，在进行钢管桩、工字钢等材料吊装作业时，应重点检查起重设备性能、吊耳、吊索具是否满足安全要求。上部结构型钢、横梁、平联、贝雷片等施工中，应重点检查起重吊装及施工人员个人防护安全情况、构件焊接质量、组件连接及固定情况等。码头主体安装施工完成后，应重点检查码头平台防护栏杆、护轮坎、人员上下通道等安全设施是否及时设置到位。

（二）隐患排查

1. 临时码头施工设备设施、临时用电安全隐患

详见本章"特种设备、临时用电"相关内容。

图 2-1-6　临时码头主要结构图

2. 临时码头各组件（如钢管桩、平联、横梁、贝雷片等）安装质量隐患

表现形式：如图 2-1-7 所示。

图 2-1-7　临时码头组件安装安全隐患

原因分析：①施工人员责任心不强或技能水平达不到要求；②现场管理人员监督检查不到位；③验收走过场。

处置措施：做好对施工人员的安全技术交底，明确各项质量、安全要求；加强对施工过程的监督检查，确保各组件焊接、安装质量满足要求。对漏焊、开焊的部位及时进行补焊；插销漏装、缺失的及时补齐。

3. 临时码头施工作业环境隐患

表现形式：如图 2-1-8 所示。

图 2-1-8 临时码头施工作业环境安全隐患

原因分析：①施工设计不合理；②对大风等恶劣天气信息预警不足。

处置措施：优化施工设计方案，尽量减小施工过程中对船舶通航的影响；加强与当地海事部门的沟通协调，做好水上施工期间的专人值班瞭望，加强对过往船舶的告知与警示。提前收集施工区域天气变化信息，并及时发布恶劣天气预警，禁止恶劣天气下的水上、高处作业。

4. 临时码头施工管理工作中存在的隐患

表现形式：①临时码头施工未办理水上水下施工许可手续，施工船舶证件不全或进场未按要求办理报港、安检等手续；②施工船舶进场把关不严，未进行检查验收即投入使用；③临时码头未经检查验收即投入使用，后期检查维修不及时。

原因分析：①对相关法律法规、安全技术标准操作规程不熟悉、不了解；②监督管理各项制度落实不严格等。

处置措施：加强对相关法律法规、安全技术标准等知识的宣传教育培训工作，提高管理人员业务水平；严格控制进场船舶的合法合规性，发现不符合要求的坚决不予使用；码头施工完成后及时组织检查验收，验收合格后再投入使用；后续使用过程中，定期对码头相关部位进行检查和维护。

（三）监理要点

1. 审查和批准的工作内容

（1）审查及审批临时码头结构专项施工方案，并经专家评审。

（2）审查临时码头结构是否进行专门的设计及验算，确保结构承载力及稳定性满足要求。

（3）码头如安装有起重设备，必须对起重设备基础及码头整体稳定性进行验算。

2. 开工前的安全审查要点

（1）检查钢板桩厂家出厂合格证。

（2）检查特种人员（如电工、焊工、起重工等）的持证上岗情况。

（3）检查作业人员体检情况，患有高血压、心脏病、癫痫、严重贫血、生理缺陷等疾病禁止进行现场施工作业。

（4）检查承包人安全技术交底和安全教育工作开展情况。

（5）临时码头搭设完毕后，必须进行全面的检查验收，经验收合格后方可投入使用。

3. 需监理现场排查的工作内容

（1）水上施工开工前，应办理《水上水下施工作业许可证》，发布《航行通告》。

（2）旁站试验桩施打过程。桩打入过程中要检查桩身垂直度，重点应放在打第一根桩上，桩锤、桩帽或送桩杆应与桩身处在同一中心轴上。沉桩时如发现桩不垂直应立即纠正。必要时，应将桩拔出重打。

（3）吊装作业指派专人统一指挥，参加吊装的起重工要掌握作业的安全要求，其他人员要有明确分工；吊装作业前，必须严格检查起重设备各部件及钢丝绳的可靠性和安全性。

（4）吊起重物时，应先将重物吊离地面10cm左右，停机检查制动器灵敏性和可靠性以及重物绑扎的牢固程度，确认情况正常后，方可继续工作。作业中不得悬吊重物行走，吊装的物体下严禁站人。在钢管桩振动下压过程中，施工人员严禁站在振动锤下，以防止重物落下砸伤人员。

（5）在拼装贝雷架时，要检查所有的贝雷片，对于有严重变形和烧伤的禁止使用。拼装好后，贝雷销端部要插好保护销。

（6）贝雷片与工字钢，工字钢与工字钢等之间的受力部位要紧密接触，离空位置要用钢板垫实，相互之间要固定，以保证各构件受力均匀和稳固。码头纵、横梁与钢管桩头之间，纵梁与横梁之间应限位、固定好。

（7）码头三面（靠栈桥侧除外）必须安装防护栏杆，四周须挂设救生圈，上、下爬梯必须安装牢固，车辆运行区域设置护轮坎，同时还应根据安全部门的规定（如有）增设相关安全措施。起重设备回转范围应设置防护栏杆及警示标志。

（8）检查码头观测工作开展情况。长期观测码头钢管桩的冲刷情况，对于冲刷过大的位置采用抛沙袋、片石的办法进行维护。

（9）定期检查贝雷桁架纵梁连接处销子、开口销的松动脱落情况；检查勾头螺栓松动情况，对螺栓、螺帽脱落的部位及时安装紧固。

三、水上作业平台

（一）基本知识

水上作业平台主要包括水上栈桥、水上施工平台等。栈桥是深水施工的施工便道，用于材料、机械设备的运输，混凝土车的通行，人员上下班通道等。施工平台提供水下基础、水上结构施工的工作场所，要承受施工设备设施及材料的荷载，同时还要经受水流的冲击，因此，必须保证平台的稳固。

水上作业平台主要由钢管桩支撑，钢管桩布置采用平行式直桩形式，上部结构为梁板组合结构，主要采用型钢结构，材料主要有钢管、贝雷架、工字钢、钢板等（图2-1-9）。

图2-1-9　水上作业平台主要结构图

水上作业平台施工常采用打桩船施工与"钓鱼法"施工相结合的方式进行，施工中频繁涉及起重吊装、水上作业、高处作业，极易发生起重伤害、人员淹溺、高处坠落事故。水上作业平台施工常处在江河航道附近，易对航道内航行船舶造成影响，极易发生碰撞等事故。

水上作业平台施工作为一种危险性较大的工作，在进行钢管桩、工字钢等材料吊装作业时，应重点检查起重设备性能、吊耳、吊索具是否满足安全要求。上部结构型钢、横梁、平联、贝雷片等施工中，应重点检查起重吊装及施工人员个人防护安全情况、构件焊接质量、组件连接及固定情况等。水上作业平台主体安装施工过程中，必须同步完善桥面临边护栏等设施。

（二）隐患排查

1. 水上作业平台施工起重设备、临时用电安全隐患

详见本章"特种设备、临时用电"相关内容。

2. 水上作业平台各组件（如钢管桩、平联、贝雷片等）安装质量隐患

表现形式：如图 2-1-10 所示。

图 2-1-10　水上作业平台组件安装安全隐患

原因分析：①施工人员责任心不强或技能水平达不到要求；②现场管理人员监督检查不到位；③验收走过场。

处置措施：做好对施工人员的安全技术交底，明确各项质量、安全要求；加强对施工过程的监督检查，确保各组件焊接、安装质量满足要求。

3. 水上作业平台施工作业环境隐患

参见本节"临时码头"相关内容。

4. 水上作业平台施工管理工作中存在的隐患

表现形式：①水上作业平台施工未办理水上水下施工许可手续，施工船舶证件不全或进场未按要求办理报港、安检等手续；②施工船舶进场把关不严，未进行检查验收即投入使用；③水上作业平台未经检查验收即投入使用，后期检查维修不及时。

原因分析：①对相关法律法规、安全技术标准操作规程不熟悉、不了解；②监督管理制度落实不严格等。

处置措施：加强对相关法律法规、安全技术标准等知识的宣传教育培训工作，提高管理人员业

务水平；严格控制进场船舶的合法合规性，发现不符合要求的坚决不予使用；水上作业平台施工完成后及时组织检查验收，验收合格后再投入使用；后续使用过程中定期对水上作业平台相关部位进行检查和维护。

(三)监理要点

1. 审查和批准的工作内容

(1)审查及审批水上作业平台施工方案，并经评审。

(2)审查水上作业平台是否进行专门的设计及验算，确保结构承载力及稳定性满足要求。

(3)水上作业平台如有起重设备，必须对起重设备基础及平台整体稳定性进行验算。

2. 开工前的安全审查要点

(1)查验钢板桩厂家出厂合格证。

(2)查验特种人员(如电工、焊工、起重工等)的持证上岗情况。

(3)查验承包人安全技术交底和安全教育工作开展情况。

(4)查验水上作业平台验收资料。

3. 需监理现场排查的工作内容

(1)水上施工开工前，应办理《水上水下施工作业许可证》，发布《航行通告》。

(2)吊装作业应有专人统一指挥，吊装作业前必须严格检查起重设备各部件及钢丝绳的可靠性和安全性，并进行试吊；钢管桩吊装时应系缆风绳，使桩保持平衡，防止碰撞。

(3)施工水域内应有相关警示标识，如航标灯、锚浮标等。对于已施工的钢栈桥部分要安装警示灯。

(4)施工现场及施工船上做好防护，如防护栏杆、安全网等，防止人员落水。现场配备一定数量的救生衣、救生圈。所有作业人员作业过程中，必须穿戴好劳动防护用品尤其是救生衣。

(5)督促承包人每天与当地气象台(站)及水文部门联系，掌握准确气象及水情预报，6级以上大风停止一切作业，并检查船舶锚固、临时设施固定情况。

(6)抽查并督促承包人对栈桥及平台定期量测钢管桩的埋深，防止水流冲刷河床，造成栈桥及平台失稳。如冲刷严重，应督促承包人采取措施，根据情况在钢管桩位置抛填袋装土予以加固。

(7)检查贝雷桁架纵梁连接处的销子、定位销的松动脱落情况。如有松动应及时督促加固。

(8)检查螺栓松动情况，螺栓、螺帽脱落的部位及时督促安装紧固。

(9)经常检查钢栈桥各钢件之间的焊缝，如出现焊缝断裂等，应及时督促补焊。

(10)督促处理施工船舶、施工机械等产生的废油水等，不得随意排放。

第二节 临时用电

(一)基本知识

在施工现场发生的安全事故中，因临时用电系统原因造成的占有很大的比例。为加强建筑施工现场的用电管理，确保用电安全、可靠，防止事故发生，对用电设备做好接地保护、接零和漏电保护防止触电事故，对各条电缆做好敷设和隔离保护，都是非常必要的防止火灾发生的有效措施。在建设项目开工前，施工单位专业电气技术人员应按照项目实际情况及项目用电设备负荷要求，编制临时用电施工组织设计，临时用电组织设计及变更必须履行"编制、审核、批准"的程序；施工现场临时用电方案编制人员应具备电气工程师资格，方案经相关部门审核及施工单位技术负责人批准，报监理单位审查通过后实施。

临时用电作为一项危险性较大的工程，安装、巡检、维修或拆除临时用电设备和线路必须由持证电工完成,并应有人监护。施工现场临时用电工程专用的电源中性点直接接地的220/380V三相四线制低压电力系统(图2-2-1),必须符合下列规定:

(1)采用三级配电系统;

(2)采用TN-S接零保护系统;

(3)采用二级漏电保护系统。

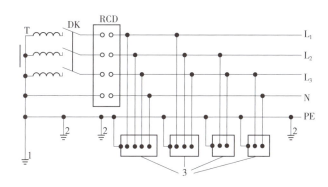

图2-2-1　临时用电配电系统

1-工作接地;2-PE线重复接地;3-电气设备金属外壳(正常不带电的外露可导电部分);L_1、L_2、L_3-相线;N-工作零线;PE-保护零线;DK-总电源隔离开关;RCD-总漏电保护器(兼有短路、过载、漏电保护功能的漏电断路器);T-变压器

(二)隐患排查

1. 配电箱的隐患

表现形式:如图2-2-2所示。

图2-2-2　配电箱的隐患图

原因分析:①非持证电工操作;②工人临电知识贫乏;③工人安全意识薄弱。

处置措施:对工人进行临电安全教育培训,由持有电工证的人员操作。

2. 临电线路的隐患

表现形式:如图2-2-3所示。

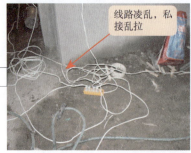

图 2-2-3 临时用电线路安全隐患

原因分析：①非持证电工操作；②工人临电知识贫乏；③工人安全意识薄弱。

处置措施：对工人进行临电安全教育培训，由持有电工证的人员操作。

3. 电气设备的隐患

表现形式：如图 2-2-4 所示。

原因分析：①非持证电工操作；②工人临电知识贫乏；③工人安全意识薄弱。

处置措施：对工人进行临电安全教育培训，由持有电工证的人员操作。

(三) 监理要点

(1) 审查及审批临时用电施工组织设计和专项施工方案，并经专家评审。施工单位报审的施工组织设计必须包含临时用电内容。

(2) 日常巡查中，重点检查施工用电作业人员是否为持证专业电工及操作是否规范；督促承包人做好其他施工人员的三级安全教育工作。

(3) 日常巡查中，对于在高压线下施工应予以重点关注，检查操作人员是否遵守操作规程及机械设备、作业高度距离高压线距离是否满足要求。

(4) 对照批复的临时用电方案，检查现场临时电源线布设、保护装置设置、接线方式、安全警示标识等措施落实情况。采用"三相五线制"布线，直埋电缆的地方应设有标识牌，线路道路设有保护措施。现场的配电盘摆放整齐，颜色一致，并有防雨措施。电线无破损，电源线与设备的接线必

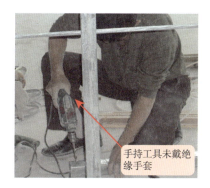

图 2-2-4　电气设备隐患图

须用螺钉压紧；不得使用单层绝缘电线电缆；电源之间的连接头必须用绝缘胶带包扎；电动设备做到"一机、一闸、一箱、一漏保"。

（5）承包人进行维护检修时，必须由专业电工操作并严格遵守操作规程，做好保护措施。

（6）督促承包人定期做好电气设备、线路完好情况检查，并有明显的检测合格标识，所用的配电箱、配电盘和电动工具应有台账并办理使用登记手续。电气设备必须做好防雷接地。

第三节　特种设备

一、架桥机

（一）基本知识

在公路工程施工中，架桥机（俗称桥机）作为桥梁上构起重吊装架设的主要设备运用广泛。公路桥梁架桥机形式多样，有步履式架桥机、自平衡式架桥机、配重式架桥机等。每种架桥机工作原理和工作程序都不尽相同，公路桥梁的特点是桥梁纵坡、横坡、转弯半径、跨度、梁体重量等参数比较复杂，变化较大。因此，在使用架桥机施工时，施工单位应根据所架桥梁的技术参数和所使用架桥机的技术参数编制施工方案或架桥机作业指导书，严格按照方案组织架桥机作业。

架桥机作业是一项危险性较大的工作，在架桥机安装、拆卸、吊梁、梁体加固、桥机过孔、桥机支撑加固、桥机的肢态调整（主梁整体抬升或下降）等工作程序中，都存在极大的危险。因此，桥机的各项作业需多人密切配合，应做到统一指挥、明确指挥信号、作业人员分工明确。

架桥机作业前，应对桥机做全面的检查。桥机各安全保护装置（起重量限制器、起重天车纵向行程限位器、桥机整体横移限位器、吊钩起升高度限位器等）应灵敏有效；主要受力构件的连接应牢固可靠；各支撑点的支撑情况及支垫的材料强度应符合要求；各机构（起升机构、行走机构）应运行平稳顺畅，各主要零部件（钢丝绳、绳卡、起升电机制动器、减速机、联轴器、卷筒、吊钩组、吊具、液压油缸等)应无缺陷,符合技术标准的要求;桥机主梁、支腿等钢机构应无裂纹和塑性变形、严重锈蚀等情况;在任何工况下桥机主梁必须保持水平状态,或在该桥机使用说明书中规定的参数以内;桥机的前支腿横移轨道与桥机中支腿横移轨道必须保持平行度和水平度,其误差必须控制在规定的范围内;桥机的电气系统必须连接可靠,各控制开关必须灵敏有效。

架桥机的结构及安全保护装置分别如图2-3-1和图2-3-2所示。

图2-3-1 架桥机结构图

图2-3-2 架桥机安全保护装置分布图

(二)隐患排查

1. 架桥机钢结构裂纹隐患

表现形式:如图2-3-3所示。

原因分析:①焊接缺陷;②钢结构变形产生裂纹;③疲劳产生裂纹。

处置措施:编制焊接工艺及焊接方案,由持有结构焊焊工证的人员焊接修复。

2. 架桥机主要受力构件连接隐患

表现形式:如图2-3-4所示(其中含有规范图片,供参考)。

图 2-3-3　架桥机钢结构裂纹隐患图

图 2-3-4

图 2-3-4　架桥机主要受力构件连接隐患及对比图

原因分析：桥机安装存在缺陷，设备安装验收工作不到位，钢结构变形无法安装到位。

处置措施：桥机主要受力构件的连接必须采用高强度螺栓，销轴不能用其他材料替代，各销轴必须穿开口销防止销轴窜动。对于主梁下挠值超标的问题，应在吊第一片梁时进行测量，空载时测量主梁的高度，重载时天车吊梁行至主梁的中部，测量主梁的下挠值，空载与重载下挠值之差应小于跨度/700，否则桥机应降级使用；卸载后再次测量下挠值与第一次空载下挠值进行比较，如差值等于零（说明主梁卸载后能弹回原来的状态），则桥机可以继续使用，否则桥机应降级使用。

3. 架桥机钢丝绳隐患

表现形式：如图 2-3-5 所示。

原因分析：卷扬机卷筒排绳不良使钢绳被压扁，起升机构设计缺陷和安装缺陷导致钢绳与金属结构发生摩擦；钢丝绳的正常磨损；未按标准安装绳卡。

处置措施：加强对钢丝绳的日常检查，按钢丝绳报废标准及时更换，对钢丝绳与钢结构磨损部位加设衬垫进行保护或调整钢结构位置。

图 2-3-5

图 2-3-5　架桥机钢丝绳隐患图

其他隐患：钢丝绳安全系数不足，钢丝绳存在断股、断芯、弯折、严重锈蚀等缺陷，钢绳绳卡松动，钢绳绳卡与钢绳不匹配，绳卡个数不足和绳卡间距不当等。

4. 吊绳（捆绑绳）安全隐患

表现形式：如图 2-3-6 所示。

原因分析：未按规范使用钢绳。

图 2-3-6　吊绳（捆绑绳）安全隐患图

处置措施：加强对钢绳的日常检查，按钢绳报废标准及时更换，对钢绳与重物棱角部位加设衬垫进行保护。

5. 架桥机起升机构隐患

（1）起升机构起升电机隐患

表现形式：如图 2-3-7 所示。

图 2-3-7　起升机构起升电机隐患图

原因分析：安装出现问题。

处置措施：加强日常检查，发现固定螺栓松动及时紧固，机构位移及时复位。

（2）起升机构卷扬机制动隐患

表现形式：如图 2-3-8 所示。

原因分析：未及时检查、调整、更换摩擦片。

处置措施：加强检查，及时调整、修复、更换摩擦片、减振胶套，清除制动轮表面的油污，更换变形的制动轮。

图 2-3-8

图 2-3-8 起升机构卷扬机制动隐患图

(3)起升机构减速机隐患

表现形式： 如图 2-3-9 所示。

图 2-3-9 起升机构减速机隐患图

原因分析： 减速机进水、减速机油封损坏或破损、润滑油加注过量。

处置措施： 检查减速机壳体及注油孔等易进水部位并做好防进水的处理、更换变质的润滑油、更换油封、放出多余的润滑油。

(4)起升机构钢绳卷筒隐患

表现形式： 如图 2-3-10 所示(其中含有规范图片，供参考)。

图 2-3-10 起升机构钢绳卷筒隐患及对比图

原因分析： 卷筒设计有缺陷，无排绳装置；使用不当、斜吊重物。

处置措施： 作业时加强对卷筒收绳的观察，加装排绳装置。吊装前进行人工排绳。

6. 架桥机电气系统隐患

表现形式： 如图 2-3-11 所示(其中含有规范图片，供参考)。

图 2-3-11 架桥机电气系统隐患及对比图

原因分析：配电箱损坏未及时修复；电源线接线端未固定好产生松动，导致接触不良；滑动的电源线处理不当产生刮擦导致破损；电源线自然老化；未按照规范设置专用配电箱。

处置措施：配置专用配电箱，及时包扎破损电缆，更换老化的电缆，配备备用电源。

其他隐患：电压不稳、经常突然停电、未配备备用电源等。

7. 架桥机液压系统隐患

表现形式：如图 2-3-12 所示。

图 2-3-12

图 2-3-12　架桥机液压系统隐患图

原因分析：液压油变质、液压油中有铁屑等杂质、液压元件磨损、液压密封件老化、长时间用油缸重载支撑等情况，都可能造成液压系统损坏、油缸缩缸等危险因素；油缸缩缸极易造成桥机整体失稳，发生倾覆事故。

处置措施：加强液压系统的检查，及时更换变质、被污染、有杂质的液压油。液压油缸顶升到位后，应立即在支腿上插入销轴，让支腿销轴受力；如支腿销孔错位无法插入销轴时，要用枕木等材料对油缸进行保护性支撑，防止油缸缩缸。

8. 架桥机安全保护装置隐患

表现形式：如图 2-3-13 所示（其中含有规范图片，供参考）。

原因分析：桥机的安全保护装置包括：吊钩的起重量限制器、吊钩的起升高度限位器、天车在主梁上的行程限位器、天车的横移限位器、桥机前后支腿的横移限位器以及桥机的监控系统等。损坏的原因是安装位置不合理，安装或运输时导致损坏，缺失的原因是未按规范安装。

图 2-3-13

图 2-3-13　架桥机安全保护装置隐患及对比图

处置措施：设备安装完毕后，加强对安全保护装置的检查，对缺失的应及时补装，对损坏的安全保护装置、电机制动应及时更换修理。

其他隐患：各电机制动的损坏。

9. 架桥机横移（纵移）轨道隐患

表现形式：如图 2-3-14 所示（其中含有规范图片，供参考）。

原因分析：轨道支撑间距过大一般是支撑枕木不足，铺设人员随意铺设，或凭感觉铺设，桥机施工管理人员要求不高或监督不力所致。轨道水平度不平行一般是由于轨道变形严重，轨道铺设时未进行测量。轨道的平行度呈"八"字形一般出现在曲线桥架设中，通常是轨道之间的平行度不易控制所致。

处置措施：轨道铺设时，应准备充足的支撑材料；枕木的铺设高度应根据桥梁横坡和纵坡参数，事先进行计算确定，轨道铺设完毕后要进行复测。轨道的平行度应以前支腿横移轨道为标准，调整中支腿轨道与前支腿横移轨道保持平行，安装完成后要测量平行度。双幅架梁时，横移轨道要跨越两侧的盖梁，在跨越盖梁的横移轨道下方，采用型钢或钢板加强横移轨道的承载力。轨道接头处必须垫实。轨道如果安放在桥台背面的填方地段，回填地段必须压实，以防止轨道下沉。

其他隐患：钢轨接头下方未垫实，支垫的枕木腐朽，轨道下方地面松软。

10. 架桥机主梁水平度（纵向、横向）隐患

表现形式：如图 2-3-15 所示。

原因分析：桥机在任何工况下主梁水平度（纵向、横向）偏差过大、不符合要求都是非常危险的，因此，桥机主梁在任何工作状态下必须保持水平状态。造成主梁坡度的原因主要是前支腿和中支腿高度调整不当所致，或在铺设前、中横移轨道时未将轨道调平，使轨道水平度超标。

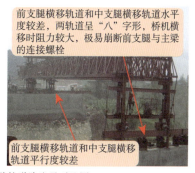

图 2-3-14 架桥机横移轨道隐患及对比图

处置措施：桥机过孔前，应测量盖梁之间的高差及横坡和纵坡等参数，根据桥机前、中、后支腿的高度及液压油缸的伸缩行程，确定盖梁上铺设枕木的高度；过孔前调整好桥机的姿态（控制好主梁的水平度），顶升油缸时应整体同时顶升（收缩），及时穿销保护。不能同时顶升（收缩）时，每边只能顶升（收缩）20cm，然后交替顶升（收缩），以使桥机保持水平状态。调整桥机姿态时，应由专人统一指挥。过孔完毕后再次调整支腿高度，然后在支腿上插入销轴受力，桥机工作时应保持主梁纵向和横向的水平度。

11. 架桥机炮车运梁通道和运梁平车轨道隐患

表现形式：如图 2-3-16 所示。

图 2-3-15　架桥机主梁水平度隐患图

图 2-3-16　架桥机炮车运梁通道和运梁平车轨道隐患图

原因分析： 盲目相信钢轨的承载力，未计算钢板的承载力。

处置措施： 用钢板等材料加强钢轨的支撑力。用砂石材料调平运梁路面。调整路面平整度，用较厚的钢板搭设在 T 梁接头处，且钢板在 T 梁上的搭头长度至少 20cm 以上，若运梁坡度较大（坡度大于 4%）时，用卷扬机对运梁车做保护性牵引，防止运梁车制动失效溜车。若在桥面以外的道路上运梁，当运梁道路的坡度过大时，应对道路做降坡处理。

其他隐患： 运梁道路纵坡度过大，路面横坡较大，路面平整度差，道路弯度过小。

12. 架桥机吊装作业隐患

表现形式： 如图 2-3-17 所示。

原因分析： 不按规范作业，不按规范使用钢绳，不按规范支撑桥机支腿，长时间用液压油缸受力支撑违反操作规程。支撑 T 梁的原木未经选择不考虑原木强度乱用。

处置措施： 加强作业各个环节的检查，及时纠正不规范的行为。T 梁就位后，立即焊接 T 梁主钢筋。加强对原木等辅助材料的检查，及时剔除不合格的材料。

13. 架桥机作业环境存在的隐患

表现形式： 如图 2-3-18 所示。

原因分析： 施工现场环境复杂，施工安排不当。

处置措施： 联系协调供电部门，采取临时停电后作业，调整作业时间，合理组织作业。

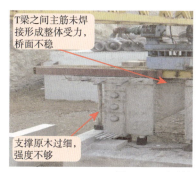

图 2-3-17 架桥机吊装作业隐患图

图 2-3-18 架桥机作业环境存在隐患图

14. 架桥机管理上的隐患

表现形式：①特种设备未检即用；②未编制桥机作业专项施工方案（作业指导书）指导操作人员作业；③未定期检查设备，不能及时发现隐患、处理隐患，设备带故障运行；④安排无证人员操作设备。

原因分析：对特种设备相关法律法规、安全技术标准不熟悉、不了解。

处置措施：收集特种设备相关法律法规、安全技术标准并组织相关人员学习，加强对作业人员、特种设备管理人员的培训，严格执行法律法规和特种设备安全技术标准，编制桥机作业专项施工方案，并严格按方案组织吊装架梁作业。

(三) 施工注意问题

(1) 施工单位应高度关注工地现场的供电情况，是否存在电压不稳或经常突然停电等情况，否则应给桥机配备备用电源，以防止桥机过孔或吊装时突然停电使桥机处于危险状态情况的发生。

(2) 桥机作业时，应注意极端天气(如大风、大雾、雨雪、凝冻等)对施工的影响，同时还应注意作业环境的影响(如桥台背面的压实不够发生沉降、作业现场凌乱、交叉作业、作业现场有高压输电线路通过且与桥机的安全距离不够等因素)。

(3) 桥机在起吊第一片梁时必须进行试吊，注意重新紧固钢绳绳卡、调整起升机构制动，测量主梁重载时的下挠值(下挠值应控制在700/跨度以内)以及检测桥机主梁刚度等。

(4) 桥机过完孔后、作业前都必须进行空载运行，确保起重天车在主梁上纵向行走无卡阻、啃轨现象，行走顺畅。桥机整体左右横移无卡阻、啃轨现象，行走顺畅。

(5) 目前大多数桥机运梁使用的是轮胎式运梁车(俗称炮车)，若炮车的行走速度与桥机起重天车的行走速度不匹配，则在喂梁时会导致桥机主梁纵向晃动严重。因此，炮车操作人员必须高度关注这一现象，尽量将炮车速度控制好与天车保持同步。

(6) 由于炮车是非标产品，其制动性能较差，同时炮车的传动系统大多强度较差，运载的梁大多在百吨以上，因此，炮车运梁时必须注意运梁道路的坡度对炮车的影响，如坡度超过炮车允许的最大爬坡坡度，应采取降坡或对炮车做保护性牵引。

(四) 预防对策

(1) 加强管理，建立健全特种设备安全管理制度并严格执行，建立特种设备技术档案，加强对桥机安装完毕后的验收工作，及时对桥机进行报检取证。

(2) 根据工程特点编制桥机施工方案，并有效监督作业人员严格按方案操作桥机；加强对桥机操作人员的培训工作，提高操作人员的安全技术水平，防止人的不安全行为的发生(很多桥机事故是由于操作人员违规、违章操作设备所致)。

(3) 加强对桥机的日常检查和维护保养工作，对桥机存在的安全隐患及时处理，杜绝物的不安全状态。

二、门式起重机

(一) 基本知识

公路工程施工中，门式起重机(俗称龙门吊)广泛应用在T梁预制场、钢筋加工坊等场所，其结构如图2-3-19~图2-3-21所示。龙门吊主要承担钢筋装卸、搬运，T梁模板的安装拆卸、T梁的混凝土浇筑、T梁的吊运等工作，使用频率较高。龙门吊结构相对简单，但其形式是多种多样的，有些龙门吊采用的是变频的电气系统，有些则不是。因此，在使用龙门吊前，操作人员应仔细阅读该龙门吊的使用说明书，了解熟悉龙门吊的技术参数，按规范操作龙门吊。

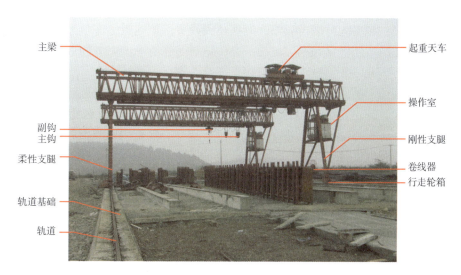

图 2-3-19 双导梁龙门吊结构图

图 2-3-20 单导梁电动葫芦龙门吊结构图

图 2-3-21 龙门吊安全保护装置分布图

龙门吊从安装拆卸到吊装作业的各工作环节都存在许多安全隐患。T梁预制场大多设置在公路的路基上且未进行封闭，施工人员进出频繁，有些还要设置运输通道，车辆通行频繁；由于受场地的限制等因素，有些龙门吊还设置在高边坡的下方，随时面临滑坡、塌方的危险；梁场T梁及模板林立，空间相对狭小。因此，龙门吊作业环境相对复杂，作业干扰较大。

龙门吊是行走在轨道上的起重设备，目前公路施工使用的龙门吊轨道基础没有相应的国家标准，制作的随意性较大，加之轨道及基础属于临时设施，很多施工单位在制作轨道基础时不够重视，而且使用的钢轨大多是旧钢轨，有些钢轨的型号不统一，导致轨道线形较差，两条轨距偏差较大，轨道高低起伏，轨道坡度超过该龙门吊允许的最大坡度、轨道转弯半径过小、轨道接头错位等现象时有发生。在填方地段的轨道由于压实度不够，导致轨道基础下沉、断裂的情况时有发生。以上种种因素极易造成龙门吊啃轨、爬轨甚至倾覆事故的发生。龙门吊轨道施工质量的优劣直接影响龙门吊的安全运行，轨道的质量是龙门吊能否安全运行的首要环节。因此，对龙门吊轨道的施工质量、施工过程要提前介入并且要高度重视，否则后期整改和处理会相当困难。

龙门吊在使用过程中一旦违章操作，极易发生安全事故。如用龙门吊安装拆卸模板歪拉斜吊的现象非常普遍，歪拉斜吊经常损坏起升机构的排绳器，从而导致吊钩起升高度限位器的损坏，吊钩起升高度限位器的损坏又会造成吊钩冲顶钢绳断裂，导致重物坠落伤人的事故。因此，龙门吊的使用必须严格遵守安全操作规程和起重吊装"十不吊"的规定。

龙门吊作业危险性较大，作业前应对龙门吊做全面的检查。龙门吊各安全保护装置（主钩、副钩起重量限制器、起升高度限位器、起重天车行程限位器、龙门吊大车限位器和防碰限位器等）应灵敏有效，主要受力构件的连接应牢固可靠，各机构（起升机构、行走机构）应运行平稳顺畅，各主要零部件（钢丝绳、绳卡、起升电机制动器、减速机、联轴器、卷筒，吊钩组、吊具等）应无缺陷、符合技术标准的要求，龙门吊主梁、支腿等机构应无裂纹和塑性变形、严重锈蚀等情况，电气系统必须连接可靠，各控制开关必须灵敏有效。

（二）隐患排查

1. 龙门吊钢结构隐患

表现形式： 如图2-3-22所示。

图2-3-22 龙门吊钢结构隐患图

原因分析： 焊接质量差导致出现裂纹，或疲劳产生裂纹。结构上不合理产生积水部位。缺乏保养，产生锈蚀。

处置措施： 编制焊接工艺及焊接方案，由持有结构焊焊工证的人员焊接修复。钻孔排水，清除锈蚀，刷漆保护防锈。

2. 主梁等钢结构连接及塑性变形隐患

表现形式： 如图 2-3-23 所示。

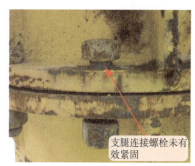

图 2-3-23 主梁等钢结构连接及塑性变形隐患图

原因分析：①销轴安装不到位，连接螺栓缺失、紧固不到位等情况导致安装质量差，设备验收工作不到位；②主梁变形时超载、吊钩高度限位器失效，导致吊具冲顶主梁使主梁发生塑性变形；③天车变形、主梁变形、两条大车基础轨道不平行，水平度差导致主梁扭曲变形等因素都有可能造成三个轮受力、一个轮子悬空的情况。

处置措施：①加强设备安装过程的检查，发现问题及时处理；②避免超载，对变形严重的主梁进行修复（应选择有维修资质的单位进行维修）或更换受损主梁；③查明行走轮悬空的原因，如是大车轨道的原因，则调整轨道水平度；如是天车、主梁变形，则进行校正；也可加高轮缘防止脱轨。

3. 轨道、基础隐患

表现形式：如图 2-3-24 所示（其中含有规范图片，供参考）。

图 2-3-24

图 2-3-24

图 2-3-24　轨道、基础隐患及对比图

原因分析：①公路施工大多使用的是旧钢轨，钢轨变形比较严重，安装时线形调整有难度；②因为轨道是临时性的，许多轨道制作单位不愿投入太多费用；③对轨道的制作不重视，对轨道的制作把关不严，要求不高，制作完毕后未进行验收；④轨道的制作缺乏整体安排，一旦要延长轨道线形就会出问题；⑤在填方地带制作基础时，对地面压实不足，造成基础下沉；⑥基础轨道制作过程控制不严，成型后整改困难等。

处置措施：加大基础制作的投入，严把轨道的技术标准，加强基础制作过程中的监控，及时处理发现的问题；轨道制作安装完毕后要加强验收工作；弯道上必须使用正规的轨道夹板；基础制作前必须了解该龙门吊的最小转弯半径和最大坡度等技术参数，严格控制施工班组的随意性。龙门吊使用中加强对轨道的检查，发现问题及时处理。

4. 龙门吊安全保护装置隐患

表现形式：如图 2-3-25 所示（其中含有规范图片，供参考）。

原因分析：①对龙门吊的安全技术规范不了解，不知道在何部位安装保护装置，因此缺失较多；②行程限位器碰尺安装不合理，时常碰坏限位器；③有些行程限位器安装位置不合理，导致经常被损坏；④多数安全保护装置调整不当而失效；⑤有些保护装置系人为破坏和违章操作所致，如副钩高度限位器，吊重物时歪拉斜吊极易损坏排绳器，导致高度限位器损坏；又如吊钩防脱钩装置（保险卡）司绳人员嫌其麻烦，故意破坏。

图 2-3-25

图 2-3-25　龙门吊安全保护装置隐患及对比图

处置措施： 加强检查，及时按照安全保护装置的安装标准和设置位置进行维修和更换。加强对操作人员违章使用设备的查处，杜绝违章操作。

5. 龙门吊钢绳隐患

表现形式： 如图 2-3-26 所示（其中含有规范图片，供参考）。

图 2-3-26

图 2-3-26 门吊钢绳隐患及对比图

原因分析：①钢绳压扁主要是卷筒排绳不良引起；②钢绳与钢结构之间发生摩擦一般是由于起升机构设计不合理，有些是结构变形所致；③钢丝绳的断丝断股一般是使用不当造成的；④钢绳绳头的固定出现问题，一般是设备安装不到位所致；⑤钢绳绳卡松动，一般是由于绳卡紧固不到位，特别是新钢绳重载使用后未再次紧固绳卡，或钢绳重载使用一段时间后钢丝绳直径会有所变小，未定期紧固绳卡所致。

处置措施：①能安装排绳器的卷筒应安装排绳器，不能安装排绳器的，应人工排绳后再使用，对压扁的钢绳应更换；②钢丝绳与钢结构如发生摩擦，应调整起升机构位置，不能调整的应在摩擦部位采用废轮胎等材料进行衬垫保护；钢绳正常磨损达报废标准的应立即更换；对于结构变形引起的摩擦，应修复变形的结构；③加强对钢绳正确使用的检查，杜绝违规使用钢绳，当在一个捻距内断丝数超过钢绳总丝数的8%时应立即更换钢绳，断股的钢绳应立即更换；④加强对钢绳绳头固定及安装的检查，对安装不规范的立即处理；⑤按照绳卡安装标准安装绳卡，钢绳绳卡应定期紧固，新钢绳重载后应再次紧固。

6. 龙门吊起升机构隐患

（1）卷筒隐患

表现形式：如图 2-3-27 所示（其中含有规范图片，供参考）。

原因分析：①卷筒未设置排绳装置；②起吊的重物重心偏移所致；③人工排绳未排好，继续使用所致，卷筒排绳不好易导致钢绳脱出卷筒被绞断。

处置措施：①安装排绳装置；②起吊重物时，应尽量调整好起吊重心，防止斜吊；③对于排绳不良的卷筒应进行人工排绳后再使用；增设卷筒防脱绳装置，避免钢绳脱出卷筒。对于以上措施不能实现的，起吊重物时应随时观察卷筒的排绳情况，以防止脱绳。

（2）制动器隐患

表现形式：如图 2-3-28 所示（其中含有规范图片，供参考）。

图 2-3-27 卷筒隐患及对比图

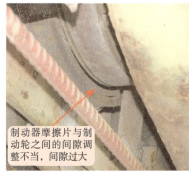

图 2-3-28 制动隐患及对比图

原因分析：①安装调整不到位；②未及时更换摩擦片；③未及时发现制动轮变形缺陷；④减振胶套自然磨损损坏，未及时更换。

处置措施：加强对制动器的检查，及时调整摩擦片间隙，及时更换磨损超标的摩擦片，及时更换减振胶套（已损坏的减振胶套在使用中会发出异响）。

(3)副钩隐患

表现形式：如图 2-3-29 所示。

图 2-3-29　副钩隐患图

原因分析：①副钩电动葫芦行走轮脱轨，一般是行走轮支架固定螺栓松动或调整不当所致；②排绳器损坏一般是由于歪拉斜吊所致。

处置措施：①副钩电动葫芦使用一段时间后，应重新紧固支架固定螺栓；②加强吊装操作的检查，纠正违章作业的行为，杜绝歪拉斜吊使用设备。

(4)吊钩隐患

表现形式：如图 2-3-30 所示（其中含有规范图片，供参考）。

图 2-3-30　吊钩隐患及对比图

原因分析：①吊钩滑轮不转动主要是由于滑轮轴承缺乏润滑油而卡死或滑轮轴承损坏所致；②吊钩变形主要是由于吊钩超负荷使用或用吊钩尖部直接钩挂重物所致；③吊钩防脱钩装置损坏基本上是人为破坏；④吊钩壳固定螺栓损坏的原因是吊钩使用不当被碰坏或紧固滑牙，该情况易导致吊钩轴脱落。

处置措施：①清洗、润滑滑轮轴承或更换轴承；②合理使用吊钩（吊具），严禁用小吨位的吊钩代替原装吊钩,严禁超载使用吊钩;③对吊钩司绳人员加强监督,对故意破坏保险卡的人员进行处罚;④加强对吊钩的保养和维护,发现隐患立即更换或修复。

其他隐患： 吊钩出现裂纹、使用焊接后的吊钩、使用磨损变形达到报废标准的吊钩。

(5)减速机隐患

表现形式： 如图 2-3-31 所示。

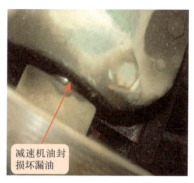

图 2-3-31　减速机隐患图

原因分析： ①润滑油变质的原因是润滑油使用时间过长而未进行保养换油,减速机壳体进水使润滑油变质;②减速机漏油主要是由于油封老化变形密封不良所致,或减速机上下壳体之间的密封垫损坏、老化、变形所致,或上下壳的连接螺栓松动所致。

处置措施： ①对减速机及时保养,更换润滑油;②更换油封、壳体垫片,紧固壳体连接螺栓。

7. 龙门吊电气系统控制系统隐患

表现形式： 如图 2-3-32 所示(其中含有规范图片,供参考)。

原因分析： ①未及时检查、更换、包扎破损的电源线,电缆使用时间过长自然老化,电缆使用不当被刮破,电源线与电气元件的接头紧固不良松动导致电源线发热烫坏电缆绝缘层,电气元件的质量差;②电气系统的安装不规范,对电气系统的规范不了解;③控制台锈蚀导致控制按钮标识不清。

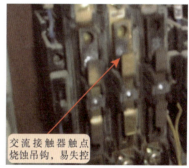

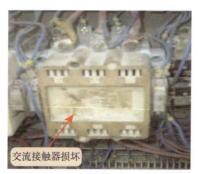

图　2-3-32

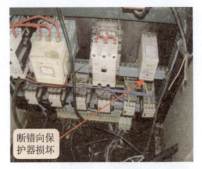

图 2-3-32 门吊电气系统控制系统隐患及对比图

处置措施：①加强对电气安装质量的验收检查，对破损的电缆及时更换或包扎，每天对电气元件的工作状态(如温度、声响、外观颜色等)进行检查，发现问题及时处理；②对带电的裸露部位及时进行包扎、隔离等绝缘处理，对按钮标识重新标注防止误操作。严禁无电气安装维修资格证的人员维修电气系统。

8. 龙门吊作业环境隐患

表现形式：如图 2-3-33 所示。

原因分析：①龙门吊作业面选择不合理，现场条件限制导致龙门吊处于高边坡下方，存在垮塌危险；②施工现场管理不善，材料乱堆乱放；③预制场 T 梁台座与龙门吊轨道距离太近；④施工现场输电线路受限制无法移开。

处置措施：①龙门吊安装前，应充分考虑工作现场的危险因素，尽量避开在高边坡下方设置 T 梁预制场；已在高边坡下方设置 T 梁预制场时，应对可能垮塌的边坡进行防护处理，防止边坡垮塌；②加强 T 梁预制现场的管理，龙门吊轨道范围内严禁堆放材料；③预制场 T 梁台座的设置应充分考虑模板拆除后摆放的空间，不得影响龙门吊行走；④当龙门吊上方有输电线时，应联系、协调供电部门移线或停电，无法移线或停电时，应考虑在龙门吊与输电线路之间采取隔离绝缘措施；⑤龙门吊与运输通道距离太近时，应采取设置护栏等措施，确保龙门吊与通道的安全距离。

9. 龙门吊作业过程隐患

表现形式：①违章使用龙门吊，在拆卸模板时使用龙门吊斜拉模板拆模；②两台龙门吊同时起吊 T 梁时，无统一的吊装指挥人员；③在轨道平行度、坡度、弯度、轨道线形非常差的情况下，采用龙门吊长距离运梁；④长时间将重物悬停在空中；⑤龙门吊起升移动重物时，起升高度不足，移动时刮擦下方模板、T 梁、台座上的 T 梁钢筋等造成垮塌。

原因分析：①龙门吊使用人员对其操作规程不了解，为了省力违规使用设备；②作业现场未设置吊装指挥人员；③冒险、违章使用龙门吊。

处置措施：加强对龙门吊使用人员的培训，加强作业现场管理，杜绝违章使用操作龙门吊。

10. 龙门吊管理工作存在的隐患

表现形式：①龙门吊未经检验并取得安检合格证即投入使用；②未编制吊装作业方案(作业指导书)指导操作人员作业；③未定期检查设备，未能及时发现隐患并及时处理，设备带故障运行；④安排无证人员操作设备。

原因分析：对特种设备相关法律法规及安全技术标准操作规程不熟悉、不了解。

处置措施：收集特种设备相关法律法规、安全技术标准并组织相关人员学习，加强对作业人员、特种设备管理人员的培训，严格执行法律法规和特种设备安全技术标准及操作规程。

(三) 施工注意问题

(1)龙门吊作业前，应检查清理轨道上的障碍物，龙门吊与模板及周边物品之间应保持必要的距离。

(2)注意极端天气(如大风、大雾、雨雪、凝冻等)对龙门吊施工的影响。

(3)作业现场有高压输电线路通过时，必须与龙门吊保持安全距离，否则不能将龙门吊驶入输电线下方。

(4)龙门吊在起吊第一片梁时必须进行试吊，注意重新紧固钢绳绳卡、调整起升机构制动，测量主梁重载时的下挠值(下挠值应控制在 700/跨度以内)以及检测龙门吊主梁刚度等。

(5)龙门吊安装完毕后，应进行空载运行，确保大车在轨道上行走无卡阻、啃轨现象，行走顺畅。

(四) 预防对策

(1)加强管理，建立健全特种设备安全管理制度并严格执行，建立特种设备技术档案，加强对龙门吊安装完毕后的验收工作，及时对龙门吊进行报检取证。

图 2-3-33 龙门吊作业环境隐患图

(2)加强对龙门吊操作人员的培训工作,提高操作人员的安全技术水平,严格执行安全操作规程,防止人的不安全行为的发生。

(3)加强对的日常检查和维护保养工作,对存在的安全隐患及时处理,杜绝物的不安全状态。

三、塔式起重机

(一)基本知识

在公路工程施工中,塔式起重机(俗称塔机或塔吊)广泛运用于桥梁主墩高墩的施工中,其结构及安全保护装置分别如图 2-3-34 和图 2-3-35 所示。塔机型号繁多,各型塔吊起重能力差异较大,工作面广;塔吊自身高度高,起吊高度高,使用频率高;塔吊作业面通过高压输电线路时,操作人员受建筑物的遮挡视线时常受阻,作业环境复杂,施工干扰大。上述特点决定了塔吊在施工作业中存在着较大的安全隐患。

图 2-3-34 塔式起重机的基本结构图

图 2-3-35 塔式起重机安全保护装置分布图

塔吊在安装、拆卸、安装附墙、顶升加节等作业中都是高空作业,极易发生高处坠落事故。在起重吊装作业中极易发生起重伤害事故。此外,极端天气(雷雨、大风、大雾)对塔吊安全运行的影响也是比较突出的。

(二)隐患排查

1. 塔吊钢结构隐患

(1)钢结构锈蚀变形隐患

表现形式：如图 2-3-36 所示。

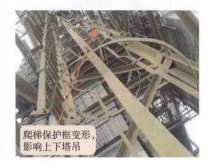

图 2-3-36　钢结构锈蚀变形隐患图

原因分析：①缺乏保养而锈蚀；②疲劳和锈蚀产生裂纹。

处置措施：①除锈刷漆保养；②采用坡口焊接。

(2)钢结构连接隐患

表现形式：如图 2-3-37 所示。

图 2-3-37

 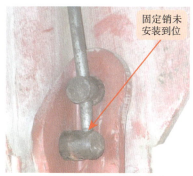 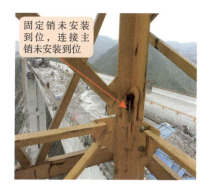

图 2-3-37　钢结构连接隐患图

原因分析：塔吊安装人员不负责任，安装完毕后未进行验收，操作人员日常检查不到位等因素都是导致连接螺栓松动的原因。（特别说明：塔吊的连接螺栓松动，会导致塔吊的整体稳定性差，由于螺栓紧固不到位或松动，会导致标节螺栓受力不均，以至断裂，最终会导致塔吊整体失稳而倒塌，因此标节螺栓的紧固工作非常重要，不能马虎。）

处置措施：①立即配齐缺失的标节连接螺栓、紧固螺母和防松螺母，用扭力扳手按照规定的紧固力矩紧固螺母；紧固螺栓时旋转吊臂，从配重块的一边进行紧固，然后再次旋转吊臂，依次紧固配重块一边的连接螺栓；②用销轴连接标节的塔吊，不会出现连接松动的情况，但固定主销轴的定位销应同时安装到两根主销轴内，防止主销轴脱落。

(3) 塔身隐患

表现形式：如图 2-3-38 所示（其中含有规范图片，供参考）。

原因分析：①导致塔身偏斜的原因有：塔吊基础不平导致塔身偏斜，加标节升塔作业时未使用仪器测量偏斜度，加标节升塔作业时未使用标准拉杆及时调整偏斜度。②塔吊基础选址不当，未考虑塔吊与建筑物之间的距离，导致无法安装附墙拉杆或预埋拉杆连接件；对塔吊附墙规定的安装高度不了解，未按照要求预埋拉杆连接件，导致塔吊升塔后无法安装附墙拉杆。③混凝土输送管附着在塔身上，极易损坏塔吊的钢结构；输送管在泵送混凝土时抖动剧烈，极易造成标节螺栓松动，附墙拉杆的焊接点脱焊。混凝土输送管附着在塔身上的原因有：施工方案设计时未考虑输送管的走向及提前预埋输送管的固定装置，导致输送管没有地方安装，只好附着在塔身上。或者处于对输送管堵管后方便拆卸疏通的考虑，有意将输送管附着在塔身上，未考虑输送管带来的安全隐患。

处置措施：①对于塔身的偏斜，制作基础时，应确保预埋的基础标节或地脚螺栓的水平度，安装塔吊前应测量基础标节及预埋地脚螺栓的水平度，水平度符合要求后方可安装塔吊标节。②对于已安装到高程的塔吊如塔身垂直度超标，应立即降塔，将基础用钢板调整水平后再重新升塔。在升塔过程中应用仪器测量塔身垂直度，如发生偏斜，应用标准附墙拉杆进行调整。③制作基础时，应充分考虑基础与构筑物之间的距离，根据该塔吊附墙设置高度的标准提前预埋拉杆连接件，防止塔吊超高后无法安装附墙拉杆。④对于输送管的问题，应在施工方案中提前考虑输送管的走向，提前在其他合适地方安装预埋件，方便输送管的安装。已附着在塔身的输送管应立即拆除。

(4) 附墙结构隐患

表现形式：如图 2-3-39 所示。

原因分析：①连接螺栓紧固不良一般是由于安装人员不负责任所致；②安装验收工作不到位或未进行验收；③附墙拉杆的连接不当（必须用销轴连接，不应直接焊接，因为塔吊转臂时塔身扭动的力量较大，易导致焊接点脱焊）；④拉杆及附墙框连接的销孔加工不当（应采用机床加工，确保装配间隙，不应采用焊枪割孔，无法保证装配间隙，连接间隙过大，塔身会扭动）；⑤所有销轴未安装开口销，销轴易窜动脱落。

图 2-3-38 塔身隐患及对比图

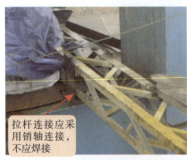

图 2-3-39

图 2-3-39　附墙结构隐患图

处置措施：①做好安装的验收工作，加强日常检查，及时紧固松动的螺栓；②连接件应采用机加工，确保连接件的安装尺寸及装配间隙符合要求，防止塔身扭动造成的脱焊；③对所有的连接销轴都必须安装开口销，防止销轴窜动脱落。

（5）塔吊变幅小车隐患

表现形式：如图 2-3-40 所示。

原因分析：①造成侧向导轮松动移位、行走轮轴承损坏、滑轮轴脱落、小车支架变形等情况，一般是安装过程中未进行过程检查，安装完毕后未进行验收检查，缺乏日常检查所致；②电机制动失效一般是电机罩损坏，下雨导致制动压板电磁线圈烧坏制动失效，或制动压板弹簧调整不当或电机制动打不开。

图 2-3-40

图 2-3-40　塔吊变幅小车隐患图

处置措施：加强塔吊安装前各机构的检查，做好安装质量的验收工作，对所有电机的罩必须安装到位，确保电机制动线圈干燥。

2. 塔吊基础隐患

表现形式：如图 2-3-41 所示（其中含有规范图片，供参考）。

原因分析：①基础平整度不符合要求的原因是基础施工时要求不严，找平随意。②基础几何尺寸不符合要求的原因是不知道该塔吊基础的基础制作参数，或计算出错。③基础积水是受地势限制，选址不当。④基础不平整的处理方式不当，对基础平整的要求估计不足。

图　2-3-41

图 2-3-41　塔吊基础隐患及对比图

处置措施：①严格按照基础制作的标准进行施工，安装前应进行基脚高程的测量，符合要求后方可安装。②基础积水的处理方法是挖沟排水，无法挖沟时，应采用水泵抽水排除积水。③基础调平应用钢板调整，严禁用砂浆或钢筋支垫进行调平。

3. 塔吊安全保护装置隐患

表现形式：如图 2-3-42 所示（其中含有规范图片，供参考）。

图　2-3-42

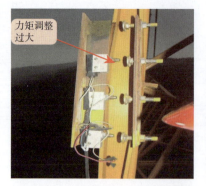

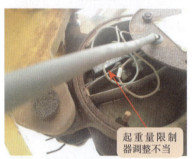

图 2-3-42

第二章 临时设施及设备重大隐患排查

图 2-3-42　塔吊安全保护装置隐患及对比图

检查方法：力矩限制器的检查方法是按下一个开关，变幅小车会停止前进，可以后退，吊钩只能下降不能提升，说明力矩限制有效。小车高速前行后按下另一个开关，小车速度立即变慢，说明强迫减速有效。按下第三个开关，超载报警器会发出警报声，说明报警开关有效。此方法只能表明力矩限制器正常，但力矩的准确性必须通过力矩特性牌的参数做试验才能确定。

原因分析：①力矩限制器、起重量限制器、吊钩起升高度限位器、变幅小车行程限位器、吊臂回转限位器五大安全保护装置失效的原因主要是未接通电源线，未安装限位开关；调整不当，未对安全保护装置进行验收也是失效原因之一；此外，安全保护装置开关固定不牢损坏、检查不到位也是失效的原因。②变幅小车断绳保护装置失效的原因主要是小车牵引钢绳调整不当（松弛）引起保护装置翘起，影响小车运行；还有就是保护装置变形、锈蚀后保护装置不能正常翘起。③对塔吊的安全技术标准不了解，不知道何时应安装风速仪。

处置措施：①对安全保护装置必须按照技术参数进行安装和调整，同时做好验收和日常检查工作。②调整好变幅小车的牵引钢绳张紧度，解除捆绑保护装置的铁丝等捆绑物，修复变形的保护装置。③当塔吊的高度达到50m后必须安装风速仪。

4. 塔吊起升机构隐患

（1）卷筒隐患

表现形式：如图2-3-43所示（其中含有规范图片，供参考）。

图2-3-43 卷筒隐患及对比图

原因分析：排绳轮轴变形、轴上的润滑脂钙化等因素导致排绳轮在轴上移动受限，最终导致卷筒上排绳不良。

处置措施：处理轴上钙化的润滑脂，更换变形的轮轴。

其他隐患：塔吊高度较高使得卷筒容量不足，钢绳易脱出卷筒。

（2）滑轮隐患

表现形式：如图2-3-44所示（其中含有规范图片，供参考）。

图2-3-44 滑轮隐患及对比图

原因分析：滑轮保养不当、安装不当、使用不当，导致滑轮不转动、轮缘破损、防脱绳装置损坏。

处置措施：立即更换破损、有缺陷的滑轮，修复滑轮防脱槽装置。

（3）吊钩隐患

表现形式：如图 2-3-45 所示（其中含有规范图片，供参考）。

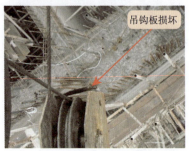

图 2-3-45　吊钩隐患图及对比图

原因分析：①吊钩防脱钩装置损坏一般是人为造成；②钩板破损一般是塔吊指挥人员指挥不当，吊钩经常坠落地面被砸坏。

处置措施：①按标准及时修复防脱钩装置；②修复吊钩板，要求指挥人员注意指挥。

（4）制动器隐患

表现形式：如图 2-3-46 所示。

图 2-3-46　制动器隐患图

原因分析：推杆变形一般是安装过程中未及时处理；摩擦片变薄是正常磨损所致。

处置措施：修复推杆；立即更换制动摩擦片。

5. 钢丝绳隐患

表现形式：如图 2-3-47 所示（其中含有规范图片，供参考）。

第二章 临时设施及设备重大隐患排查

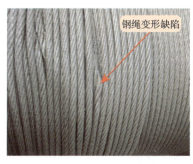

图 2-3-47

图 2-3-47 钢丝绳隐患及对比图

原因分析：①钢丝绳与钢结构之间发生摩擦一般是钢绳调整不当所致，有些是设计上的缺陷所致；②钢绳的断丝断股一般是使用不当导致；③钢绳的锈蚀一般是保养不及时所致；④钢绳被电焊烧蚀一般是吊起重物焊接，钢绳碰到其他钢结构引起短路烧蚀，电流烧蚀钢绳，对钢绳的强度破坏性较大。

处置措施：①调整钢绳张紧度，避免与钢结构摩擦损伤钢绳；②修复、更换托绳轮、滑轮，改变滑动摩擦为滚动摩擦，保护钢绳；③对钢绳断丝达报废标准的进行更换，对断股的钢绳进行更换，对被电烧蚀的钢绳进行更换；④对锈蚀特别严重的进行更换，对锈蚀不严重的立即进行润滑保养。

6. 塔吊电气系统隐患

表现形式：如图 2-3-48 所示（其中含有规范图片，供参考）。

原因分析：①未及时检查、更换、包扎破损的电源线，电缆使用时间过长自然老化，电缆使用不当被刮破，电源线与电气元件的接头紧固不良松动导致电源线发热烫坏电缆绝缘层，电气元件的质量差；②电气系统的安装不规范，对电气系统的规范不了解；③控制台锈蚀导致控制按钮标识不清。

处置措施：①加强对电气安装质量的验收检查，对破损的电缆及时更换或包扎，每天对电气元件的工作状态（温度、声响、外观颜色等）进行检查，发现问题及时处理。②对带电的裸露部位及时进行包扎、隔离等绝缘处理，对按钮标识重新标注，防止误操作。严禁无电气安装维修资格证的人员维修电气系统。

图 2-3-48

图 2-3-48　塔吊电气系统隐患及对比图

7. 塔吊液压系统隐患

表现形式：如图 2-3-49 所示。

图 2-3-49　塔吊液压系统隐患图

原因分析：保养维护不当。

处置措施：将销轴复位并安装开口销，对活塞杆涂油防锈，修复油泵站。

8. 塔吊配重块隐患

表现形式： 如图 2-3-50 所示。

图 2-3-50　塔吊配重块隐患图

原因分析： 配重块的制作尺寸不符合要求，无法安装到位；配重块的宽度不符合要求过小，使固定销悬挂在平衡臂的边缘，接触点过小。

处置措施： 将横放在平衡臂配重块用钢绳固定；将配重块撬动到中心位置后两边用木楔夹紧；采用正规销轴换掉钢筋。

9. 塔吊作业环境隐患

表现形式： 如图 2-3-51 所示。

图 2-3-51

图 2-3-51　塔吊作业环境隐患图

原因分析：施工现场的输电线路是无法回避的现状。

处置措施：对于塔吊与输电线的问题，以及同一工作面有多台塔吊同时作业的问题，在塔吊安装选址时，应充分考虑塔吊与输电线路之间安全距离，以及塔吊相互之间的安全距离。如输电线路确实无法与塔吊保持安全距离时，应联系、协调供电部门移线或停电；无法移线或停电时，应考虑在塔吊与输电线路之间采取隔离绝缘措施或调整各限位器，使塔吊运行到一定位置后停止运行，保证二者之间的安全距离。

10. 塔吊作业过程隐患

表现形式：如图 2-3-52 所示。

图 2-3-52　塔吊作业过程隐患图

①塔吊作业不配备指挥人员或各作业面配备的指挥人员不足；

②同一工作面有多台塔吊作业时，指挥用的对讲机频率未针对每台塔吊单独设置频率，导致误操作的发生；

③夜间强行冒险升塔（加标节）；

④使用的捆绑绳（吊绳）安全系数不足；

⑤使用塔吊吊人（图 2-3-53）。

原因分析：①司索信号人员不了解吊具的正确使用方法和吊绳的安全系数要求；②拆模人员为了省力，未将模板脱模就指挥塔吊斜拉拆模板；③模板吊点选择不合理，吊点强度不足，司索人员不了解；④管理不到位，指挥系统未有效建立；⑤配置的捆绑绳（吊绳）过细。

处置措施：①加强对现场作业情况的检查，杜绝违章使用吊具；②加强作业人员的培训和教育，严禁违章使用塔吊和违章指挥；③对大型模板的吊点要加强强度，并经常检查吊点的损坏磨

图 2-3-53　塔吊吊人隐患图

损情况，及时焊接加强；④对所有塔吊作业人员进行协调，建立有效的指挥系统，统一调整对讲机频率；⑤加强对捆绑绳（吊绳）的检查，配备相应安全系数的吊绳；⑥严禁用塔吊吊人。

11. 塔吊管理工作上存在的隐患

表现形式： ①塔吊未经检验并取得安检合格证即投入使用；②未编制塔吊吊装作业方案（作业指导书）指导操作人员作业；③未定期检查设备，不能及时发现隐患、处理隐患，设备带故障运行；④安排无证人员操作设备，指挥作业。

原因分析： 对特种设备相关法律法规、安全技术标准操作规程不熟悉、不了解。

处置措施： 收集特种设备相关法律法规、安全技术标准并组织相关人员学习，加强对作业人员、特种设备管理人员的培训，严格执行法律法规和特种设备安全技术标准及操作规程。

（三）施工注意问题

(1) 塔吊基础的施工是非常重要的环节，它决定了塔吊的抗倾覆能力和塔吊的稳定性。由于地质条件和安装位置的限制，对基础处理的技术要求不同，因此在基础施工时，根据该塔吊基础的技术参数和地质情况验算设计基础的几何尺寸、混凝土强度等级、钢筋布置、基坑的承载力等，并严格按照设计组织施工。特别要注意的是，塔吊基础预埋件的高程要严格控制精度，误差过大将影响塔吊的垂直度。基础不能有积水现象，否则要做排水处理。

(2) 塔吊在安装过程中，必须检测塔身的垂直度（垂直度应控制在4/1000以内），根据塔吊施工需要的最大高度和该塔吊附墙间距等技术参数，及时安装附墙预埋件；安装附墙拉杆时，应尽量使用可调整长度的拉杆，当塔身达到一定高度后如发生偏斜时，可调整拉杆长度进行纠偏。拉杆与预埋件的连接宜采用销轴连接，如采用焊接的方式，因塔吊转臂时塔身会扭动极易造成焊接处脱焊。

(3) 塔吊高度达到50m时必须安装风速仪。

(4) 塔吊安装完毕后，应对安装质量进行验收，尤其是对塔吊的力矩限制器要根据该塔吊的力矩特性规定的参数进行试验复核。

(5) 塔吊在使用时，必须建立指挥通信联络系统，在各工作面配备指挥人员和对讲机。对于同一施工点有多台塔吊作业时，应对每台塔吊的指挥系统所使用的对讲机分别设置通信频道，防止误指挥造成事故。

(6) 塔吊作业危险性较大，作业前应对塔吊做全面的检查。门吊各安全保护装置（吊钩起重量限制器、吊钩起升高度限位器、变幅小车行程限位器、起重力矩限制器、吊臂回转限位器、变幅小车断绳保护器等）应灵敏有效，主要受力构件的连接应牢固可靠，标节螺栓应紧固，各机构（起升机构、变幅小车行走机构、吊臂回转机构）应运行平稳顺畅，各主要零部件（钢丝绳、绳卡、起升电机制动器、减速机、联轴器、卷筒、吊钩组、吊具等）应无缺陷、符合技术标准的要求，塔吊吊臂、平衡臂、塔帽、标节、顶升套架等钢结构应无裂纹和塑性变形、严重锈蚀等情况，电气系统必须连接可靠，各控制开关必须灵敏有效。

（四）预防对策

(1) 加强管理，建立健全特种设备安全管理制度并严格执行，建立特种设备技术档案，加强对塔吊安装完毕后的验收工作，及时对塔吊进行报检取证。

(2) 加强对塔吊操作人员、指挥人员、司绳人员的培训工作，提高他们的安全技术水平，严格执行安全操作规程，防止人的不安全行为的发生。

(3) 加强对塔吊的日常检查和维护保养工作，对存在的安全隐患及时处理，杜绝物的不安全状态。

四、施工升降机

（一）基本知识

在公路工程施工中，施工升降机是一种广泛运用于桥梁主墩施工、运载施工人员上下的专用设备。目前使用最多的是 SC 型施工升降机(即齿轮齿条式施工升降机,见图 2-3-54 和图 2-3-55)。大多数施工升降机由于未安装超载保护装置,使用时应严格控制装载人数。从施工升降机发生的事故来看,基本上是群死群伤的重大事故,因此,在使用施工升降机时应严格遵守安全操作规程。

图 2-3-54 SC 型施工升降机的基本结构图

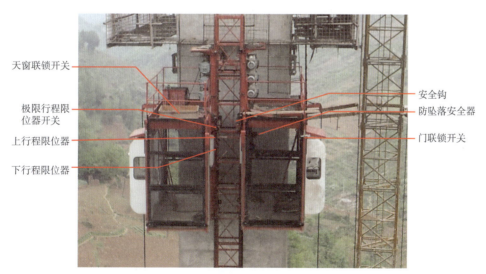

图 2-3-55 SC 型施工升降安全保护装置分布图

(二)隐患排查

1. 施工升降机安全保护装置隐患

表现形式: 如图 2-3-56 所示。

原因分析: ①安全保护器失效的原因是未接电源或安全保护器损坏或调整不当;②防坠安全器

齿轮轴承损坏是由于使用时间长，自然磨损；③安全保护器碰尺变形等因素是由于安装不到位。

处置措施： ①对失效的安全保护器立即进行更换；②更换轴承；③重新安装碰尺，调整各开关触头并锁定。

图 2-3-56　施工升降机安全保护装置隐患图

2. 施工升降机主要构件隐患

表现形式：如图2-3-57所示。

图2-3-57　施工升降机主要构件隐患图

原因分析：①标节偏斜的原因是安装标节时未使用仪器测量；②附墙连接装置损坏的原因是安装不到位；③附墙防松调整拉杆未安装到位的原因是安装质量差，未进行验收；④驱动电机齿轮齿条磨损超标间隙过大的原因是安装时未进行检查；⑤输送管吊在支架上的原因是未提前考虑输送管的走向，图方便。

处置措施：①采用附墙支架的调整拉杆调整导轨的垂直度；②立即安装修复附墙连接装置；③安装防松调整拉杆；④更换齿轮齿条；⑤解除输送管吊在附墙支架上的钢绳。

3. 施工升降机基础隐患

表现形式：如图2-3-58所示。

原因分析：安装后未进行验收，日常检查不到位。

处置措施：立即安装紧固地脚螺栓，安装接地线。

4. 施工升降机电气系统隐患

表现形式：如图2-3-59所示（其中含有规范图片，供参考）。

图2-3-58　施工升降机基础隐患图

图 2-3-59　施工升降机电气系统隐患图

原因分析：管理不到位、违章操作。

处置措施：要求升降机操作人员严格执行操作规程，作业人员应持证上岗，落实教育培训与技术交底等安全制度。

5. 施工升降机工作隐患

表现形式：①吊笼超载（超员）运行；②装载易燃易爆危险物品；③用行程限位器器进行停机控制。

原因分析：管理不到位，违章操作。

处置措施：要求升降机操作人员严格执行操作规程，严格控制人员防止超载。严禁运载易燃易爆危险物品。在需要停机的地点设置停机标识，操作人员根据标识手动控制开关停机。

6. 施工升降机管理工作的隐患

表现形式：①施工升降机未经检验并取得安检合格证即投入使用；②未定期检查设备，不能及时发现隐患、处理隐患，设备带故障运行；③安排无证人员操作设备。

原因分析：对特种设备相关法律法规及安全技术标准操作规程不熟悉、不了解。

处置措施：收集特种设备相关法律法规、安全技术标准并组织相关人员学习，加强对作业人员、特种设备管理人员的培训，严格执行法律法规和特种设备安全技术标准及操作规程。

（三）施工注意问题

（1）施工升降机的安装质量是否符合要求直接关系到其安全运行是否有保障，首先应确保施工升降机的基础满足该设备的技术参数。目前大多数施工升降机的基础是和桥墩承台制作为一体的，如基础与承台分离，在制作基础时应充分考虑地质情况对基础的影响。严禁基础存有积水的情况发生。

（2）在安装施工升降机导轨节和导轨支架时，应严格控制导轨的垂直度（应不超过 2/1000），导轨支架间的距离应符合该施工升降机使用说明书中规定的距离，导轨支架预埋件强度应符合要求。导轨支架调整拉杆应齐全有效，支架与预埋件的连接应采用销轴连接，不宜采用焊接。

（3）施工升降机安装完毕后，必须对安装质量进行验收，对导轨的垂直度进行测量，还必须做吊笼坠落试验，以确定防坠安全器的有效性。

（4）在使用中经常出现并且比较突出的违章操作是利用施工升降机的上下行程限位器来自动停机，此时的行程限位器只有在手动控制开关失效的情况下才能起到停机作用。为了保证手动控制停机，应在桥墩或其他地方设置停机参照标识，让操作人员按标识手动停机。此外，站在吊笼内的人员应尽量分布均匀，避免集中在吊笼的一边。

（5）作业前应对施工升降机做全面的检查。各安全保护装置（上下行程限位器及碰尺、上极限行程开关及碰尺、门联锁开关、防坠安全器、天窗联锁开关、缓冲器等）应灵敏有效，主要受力构件的连接应牢固可靠，导轨标节螺栓应紧固，导轨支架连接应可靠，导轨标节、支架拉杆等钢结构应无裂纹和塑性变形、严重锈蚀等情况，各机构应运行平稳顺畅，驱动电机输出齿轮与齿条的啮合间歇应符合标准，齿轮齿条的磨损应在允许的磨损标准以内。各导向轮与导轨之间的间隙应符合标准，各主要零部件应无缺陷、符合技术标准的要求，电气系统必须连接可靠，各控制开关必须灵敏有效。

（四）预防对策

（1）加强管理，建立健全特种设备安全管理制度并严格执行，建立特种设备技术档案，加强对施工升降机安装完毕后的验收工作，及时对施工升降机进行报检取证。

（2）加强对施工升降机操作人员的培训工作，提高他们的安全技术水平，严格执行施工升降机安全操作规程，防止人的不安全行为的发生。

（3）加强对施工升降机的日常检查和维护保养工作，对塔吊存在的安全隐患及时处理，杜绝施工升降机带故障运行。

五、压力容器

（一）基本知识

在公路工程施工中，大型空压机储气罐作为压力容器常用于隧道施工，为潜孔钻等设备提供动力。目前施工单位使用的压力容器（图2-3-60）大多属于第一类固定式压力容器，其型号较多，新旧程度不同、容器壳体壁锈蚀情况也不同等现象比较普遍。由于压缩空气中水分较重，极易使容器内部发生锈蚀，同时压力容器由于受交变应力的影响，极易在容器壳体、管道接头焊缝等薄弱点产生疲劳裂纹，因此，压力容器容易发生容器爆炸的事故。

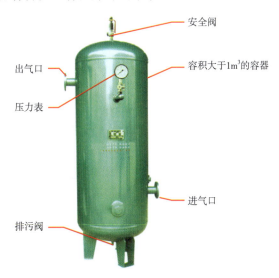

图2-3-60　压力容器

压力容器作为特种设备危险性较大,在安装时容器的基脚必须安装牢固,避免因空压机造成的振动传递到储气罐。压力容器的压力表应完好无损,安全阀按标准设定后严禁擅自调整。工作完毕后,应及时打开排污阀排除积水和杂质。按照规定定期对压力表、安全阀等安全附件进行校验,定期对压力容器报特种设备检测部门进行检测。加强对压力容器的维护保养工作,操作中严格遵守安全操作规程。

（二）隐患排查

1. 压力容器隐患

表现形式：如图 2-3-61 所示。

图 2-3-61　压力容器隐患图

2. 储气罐隐患

表现形式：储气罐锈蚀严重,罐体壁厚腐蚀变薄,罐体出现疲劳裂纹。

原因分析：①压力表质量差；②安全阀锈蚀；③密封件损坏。

处置措施：将容器内的气体放出后,更换压力表、安全阀、密封件。将有裂纹的容器送到有压力容器维修资质的单位进行维修。对于锈蚀严重的压力容器,可用仪器测量壁厚,壁厚腐蚀超标的应按报废处理。

3. 压力容器管理工作中存在的隐患

表现形式：①压力容器未经检验并取得安检合格证即投入使用；②未定期检查设备,不能及时发现隐患、处理隐患,设备带故障运行；③安排无证人员操作设备。

原因分析：对特种设备相关法律法规、安全技术标准操作规程不熟悉、不了解。

处置措施：收集特种设备相关法律法规、安全技术标准并组织相关人员学习,加强对作业人员、特种设备管理人员的培训,严格执行法律法规和特种设备安全技术标准及操作规程。

六、监理工作安全要点

1. 一般要求

监理单位应建立健全监理组织机构,在组织机构中设置特种设备监理部门,总监办和驻监办特种设备监理部门应配备相关的监理人员,并应明确监理人员对特种设备的监管范围和监理职责。

2. 相关法律法规及技术规范

监理单位对施工单位特种设备使用情况进行监理的依据主要包括：国家有关特种设备的法律、法规，部门有关特种设备的规章，特种设备安全技术规范，特种设备技术标准，上级主管部门的规范性文件等。

(1)法律方面：《特种设备安全法》；

(2)法规方面：《特种设备安全监察条例》、《生产安全事故报告和调查处理条例》、《建设工程安全生产管理条例》；

(3)部门规章方面：《特种设备事故报告和调查处理规定》(质检总局115号令)、《公路水运工程安全生产监督管理办法》(交通部2007年1号令)、《公路水运工程质量安全监督办法》、《公路工程施工监理规范》。

(4)安全技术规范方面：如表2-3-1所示。

特种设备管理常用的安全技术规范(TSG) 表2-3-1

序号	标准编号	安全技术规范名称
1	TSG Q5001—2009	起重机械使用管理规则
2	TSG Q7015—2008	起重机械定期检验规则
3	TSG Q7016—2008	起重机械安装改造重大维修监督检验规则
4	TSG Q0002—2008	起重机械安全技术监察规程–桥式起重机
5	TSG Q7008—2007	升降机型式试验细则
6	TSG Q7002—2007	桥式起重机型式试验细则
7	TSG Q7014—2008	起重机械安全保护装置型式试验细则
8	TSG Q7004—2006	塔式起重机型式试验细则
9	TSG Q7003—2007	门式起重机型式试验细则
10	TSG Q7005—2008	流动式起重机型式试验细则
11	TSG R0004—2009	固定式压力容器安全技术监察规程
12	TSG R0003—2007	简单压力容器安全技术监察规程
13	TSG R7001—2004	压力容器定期检验规则

(5)技术标准方面：如表2-3-2所示。

特种设备管理常用的技术标准 表2-3-2

序号	标准编号	标准名称
1	GB 6067.1—2010	起重机械安全规程
2	GB 5144—2006	塔式起重机安全规程
3	GB/T 14405—2011	通用桥式起重机
4	GB/T 14406—2011	通用门式起重机
5	GB 10055—2007	施工升降机安全规程
6	GB/T 10054—2005	施工升降机
7	JB/T 10559—2006	起重机械无损检测 钢焊缝超声检测
8	GB 12602—2009	起重机超载保护装置

续上表

序号	标准编号	标准名称
9	GB 26469—2011	架桥机安全规程
10	GB/T 26470—2011	架桥机通用技术条件
11	GB/T 6068—2008	汽车起重机和轮胎起重机试验规范
12	GB/T 26471—2011	塔式起重机安装与拆卸规则
13	GB/T 26558—2011	桅杆起重机
14	GB/T 14560—2011	履带起重机
15	GB/T 5972—2009	起重机钢丝绳保养、维护、安装检验和报废
16	GB 50278—2010	起重设备安装工程施工及验收规范
17	JB/T 5663—2008	电动葫芦门式起重机
18	JB/T 3695—2008	电动葫芦桥式起重机
19	GB 5082—1985	起重吊运指挥信号
20	GB/T 28264—2012	起重机械　安全监控管理系统

3. 特种设备目录

公路工程施工涉及的最新版特种设备目录如表 2-3-3 所示。

公路工程施工涉及的特种设备目录　　　　　　　表 2-3-3

代码	种　　类	类　　别	品　　种
2000	压力容器		
2100		固定式压力容器	
2170			第一类压力容器
2310			无缝气瓶
2320			焊接气瓶
4000	起重机械		
4100		桥式起重机	
4110			通用桥式起重机
4170			电动单梁起重机
4190			电动葫芦桥式起重机
4200		门式起重机	
4210			通用门式起重机
4270			电动葫芦门式起重机
4290			架桥机
4300		塔式起重机	
4310			普通塔式起重机
4400		流动式起重机	
4410			轮胎起重机
4420			履带起重机
4800		升降机	

续上表

代码	种　类	类　　别	品　　种
4860			施工升降机
4870			简易升降机
4900		缆索起重机	
4A00		桅杆起重机	
5100		机动工业车辆	
5110			叉车
F000	安全附件及安全保护装置		
F220			爆破片装置
F230			紧急切断阀
F260			气瓶瓶阀
7310			安全阀

4. 监理责任

监理单位和监理人员依据国家有关的法律、法规和工程建设中特种设备强制性标准等承担相应的监理责任。

5. 安全监理工作职责

（1）监理单位法定代表人在特种设备监理工作中的安全职责

①贯彻执行国家"特种设备安全生产"方面的法律、法规、标准。

②对本单位监理项目特种设备的安全监理工作全面负责。

③负责建立健全特种设备安全监理管理保证体系和各级人员对特种设备的安全监理责任制。

④负责制定本单位特种设备安全监理规章制度和监理程序，保证本单位特种设备安全监理的有效实施。

⑤及时处理在特种设备安全监理方面出现的问题。

⑥及时、如实报告所建立项目发生的特种设备安全事故。

（2）监理单位技术负责人在特种设备监理工作中的安全职责

①贯彻执行国家"特种设备安全生产"方面的法律、法规、标准。

②负责审批项目监理机构的特种设备安全监理方案，指导总监理工程师审查特种设备专项施工方案。

（3）总监理工程师在特种设备监理工作中的安全职责

①总监理工程师对所监理工程项目的特种设备安全监理工作全面负责，根据工程项目特点，建立健全项目监理机构的安全生产管理机构，明确特种设备监理人员的职责和分工。

②主持编写监理规划中的特种设备安全监理计划，审批特种设备安全监理实施细则。

③审核施工单位施工组织设计中，特种设备的使用计划和相应的安全技术措施。

④主持审查施工组织设计中特种设备专项施工方案和应急救援预案。

⑤审核施工单位特种设备作业人员（起重机械安全管理人员、特种设备操作人员）持证上岗情况。

⑥组织审查施工单位特种设备的验收手续。

⑦主持召开安全监理会议，协调和解决项目特种设备安全生产问题。

⑧向上级单位报告施工现场特种设备安全事故，有要求时参加特种设备安全事故的调查分析，

提出改进措施。

(4) 驻地监理工程师在特种设备监理工作中的安全职责

①在总监理工程师的领导下,对驻地办所监理项目特种设备的监理工作负总责,确定施工现场的监理机构人员和岗位,明确特种设备专业监理工程师、特种设备现场监理人员安全职责,审查内部安全体系。

②主持召开驻地办的安全工作会议,审核安全监理工作中特种设备监理的实施细则,审核并签发有关特种设备安全监理专题报告。

③审核施工组织设计中特种设备使用计划、专项施工方案和应急救援预案。

④审核施工单位在特种设备使用过程中,贯彻执行国家有关特种设备的法律、法规、技术标准的情况。

⑤审核施工单位特种设备作业人员(起重机械安全管理人员、特种设备操作人员)持证上岗情况。

注:起重机械安全管理人员是每个使用特种设备的施工单位必须配备的管理人员,其应持有质量技术监督部门颁发的"起重机械安全管理"证,证件代号为A5;特种设备作业人员包括:起重机械机械安装维修人员,代号Q1;起重机械电气安装维修人员,代号Q2;起重机械指挥人员,代号Q3;桥门式起重机械司机,代号Q4;塔式起重机司机,代号Q5;门座式起重机司机,代号Q6;缆索式起重机司机,代号Q7;流动式起重机械司机,代号Q8;升降机司机,代号Q9。

⑥审核施工单位特种设备的验收手续。

⑦主持召开安全监理例会,主持编写并上报安全监理月报(含特种设备使用情况的内容)。

⑧向上级单位报告施工现场特种设备安全事故,有要求时参加特种设备安全事故的调查分析,提出改进措施。

(5) 专职安全监理工程师在特种设备监理工作中的安全职责

①专职安全监理工程师在总监理工程师或驻地监理工程师的领导下,从事项目的专职安全监理工作(含特种设备安全监理),负责项目监理机构日常安全监理工作的实施。

②参与编写安全监理实施细则(含特种设备监理方面的内容),认真贯彻执行国家特种设备安全生产方面的法律、法规、技术标准。

③审查施工单位报送的安全生产保证体系、特种设备管理体系、特种设备安全技术措施、特种设备专项施工方案及特种设备有关的技术资料。

④审查施工单位特种设备作业人员(起重机械安全管理人员、特种设备操作人员)持证上岗情况与现场实际作业人员是否相符等工作。

⑤负责抽查施工单位特种设备安全生产自查情况,参加建设单位组织的安全生产专项检查。

⑥不定期巡视和检查施工现场特种设备安全生产动态,一旦发现特种设备安全隐患应督促施工单位整改,并再次复查;若施工单位对特种设备安全隐患拒不整改的,应按规定程序上报。

⑦所管项目一旦发生特种设备事故,应及时向上级领导汇报,督促施工单位保护好事故现场,等待事故调查;根据"四不放过"原则,督促施工单位制订预防措施,杜绝、防止特种设备类似情况的发生。

⑧管理监理机构的安全监理资料,建立所管项目特种设备监理台账和特种设备作业人员监理台账。

⑨向上级单位报告施工现场发生的特种设备安全事故,有要求时参加特种设备安全事故的调查分析,提出改进措施。

(6) 专业监理工程师在特种设备监理工作中的安全职责

①在总监理工程师或驻地监理工程师的领导下,从事本专业的安全监理工作,审查本专业中涉

及特种设备施工的有关项目报审资料，参与编写本专业中涉及特种设备安全监理的实施细则，审核施工组织设计或涉及本专业的特种设备施工方案及安全技术措施。

②检查本专业施工中涉及特种设备的安全状况，对涉及特种设备的安全事故隐患进行处理，签报监理指令和通知，必要时向总监理工程师或驻地监理工程师报告并参与处理。

③参与本专业涉及特种设备的检查、验收等工作，并在相应资料上签署意见。

④提供特种设备施工中与本专业有关的监理资料。

⑤参加安全监理例会和安全监理会议，汇报本专业施工中特种设备的安全状况。

(7)现场监理人员在特种设备监理工作中的安全职责

①在总监理工程师、驻地监理工程师、专职安全监理工程师、专业监理工程师的领导下，检查施工现场特种设备安全生产状况，从事施工现场特种设备日常安全巡视监督检查工作。

②发现特种设备安全事故隐患，及时向专职安全监理工程师、专业监理工程师报告。

③参与施工单位特种设备的检查、验收等工作，并做好记录，在有关主特种设备的相应记录资料上签署意见；对所管范围特种设备的安全监理工作负责。

④提供与本职责有关的特种设备安全监理资料。

⑤参加安全监理例会和安全监理会议，汇报现场施工中特种设备的安全状况。

6. 特种设备安全监理工作内容

(1)检查施工单位在特种设备管理中有关法律、法规、技术标准的收集整理和学习情况。

(2)检查施工单位安全管理体系中特种设备管理职责及分工的落实情况，持有起重机械安全管理证的人员配备情况。

(3)检查施工单位特种设备台账的建立和记录情况，台账应能全面反映特种设备的基本情况。

注：特种设备台账至少应包含以下内容：A. 设备名称；B. 设备型号；C. 设备自编号；D. 设备的产品编号或唯一代码；E. 设备的来源(自有、外租、外协)；F. 设备的制造单位及联系电话；G. 设备的租赁单位及联系电话；H. 设备的安装单位及联系电话；I. 设备的进场时间；J. 设备办理安装告知时间；K. 设备的报检时间；L. 设备取得检验合格证或检验报告的时间；M. 设备的施工地点；N. 设备的操作人员(含指挥)；O. 设备操作人员的变动情况；P. 设备的退场时间；Q. 设备下次定检的时间；R. 设备的安全管理人员；S. 其他需要登记的内容(如架桥机监控系统的安装单位及联系电话等)。该台账工程部门、机料部门、安全部门可共享。设备、人员的变动情况各部门应及时通知登记人员及时更新。

(4)检查施工单位特种设备"一机一档"的建立情况。

注：特种设备"一机一档"应包含的内容如下：①设备的设计文件，包括总图、主要受力结构件图、机械传动图、电气和液(气)动系统原理图；②特种设备注册登记证(新安装的设备无此证，设备报检取得检验合格证后，设备产权单位可持检验合格证等有关资料，到产权单位所在地质监局办理特种设备注册登记证)；③产品质量合格证；④设备制造许可证及设备制造许可证目录；⑤设备制造监督检验证(该证国家于2014年1月已取消，可不要求)；⑥设备的整机型试实验合格证(制造单位盖章的复印件，按覆盖原则提供)；⑦设备安全保护装置(重量限制器、力矩限制器、多功能限位器等)型试实验合格证(制造单位盖章的复印件，按覆盖原则提供)；⑧设备的使用、维护、保养说明书；⑨设备安装单位的安装、维修许可证；⑩安装人员的作业证(机械安装，代码Q1；电气安装，代码Q2)；⑪设备的安装(拆卸)方案(方案需经安装单位技术负责人审批，由安装单位提供)；⑫设备安装的过程检验记录(由设备安装单位提供)；⑬设备安装完毕后的自检报告(由安装单位填写并提供)；⑭设备的安全检验合格证或检验报告(设备报检合格后由检验机构特检所颁发)；⑮特种设备使用登记证(该证在取得检验合格证后，由设备使用单位到项目所在地质量技术监督部门办理)；⑯操作人员的操作证[起重机械指挥，代码Q3；桥门式起重机，代码Q4；塔式起重机，代码

Q5；流动式起重机(汽车吊)，代码 Q8；施工升降机，代码 Q9]；⑰特种设备施工方案或作业指导书[方案或作业指导书由施工单位(项目部)根据该设备的"使用说明书"和起重机械的相关技术标准编制，由项目总工审批。方案审批后交一份给设备操作班组，严格按方案操作，一份交现场技术员现场使用，一份交安全管理人员监督各方使用，一份由机管部门使用]；⑱设备的日常检查记录(由设备操作人员填写)，设备的月度检查记录(由项目安全部门填写)；⑲设备的维修保养记录(由机管部门填写)；⑳设备安全操作规程；㉑设备操作人员的安全技术交底；㉒设备交接班记录或设备运行记录；㉓设备的事故情况记录；㉔特种设备事故应急救援预案(由安全部门编制，报安全副经理审核，项目经理批准，预案中相关人员持有)；㉕龙门吊、塔吊、施工升降机基础施工制作资料(基础施工单位提供)；㉖省外租赁的设备和省外的设备安装单位，还应提供租赁单位、安装单位的营业执照和组织机构代码复印件并加盖公章；㉗架桥机监控系统资料(监控系统安装单位提供)；㉘国家法律法规规定的其他资料。

(5)检查施工单位特种设备日常检查记录、月度检查记录情况。记录必须真实，完整的记录必须包括整改通知、整改回复。编制的检查内容应符合设备的实际情况。

(6)检查施工单位特种设备作业人员台账情况。

注：特种设备作业人员台账应记录下列内容：①特种设备作业人员姓名；②人员证件编号；③人员证件有效期；④证件作业种类；⑤人员所驾设备编号；⑥证件的发证机关；⑦人员保险办理情况；⑧人员进出场时间；⑨人员的变动情况。台账后附证件复印件。非市政工程使用的是质量技术监督部门颁发的证件，市政工程使用的是建设部门颁发的证件。人员持证台账登记的持证情况应与"一机一档"登记的内容相符，应与施工现场的设备操作人员相符。

(7)审核施工单位特种设备吊装专项施工方案的编制、审核、批准等程序是否符合要求，方案的正对性和有效性是否能满足指导施工作业的要求，方案是否发放到相应的部门和人员。

(8)审查施工单位特种设备事故应急救援预案的编制、审核、批准等程序是否符合要求，预案的适用性应满足要求，预案的学习、演练应有记录。

(9)审查施工单位特种设备作业人员的安全技术交底情况，应根据不同设备的作业情况、作业特点、危险点、危险源、对危险源的控制和预防措施、相应的安全操作规程和技术标准、应该注意的安全事项、发生事故后应该采取的避难和紧急救援措施等内容进行编制，有针对性地进行交底。安全交底一式三份，被交底人一份，其他两份由施工单位相关部门存档。

(10)监督施工单位特种设备的使用情况，在未取得安全检验合格证或检验报告前，不得使用设备进行施工作业。

(11)项目监理单位应参加施工单位在特种设备安装完毕后组织的设备自检工作。

(12)监理单位应审查特种设备安装单位的资质，监督特种设备的安装、拆卸工作，安装拆卸必须由具有相应资质的安装单位进行设备的安装和拆卸。设备的维修应由持证人员进行。

(13)监理单位至少每季度组织施工单位进行一次特种设备的专项检查，并做好检查记录，对检查中发现的安全隐患应签发整改指令，及时复查整改情况。

第四节　大型专用设备

一、施工船舶

(一)基本知识

工程船是水上水下工程作业船舶，不同于运输船舶。根据《财政部税务总局关于港作船、工程船的解释》第二条规定，工程船是指装有特种机械，在港区内或航道上从事修筑码头，疏通航道等工程所使用的专用船舶。公路水运工程施工中常用的施工船舶主要包括浮吊(图 2-4-1)、打桩船、交通船、拖轮、驳船等。

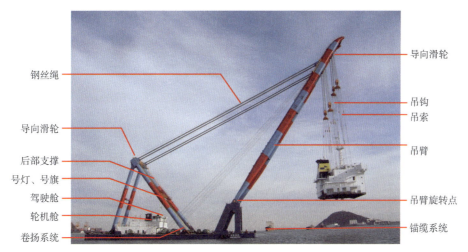

图 2-4-1　浮吊主要结构图

施工船舶主要用于施工过程中的材料运输、人员运输、起重吊装等涉水作业,但是由于船舶状态不良、驾驶操作不当、锚固及动力系统带病使用等极易引发船舶碰撞、人员落水、起重伤害等事故。

施工船舶作为公路水运施工中常用的一类专用设备设施,在其进场时必须对其相关安全性能、船检合格资料等进行查验,确保船舶设备合法合规。同时要监督施工船舶严格按照相关规定,积极配合当地海事部门的监督执法程序,进场后及时报港、安检。施工过程中要重点检查施工船舶消防应急设施是否完备,船机设备有无带病作业,锚缆系统是否完好有效,起重船舶的起重机构、配件是否完好有效等。

(二)隐患排查

1. 施工船舶船身结构隐患

表现形式: 如图 2-4-2 所示。

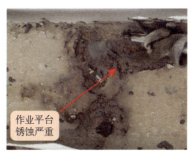

图 2-4-2　施工船舶船体结构隐患

原因分析: 施工船舶老旧,在与船舶设备供应方签订合同时未对船舶性能等做出要求。施工船舶进场验收检查不严格,导致施工船舶带病使用。

处置措施: 在与施工船舶供应方间签订合同时,即规定必须使用状态良好的施工船舶。施工船舶进场后及时进行检查验收,验收不合格的船舶不得投入使用。

2. 施工船舶施工设备、设施隐患

表现形式: 如图 2-4-3 所示。其中,起重设备参照本章"特种设备"相关内容。

图 2-4-3　施工船舶施工设备、设施隐患

原因分析：施工船舶进场验收检查不严格，导致施工船舶带病使用。施工船舶日常检查、维护保养不及时。

处置措施：施工船舶进场后及时进行检查验收，验收不合格的船舶不得投入使用。做好对施工船舶的日常管理工作，定期对施工船舶各项设备、设施进行检查和维护保养。

3. 施工船舶卷扬提升系统隐患

参照本章"特种设备"相关内容。

4. 施工船舶轮机设备隐患

表现形式：如图 2-4-4 所示。

图 2-4-4　施工船舶轮机设备隐患

原因分析： 施工船舶设备老旧，日常检查维护不及时。

处置措施： 轮机设备损坏严重的立即停止船舶作业，待设备检修完毕后再投入使用。日常施工过程中，利用施工时间间隙及时检查、处理轮机设备存在的问题，做好对设备的检查和维护保养。

5. 施工船舶管路管线及控制系统隐患

表现形式： 如图 2-4-5 所示。

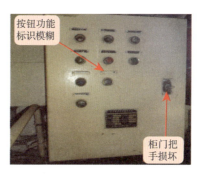

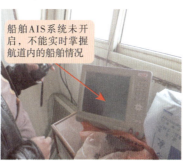

图 2-4-5　施工船舶管路管线及控制系统隐患

原因分析： 施工船舶设备老旧，日常检查维护不及时。船舶驾驶、管理人员业务素质不合格，管理水平较差。

处置措施： 发现线路破损、油管泄露等时应立即进行包扎和紧固处理。经常性检查施工船舶的 AIS 系统、高频对讲设备是否处于开启状态。合理利用施工间隙做好对各类管线及控制系统的检查和维护工作。

6. 施工船舶信号系统隐患

表现形式： 如图 2-4-6 所示。

图 2-4-6　施工船舶信号系统隐患

原因分析： 施工船舶老旧，管理人员水上施工安全知识不足，对法律法规、作业规程掌握程度不足，对号灯号型设备的检查维护不及时。

处置措施： 严格按照水上船舶号灯号型管理规定设置各类号灯、号旗、号型。加强对施工船舶的检查，发现未按规定设置的及时整改。

7. 施工船舶应急救援设施隐患

表现形式： 如图 2-4-7 所示。

图 2-4-7　施工船舶应急救援设施隐患

原因分析： 船舶老旧，船舶管理人员安全意识和法律法规、安全规程知识严重不足。对船舶应急救援设施的检查维护不及时。

处置措施： 及时补齐失效、缺失的消防、急救、救援器材和设施。加强对施工船舶应急救援设施的检查和维护。

8. 施工船舶作业环境隐患

表现形式： 如图 2-4-8 所示。

图 2-4-8　施工船舶作业环境安全隐患

原因分析： 对大风等恶劣天气信息预警不足；管理制度落实不严格，恶劣天气下继续施工。水上施工方案不合理，施工船舶未按方案施工；水上施工区域监督管理不严格，警示警戒措施不到位。

处置措施： 提前收集施工区域天气变化信息，并及时发布恶劣天气预警，禁止恶劣天气下的水上、高处作业。优化施工设计方案，尽量减小施工过程中对船舶通航的影响；加强对当地海事部门的沟通协调，做好水上施工期间的专人值班瞭望，加强对过往船舶的告知与警示。

9. 施工船舶管理工作隐患

表现形式：①施工船舶船检证书、船员证书不齐全；②水上施工前，未提前办理水上水下施工许可手续；③施工船舶进场后，未及时向当地海事部门办理报港、安检等手续；④施工船舶进场后，未经验收检查即投入使用，日常施工过程中维护保养不及时。

原因分析：施工船舶设备不符合安全要求，船员配备不齐。施工、管理人员安全意识淡薄，违规作业。管理制度落实不严格，监督管理不到位。

处置措施：合理挑选施工船舶设备，不得选用不符合安全要求的船舶。施工船舶进场后，及时监督其按照规定办理相关手续，并对其进行检查验收，验收不合格的不得进行水上施工。日常施工过程中，应加强对施工船舶的监督检查，及时做好定期维护保养工作。

(三) 监理要点

(1) 做好承包人施工船舶进场检验工作。检查工程施工船舶的使用证件是否齐全、有效，现场检查船舶自身的安全情况，合格后方可进场。

(2) 督促承包人做好施工前作业区域的水深、流速、河床地质等有关情况调查工作，为船舶行驶、抛锚、定位做好安全准备工作。

(3) 督促并参加承包人所组织的进场前三级安全教育，对船舶施工人员进行船舶安全生产常识、防潮、防台风应急预案等培训及交底。督促承包人专职安全员做好每日船只检查工作，包括对动力发动机的保养、维护、检修，船只各部件的检查以及船上人、物的安全检查等。

(4) 督促并参与承包人组织的定期对船舶安全检查，发现隐患及时督促进行整改，确保船舶安全施工。

(5) 检查工程船舶安全设施设置和安全措施落实情况。走道两侧必须设置栏杆，运输船舶之间的空隙须铺设脚手板或挂防护网，以防作业人员落水；此外，还要配备足够的救生圈、救生衣等救生器材和灭火器材，以及设专用救生船并派专人值班。

(6) 日常巡查作业期间通信设备的配备及值班人员情况。应安排专人值班守听高频，注意附近水域通航船舶动态，使用喇叭或高频提醒过往船舶安全通过。

(7) 检查水上施工人员个人安全劳动防护用品配备情况以及是否存在酒后作业情况。

(8) 日常巡查检查交通船使用情况，检查是否存在超员、无指挥等隐患。

(9) 督促承包人及时了解当地的气象和水文情况。大风天气应检查和加固船只的锚缆等设施。雨雪天气进行水上作业时，必须采取可靠的防滑、防寒和防冻措施。水、冰、霜、雪要及时清除。

(10) 督促承包人做好环境保护工作。施工船舶、施工机械等产生的废油水等，必须集中收集、科学处理，不得随意排放。生产用油料必须严格保管，防止泄漏，污染江水。

二、爬模

(一) 基本知识

爬模是爬升模板系统的简称，它主要由模板系统、架体与操作平台系统、爬升系统、电气控制系统等组成，如图2-4-9~图2-4-11所示。爬模装置通过承载体附着或支承在混凝土结构上，当新浇筑的混凝土脱模后，以液压油缸或液压升降千斤顶为动力，以导轨或支承杆为爬升轨道，将爬模装置向上爬升一层，反复循环作业。公路水运工程施工中爬模主要应用在索塔、高墩施工中，由于爬模主要靠预埋件与混凝土连接，具有施工高度高、工序转换频繁等特点，这些因素决定了爬模在施工作业中存在着较大的安全隐患。

爬模作业作为一种危险性较大的工作，安装前必须对各组件的制造质量进行严格检查，主要检查各焊接件的焊缝质量，连接部位的连接件是否齐全，承重销、安全销、导轨、挂靴、高强螺栓等数量和质量是否满足要求。爬模安装完成后，必须进行全面的检查验收，检查各连接部位是否全部连接牢固，连接销、安全销是否齐全，用电线路是否按照安全用电要求布置，照明设施是否齐全，消防、双保险设施是否齐全，临边、洞口防护措施是否到位等。日常施工过程中，应重点控制临时用电、动火作业、临边洞口防护、消防应急设施等。

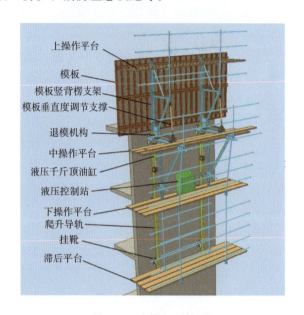

图 2-4-9　爬模主要结构图

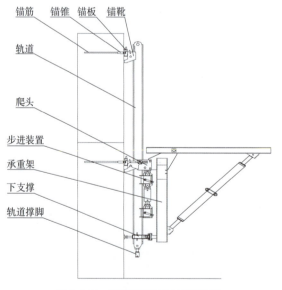

图 2-4-10　爬模爬升装置主要结构图

（二）隐患排查

1. 液压爬模构件连接情况隐患

表现形式： 如图 2-4-12 所示。

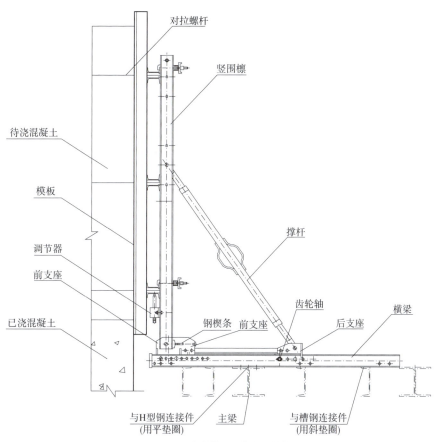

图 2-4-11　移动模板系统主要结构图

图 2-4-12　液压爬模构件连接安全隐患

原因分析：安装作业人员责任心不强，连接部件安装不到位。

处置措施：安排专人对部件连接系统进行排查，及时补齐缺失的连接螺栓、销轴等。施工过程中，定期对部件连接部位进行检查维护。

2. 悬挂系统隐患

表现形式：如图 2-4-13 所示。

原因分析：组件制作焊接质量不合格，出厂检验不严格。现场安装施工人员责任心不强，管理人员检查不严格。

处置措施：对焊缝不符合要求的部位及时安排专业人员进行补焊、加强。对结构变形严重的部位进行更换，各部件安装必须严格按照设计及安全规程要求安装到位。

图 2-4-13　液压爬模悬挂系统安全隐患

3. 双保险系统隐患

表现形式：如图 2-4-14 所示。

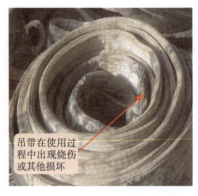

图 2-4-14　液压爬模双保险系统安全隐患

原因分析：作业人员对操作规程掌握程度不足，安全意识较差。管理制度落实不严格，现场监督检查不到位。

处置措施：爬模日常施工、爬升施工等必须全程设置双保险吊带。加强现场监督检查，对出现了损坏的吊带及时进行更换，不得带病使用。

4. 爬架稳固系统隐患

表现形式：如图 2-4-15 所示。

原因分析：爬模系统安装完成后、爬升作业后检查验收不严格。

处置措施：爬模系统安装完成后、爬升作业后，必须按照格式化的表格进行检查验收，验收合格后才能进入下一道工序。

图 2-4-15　爬架稳固系统安全隐患

5. 液压推进系统隐患

表现形式： 如图 2-4-16 所示。

  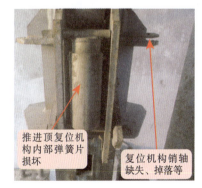

图 2-4-16　液压推进系统安全隐患

原因分析： 液压系统设计不合理，油管等质量不合格。日常施工过程中，对爬模爬升推进装置的检查维护不及时。

处置措施： 对损坏的油管、油泵及时更换，不得带病使用。日常施工过程中，加强对爬升系统的检查和维护，防止关键部位受到损伤。

6. 爬升作业安全隐患

表现形式： 如图 2-4-17 所示。

图 2-4-17　爬升作业安全隐患

原因分析： 爬模施工安全技术交底不到位，现场施工组织不合理，管理制度落实不严格。

处置措施： 爬模爬升前后，应严格按照格式化检查表逐项进行检查验收，验收合格再进入下一道工序。爬升过程中，安排好指挥、操作、观察人员，发现问题及时停机处理。

7. 爬架上安全防护、临时用电隐患

参照本书"模板支架、临时用电"相关章节。

8. 爬模施工环境隐患

表现形式： ①爬模施工属全程高空作业，如发生高空坠物等易对下方人员、设备、船舶等造成伤害；②大风、雷雨等天气易对爬模施工产生影响。

原因分析： 施工现场环境复杂、施工组织不合理。

处置措施： 做好对现场作业人员的安全教育和现场监督，设置警示标志牌，禁止向下抛掷物品，施工过程中及时清理爬模上的杂物。提前收集施工区域天气变化信息，并及时发布恶劣天气预警，禁止恶劣天气下进行爬模施工。

9. 爬模管理工作隐患

表现形式： ①爬模施工方案未经评审，施工前未组织安全技术交底；②爬模系统安装完成后未经验收合格即投入使用；③爬模爬升前后未按照格式化检查制度进行检查验收。

原因分析： 安全管理制度落实不严格。

处置措施： 严格落实各项安全管理制度，施工前编制报批专项施工方案并组织专家评审，对全体施工人员进行安全技术交底。施工过程中，严格按照规定对爬模系统进行安装后、爬升前后的格式化检查。

(三)监理要点

(1)审查爬模系统结构验算。爬模必须进行专门的设计与验算,并邀请专业的单位定制爬模系统,制订科学可行的爬模施工方案及作业指导书。

(2)督促并参与承包人在爬模施工前对全体施工人员进行的详细安全技术交底,并邀请厂家人员到施工现场进行跟踪指导。

(3)参加爬模安装验收、爬升前后的格式化检查。按照格式化的检查表格对各项措施落实情况进行检查验收,合格后方可进行下道工序。

(4)检查连墙件和保护装置设置情况。严格采用厂家设备配套的附墙杆件和安全保护装置,每次安装前由设备人员对其进行检查,连接后检查连接质量,确保安全防护装置安装有效。

(5)检查爬模施工过程中双保险吊带设置情况。必须全程保持双保险吊带,爬升作业时安排专人将吊带逐步收紧。

(6)检查爬模系统使用的高强螺栓埋件位置是否准确,螺栓、挂靴、挂钩、承重销使用前应进行无损检查。必须在混凝土结构强度达到设计安全值时才能进行爬模系统的安装及爬升作业。

(7)检查爬架各层操作平台四周安全护栏、安全网、踢脚板等,使爬架形成一个绕塔身完整封闭的高空作业系统。在每幅爬架之间转角或弧段等空隙处设置完整封闭跳板,跳板并排相连且长度不小于1.5m,并于下方悬挂安全网;每次在爬架爬升过程中先将跳板移开,爬升过后安置原位。在爬模与墩身间空当、缝隙部位设置挡板,在各作业层设置杂物箱,指定专人每日清理爬模,防止高空坠物。

(8)检查爬模防火设施设置情况。爬模上动火作业必须在下方设置铁皮板,防止焊花、铁水等高温物体导致下方木板等起火;各作业层每个面设置两组灭火器,并定期检查。

(9)日常巡查检查爬模各平台、通道荷载,防止出现超载堆放现象。

(10)督促承包人做好施工环境检测工作。在塔柱顶端设置测风速仪,当施工现场风速小于或等于20m/s(6级)时,现场正常作业;大于20m/s且小于或等于28m/s(8级)时,爬架不能爬升,安装好模板与爬架之间的抗风拉杆,其他工作正常;当风速大于28m/s时,提前将内外模板合拢,安装好模板与爬架之间的抗风拉杆,撤离人员、转移临时设备等。

三、移动模架

(一)基本知识

移动模架是一种安装简易、操作高效、重量轻的整孔现浇桥梁施工设备,既是施工梁段的承重结构,又是施工梁段的作业现场。它能一次性现浇完成一孔桥跨全套工艺,并能逐孔向前移动,施工时无需在桥下设置模板支架,而采用两根支撑在牛腿上的钢结构主梁支承外模板,两根主梁通过牛腿支架支撑在墩柱上。移动模架配置全液压系统,其行走以及支模等由液压系统来完成,效率高、速度快,在现代化桥梁施工中的应用日益广泛。但是由于我国移动模架施工方法起步相对较晚,在钢材品质及制作加工工艺上同国际先进水平还存在一定的差距,另外,移动模架的操控也没有操作性强的指导性文件,加之工人更换频繁且水平差异较大,导致移动模架在实际应用中还存在诸多问题,存在较大安全隐患。

移动模架系统主要由牛腿、横纵移小车、主梁、横梁、前后鼻梁、外模及内模等组成,每一部分都配有相应的液压或机械系统(图2-4-18、图2-4-19)。

移动模架、牛腿的安装拆除施工涉及大型起重吊装、登高作业等,极易发生起重伤害、高处坠落事故。日常施工过程中,施工人员全部处在高空移动模架顶部、侧面及底部作业平台、通道上,存在高处坠落风险。移动模架预压、混凝土浇筑、落模横移、纵向前移等施工中,由于人员操作不当、牛腿或主梁承载力不足等,极易发生模架系统坍塌事故。

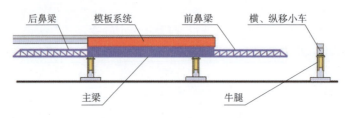

图 2-4-18 移动模架整体结构示意图

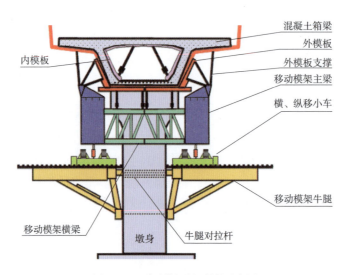

图 2-4-19 移动模架断面结构示意图

移动模架作业作为一种危险性较大的工作，在安装拆除施工前，必须对使用的起重吊装设备进行全面的检查和维护，各吊耳、吊点、吊具等必须满足安全要求；安装过程中，做好对起重吊装、高处作业的监督检查，发现违规违章行为及时制止；安装完成后，必须对主梁连接点高强螺栓、鼻梁连接点高强螺栓、侧模支撑系统、液压系统等进行全面的检查验收，严格按照设计规范要求对模架系统进行分阶段预压，并做好观测。施工过程中，应严格控制临时用电、临边洞口防护、个人防护用品穿戴，混凝土浇筑前、纵移行走前后按照格式化检查制度进行全面检查验收。

（二）隐患排查

1. 模架拼装作业隐患

（1）主梁拼装隐患

表现形式： 如图 2-4-20 所示。

图 2-4-20 移动模架主梁拼装安全隐患

原因分析：技术交底不到位，作业人员未严格按照要求施工等。

处置措施：主梁拼装前，应对基础进行专门处理，保证平整。对主梁节点螺栓进行全面检查，发现紧固力不足的及时补拧。轨道连接不顺直等及时进行打磨、校正。

（2）主梁提升隐患

表现形式：如图 2-4-21 所示。

图 2-4-21　移动模架主梁提升安全隐患

原因分析：施工方案不合理，安全技术交底不到位；各工序检查程序未落实，现场指挥系统不完善等。

处置措施：提升作业前，应对液压千斤顶、钢绞线、锚具等进行全面检查验收，未经验收合格不得开始提升作业。发现有钢绞线、锚具安装不到位的情况，应及时停机调整。提升过程由专人负责姿态监测和现场指挥。

（3）鼻梁、翼板、底模、横梁等附属结构隐患

参见本章"特种设备"相关内容。

2. 主梁预压作业隐患

表现形式：如图 2-4-22 所示。

原因分析：预压方案不合理，未严格按照逐级加载原则进行预压。

图 2-4-22　移动模架预压作业安全隐患

处置措施：合理制订移动模架预压方案，并遵照执行。重点做好对移动模架逐级加载、模架线形监控等工作。

3. 混凝土浇筑隐患

表现形式：如图 2-4-23 所示。

图 2-4-23 移动模架混凝土浇筑安全隐患

原因分析：施工线路老化，未严格执行格式化检查制度等。

处置措施：混凝土浇筑施工前，应严格按照格式化检查表格进行逐项检查验收，验收合格后再进行混凝土浇筑施工。混凝土浇筑过程中，应安排专人对主梁、牛腿、模板支撑系统等进行监督检查，发现异常及时处理。混凝土浇筑施工过程中，应安排专业电工在现场进行巡查，及时制止违规用电等行为。

4. 模架纵移作业隐患

表现形式：如图 2-4-24 所示。

原因分析：移动模架行走前，未按照格式化检查制度对各项准备工作进行全面检查。行走装置检查、维护保养不及时。

处置措施：移动模架行走前后应严格按照格式化检查制度，对各项准备工作进行检查验收，验收合格后再进行行走作业。日常施工过程中，应做好对行走装置的检查、维护保养。

5. 电气系统隐患

参照本章"临时用电"相关章节。

6. 移动模架管理工作隐患

表现形式：①移动模架施工方案未经评审，施工前未组织安全技术交底；②移动模架系统安装完成后未经验收合格即投入使用；③移动模架行走前后未按照格式化检查制度进行检查验收。

原因分析：安全管理制度落实不严格。

处置措施：严格落实各项安全管理制度，施工前应编制报批专项施工方案并组织专家评审，并对全体施工人员进行安全技术交底。施工过程中，应严格按照规定对移动模架系统进行安装后、行走前后的格式化检查。

（三）监理要点

（1）审查移动模架专项施工方案，并进行专家评审。编制作业指导书时，应根据现场及项目部情况，制订详细可靠的移动模架安全操作规程。

图 2-4-24　移动模架纵移安全隐患

（2）验收拼装后移动模架。移动模架现场拼装完毕后，要进行全面格式化安全检查，确认合格后才能正式投入使用。混凝土浇筑前、纵移前后应进行格式化检查。模架移动、混凝土浇筑及支撑托架安装前，必须进行安全检查。未进行检查、无记录和责任人签字的，不得进行作业。每施工一联后对移动模架系统进行全面检查，重点检查主梁节点螺栓、模板支撑系统连接部位等。

（3）督促承包人严格按照规范要求对模架系统进行预压，并进行监控量测。

（4）旁站移动模架安装，严格控制移动模架牛腿、主梁等组件的吊装作业过程。吊耳焊接质量必须符合相关要求。开始起吊前，起重工必须对吊耳、钢丝绳、卡环等进行全面检查和确认，禁止带病使用。移动模架安装时，主梁提升作业必须保证两侧主梁同步离开地面，在主梁下放时控制两侧主梁同时下放至牛腿顶面。移动模架结构未经技术人员和设计部门的认可，不得对结构进行改动；连接螺栓应按设计要求的规格和数量上满拧紧，并使用扭矩扳手进行验收复核。

（5）检查人员上下行通道、爬梯踏步等安全防护设施设置情况。翼模的边缘设人行通道，沿通道的外边缘设防护栏杆并围设安全防护网，栏杆高度不小于 1.2m。主梁沿外侧设栏杆并设安全防护网，在牛腿和鼻梁的位置设上下牛腿和鼻梁的通道，要求通道外围设圆形防护栏杆。

（6）旁站移动模架过孔过程。督促承包人在移动模架过孔前要对移动模架系统的上下左右前后各处进行详细的检查，若有影响移动模架前移的障碍物，必须清理或拆除。左右两侧模板（横向油缸）应同步打开，两侧油缸的同步偏差不大于横移油缸的一个行程。横移模架时，除模架组及监督人员外，其他人一律不得在模架上逗留。托架横移轨道上要随时涂抹润滑油，防止行走小车与托架轨道之间的摩擦力过大。

（7）在过孔过程中，若有异常，司机应立即停机处理；若正常过孔想停机观察，停机位置最好选择在使前辅助支腿让过导梁的接头与整个导梁的中点。过孔快结束时，最后 1m 一定要点动按钮前进，并且在钢轨上设置木楔子或铁鞋，有专人看守，以防止纵移超越纵向位置。移动模架过孔要连续作业，一旦过孔过程中发生长时间停留或过孔后外侧模不能立即合拢，必须临时增加横向稳定措施。

（8）督促承包人经常检查系统管路、油缸油口连接处是否松动、漏油、渗油；开始过孔作业前，应对液压系统进行试机。

（9）检查电气系统的安全用电情况，各个电器设备及其接头必须安装牢固，不得松动。凡带电金属不得裸露向外，必须配置防护外壳。各类电器必须具有防雨、防潮措施。

四、挂篮

（一）基本知识

挂篮施工是预应力混凝土连续梁、T形钢构和悬臂梁分段施工中的一种主要设备，可分为桁架式挂篮、三角式挂篮、棱形挂篮和斜拉式挂篮等类型。挂篮在桥梁施工中应用最为广泛。

挂篮主要组成部分包括主桁架、悬吊系统、锚固系统、行走系统、模板系统等（图2-4-25）。

图 2-4-25　挂篮主要结构示意图

挂篮施工在安装拆除作业时频繁进行起重吊装及登高作业，极易发生起重伤害及高处坠落事故。在进行预压、混凝土浇筑、前移施工过程中极易发生坍塌事故。

挂篮施工作业作为一种危险性较大的工作，在挂篮安装作业时，应主要检查各焊接件的制作质量是否合格，精轧螺纹钢是否有损伤以及防护措施是否到位，后锚精轧螺纹钢是否紧固等，全面验收合格后再进行预压。挂篮前移施工前，必须按照格式化检查表格对后锚反压梁安装是否到位，前移轨道有无损坏，轨道是否调平、平行顺直，轨道是否涂抹润滑油等进行检查。挂篮行走到位后，也要对桥面临边防护是否齐全、精轧螺纹是否张拉到设计吨位、锚固螺栓是否锚固到位、托梁的锚固螺栓是否拧紧到位、各处销子有无松动等进行全面检查。

（二）隐患排查

1. 挂篮钢结构裂纹隐患

表现形式： 如图2-4-26所示。

图 2-4-26　挂篮钢结构裂纹

原因分析： 焊接作业人员无证上岗，焊接技术较差。构件焊接制作后未进行全面检查验收。

处置措施： 焊接制作完成后，及时对焊缝质量进行检查验收；挂篮系统安装完后，再按照格式化表格逐项检查。对焊缝质量不合格、开焊部位安排专业焊工进行补焊。

2. 挂篮连接点隐患

表现形式： 如图 2-4-27 所示。

图 2-4-27　挂篮钢结构连接安全隐患

原因分析： 安装过程中安装不到位。

处置措施： 安装过程中，加强监督检查，避免漏装、漏拧。安装完成后，组织对挂篮进行全面检查验收，验收合格后再投入使用。

3. 挂篮承载体系隐患

表现形式： 如图 2-4-28 所示。

原因分析： 对施工人员安全技术交底不到位，对关键的精轧螺纹钢保护措施不到位，日常监督检查不到位。

处置措施： 挂篮安装、预压等施工前应对施工人员进行全面的安全技术交底，告知施工要点。安装施工完成后，严格按照格式化表格逐项进行检查验收，验收合格再进入下一道工序。前端承载精轧螺纹钢全部套上防火胶管或用胶带包裹，后部精轧螺纹钢附近不得放置电焊机等，更不得打火伤害精轧螺纹钢。对接精轧螺纹钢必须对两处端头画线标识，确保对接长度一致。

图　2-4-28

图 2-4-28 挂篮承载体系安全隐患

4. 挂篮行走作业隐患

表现形式：如图 2-4-29 所示。

原因分析：挂篮行走前后未严格按照格式化检查制度进行逐项检查验收。挂篮行走过程中无专人监督旁站，作业人员违规作业。

处置措施：挂篮行走前后，应严格按照格式化检查表格对各项准备工作进行检查验收，验收合格后再进入下一道工序。挂篮行走过程中，应安排专人在现场监督检查，发现作业人员违规作业或其他异常情况时，应及时停止行走，对异常情况处理完毕后再继续行走。

5. 挂篮施工环境隐患

表现形式：①挂篮跨路施工存在高处坠物伤人隐患；②挂篮跨路施工造成下方过往车辆通行高

图 2-4-29　挂篮行走作业安全隐患

度受限，超高车辆可能碰撞挂篮或混凝土底面。

原因分析：设计施工方案不合理，施工环境复杂。

处置措施：挂篮跨路施工应采取全封闭式施工方式，在挂篮系统底面及侧面安装防护设施；在已浇筑桥面设置防护栏杆、安全网等，防止坠物伤人。在跨路施工区域前后设置限高、限速警示标志牌、限高门架等，防止车辆碰撞挂篮或混凝土底面。

6. 挂篮管理工作隐患

表现形式：①挂篮施工方案未经评审，施工前未组织安全技术交底；②挂篮系统安装完成后未经验收合格即投入使用；③挂篮行走前后未按照格式化检查制度进行检查验收。

原因分析：安全管理制度落实不严格。

处置措施：严格落实各项安全管理制度，施工前应编制报批专项施工方案并组织专家评审，并对全体施工人员进行安全技术交底。施工过程中，应严格按照规定对挂篮系统进行安装后、行走前后的格式化检查。

(三) 监理要点

(1) 审查、审批挂篮专项施工方案，并经专家评审。

(2) 检查、验收挂篮安装、预压、行走过程。针对挂篮安装、预压、行走前后制定格式化的检查制度，各道工序施工前后应严格按照格式化的表格对重点部位或措施进行逐项检查，合格后再进行下一道工序。

（3）挂篮安装完成后，必须对挂篮后锚固系统、支点、吊带等进行全面细致的检查，确保其受力符合设计要求；挂篮前后锚点及吊杆等使用的精轧螺纹钢、吊带等是主要受力杆，其材质较为特殊，绝对不能在其上进行电焊作业，施工时要格外小心，避免受到伤害。

（4）检查使用连接器的锚点和吊带，必须在精轧螺纹钢筋端头做好油漆记号，安装时要保证钢筋安装到位，一般伸入连接器内不少于8cm。

（5）检查顶升挂篮的千斤顶、提升挂篮的葫芦要确保完好，严禁超负荷工作。

（6）检查挂篮行走过程，确保吊带、模板等与挂篮分离，承包人必须派专人观察挂篮行走是否正常。挂篮、模板与箱梁或其他物品是否发生摩擦、牵挂，发现行走异常时应立即停止，查明原因处理后再开始行走。挂篮行走要对称进行，行走前要弹出纵向轴线，在轨道上画出行走控制刻度线，行走时两侧行程要保持一致，轴向正确。

（7）检查吊带、吊杆预留孔位置，确保吊带竖直受力，不能有弯曲或受剪现象。

（8）督促承包人在挂篮施工过程中做好对现浇梁整体及相对位置、高程的监控工作，确保两端对称，荷载平衡。

第三章
主要工序(通用)作业安全重大隐患排查

第一节　深大基坑施工

一、明挖基坑

(一) 基本知识

基坑是指为进行建(构)筑物地下部分的施工而由地面向下开挖出的空间。开挖前应根据地质水文资料，结合现场附近建筑物情况，确定开挖方案，并做好防水排水工作。当基坑开挖深度较浅，坑内渗水量较小，周围场地开阔，周围无重要建筑物时，可采用放坡法开挖；当基坑开挖过深，坑壁不易稳定，并有地下水影响或者放坡受限制以及放坡工程量大时，可按具体情况，采取支护措施。明挖基坑开挖示意图如图 3-1-1 所示。

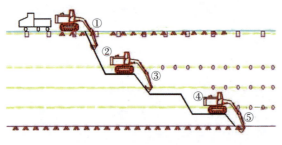

图 3-1-1　明挖基坑开挖示意图

(二) 隐患排查

1. 明挖基坑施工场地隐患

表现形式： ①地表水流入基坑；②基坑周边无临边防护，无人员上下行通道；③弃土、材料堆放于基坑周边；④运输车辆等动载过于靠近基坑。

原因分析： ①场地未平整、未设置坡度，基坑周边截排水沟不符合要求；②材料、弃土、运输道路设置不符合要求；③未按方案设置临边防护及通道。如图 3-1-2 所示。

图 3-1-2　明挖基坑施工现场安全隐患

处置措施： ①绘制详细的土方开挖图，规定开挖路线、顺序、范围、底部各层高程、边坡坡度，排水沟、集水井位置及流向，弃土堆放位置等。②施工前进行场地平整，基坑周边地面宜做硬化或防渗处理并设置排水坡度。③基坑周边的施工用水应设有排放系统，不得渗入土体内；基坑边界周围地面设置截排水沟并采取防止渗水、漏水措施。④基坑周边必须设置临边防护设施。防护栏杆必须自上而下用安全立网封闭，或在栏杆下边设置严密固定的高度不低于 18cm 的挡脚板或 40cm 的挡脚笆；临近道路、村庄的除设置防护栏杆外，还须设置全封闭设施。⑤基坑周边施工材料、设施或车辆荷载严禁超过设计要求的地面荷载限值。砂、石等材料、机械设备等堆放位置距基坑边缘 1m 以上；弃土应随挖随弃至弃土场，预留回填土及临时堆放应距基坑边缘 1.2m 以上、高度不高于

注：本章各工序如涉及特种设备作业(如起重机作业)、危险品(氧气、乙炔等)使用、临时用电、爆破作业等，其隐患表现形式、原因分析、处置措施详见本书相关章节，本章不再重复介绍。

1.5m；运输道路与基坑间须设置宽度不小于1m的护道。

2. 明挖基坑挖方隐患

表现形式：①施工顺序和开挖深度分层不符合设计要求；②上下层同步作业；③开挖边坡坡率陡于设计值；④支护不及时；⑤平台设置位置、宽度不符合设计要求；⑥基坑内部集水明排设施不足；⑦基坑开挖后暴露时间过长；⑧基坑挖土、吊装等作业碰撞支撑体系；⑨基坑便道坡度过陡；⑩坑壁开裂、支护结构破坏。如图3-1-3所示。

图3-1-3 明挖基坑挖方安全隐患

原因分析：未按施工方案执行；未开展监控量测工作。

处置措施：①根据工程地质、水文地质情况制订详细的开挖方案，按分层、分段、对称、均衡、适时的原则确定开挖顺序、分层厚度等。②开挖自上而下进行。放坡开挖应随时核查坡率、坡高，及时设置平台，开挖一级防护一级；采用支护结构的基坑应在支护结构构件强度达到开挖阶段的设计强度时，方可向下开挖。③当坑体渗水、积水或有渗流时，应及时进行疏导、排泄、截断水源。基坑内部采用集水明排时，排水沟、集水井距坡脚位置须能保证结构安全，坑内不应有积水。④基坑采用马道出土，马道宽度、坡度、坡道两侧放坡须符合设计要求，最后剩余土方采用长臂挖掘机、塔吊和吊车出土并装车外运。⑤挖至坑底时，应避免扰动基底持力土层的原状结构。基坑开挖到设计坑底高程以上30cm时，采用人工清底，同时设置排水沟、集水井排除坑底积水。⑥开挖至坑底后，应及时进行混凝土垫层和主体地下结构施工，不得长时间暴露。⑦施工过程不得随意拆除支撑体系或碰撞支撑。⑧编制监控量测方案，监控量测内容包括水平位移、沉降监测和支护结构和周边环境的状况检查等，其方法、频率必须符合《建筑基坑支护技术规程》(JGJ 120—2012)的要求。

3. 斜坡地段基坑开挖隐患

表现形式：①基坑上方松石、危石未清除或未加固；②地形陡于1∶5或在软土地区在挖方上侧弃土，下侧弃土时未采取措施防止土体滑塌、坠落影响周边构筑物；③陡坡地段采用拉槽开挖；④运输车辆在陡坡转向。

原因分析：未按施工方案进行。

处置措施：①斜坡地段基坑开挖前，现将基坑上方松石、危石清除或进行加固处理；②开挖线以外设置截水沟并接入排水系统；③陡坡地段基坑开挖必须自上而下进行，可采用分段跳槽开挖，开挖后及时进行结构物施工；④陡坡地段不得在基坑上方弃土；基坑下侧临时弃土或预留回填土应选择较平整场地并设置挡渣设施，弃土顶面向外倾斜、高度不得高出基坑地面高程或在坡脚与基坑间设置截水沟；⑤陡坡堆土必须设专人指挥，车辆不得在陡坡转向。

4. 基坑降水（一般采用管井、真空井点、喷射井点等方法）隐患

表现形式：①设计降水位高于基坑底面，地层渗透系数不准确；②降水无备用电源，管路堵塞；③降水造成周边构筑物沉降；④降水顺序不符合要求，造成土层流失；⑤潜水、残留水渗出对侧壁造成扰动。如图 3-1-4 所示。

图 3-1-4 基坑降水安全隐患

原因分析：①未进行试验井进行试抽；②监控量测开展不规范、不及时。

处置措施：①基坑内的设计降水水位应低于基坑底面 0.5m；②降水必须配置备用电源，以保证降水期间抽水持续作业，防止长时间停电造成水位回升；③降水施工时，首先打试验井进行试抽，确定准确的地层渗透系数；④当出现潜水、残留水带出地层中大量细颗粒物质使基侧壁土体受到扰动时，应放慢基坑开挖速度，及时在坑壁设盲管导流，并在槽边挖盲沟集水，再将集水排走；⑤当土层渗透系数不同时，应先抽渗透系数小土层中降水井水，以降低地下水位，防止渗透系数大的土层颗粒流失；⑥及时开展监控量测工作，并指导施工。

5. 施工环境隐患

表现形式：①基坑边坡松土、危石未清除。②施工作业平台及斜道未设置防护围栏和安全网或防护不严密，无防滑设施。③作业现场未设置警戒、警示标志。④夜间作业无良好照明设施；大风、大雨及 38℃ 以上高温等恶劣天气时未停止野外作业。⑤雨期施工或遇集中降雨时无排水应急设施。如图 3-1-5 所示。

图 3-1-5 基坑作业环境安全隐患

原因分析：安全意识淡薄，安全技术交底不到位，现场管理不足。

处置措施：加强教育；加大检查频率；采取监理措施督促承包人执行。

6. 施工管理上的隐患

表现形式：基坑开挖未按批准的施工方案进行，基坑边坡坡率陡于方案要求或防护不及时。基

坑四周未设置截排水设施或排水不畅，坑内未设置排水沟和集水坑、排水设施不足；违反爆破作业安全管理规定；弃方未及时弃运或基坑四周堆放；监控量测不及时或量测结果处理、反馈不规范。机械作业时现场无专人指挥。

原因分析： 未严格执行审批的安全技术专项方案。

处置措施： 审查、审批承包人专项施工方案并督促执行。

（三）监理要点

1. 审查和审批的工作内容

（1）审查及审批基坑边坡专项施工方案，并经专家评审。

①验算或委托验算基坑边坡的开挖坡高、坡率、平台宽度及相应的防护方案；

②审查机械开挖方式、运输路线、堆土范围、排水设施、基坑围护方案等；

③审查基坑变形观测、地下水位观测等观测方案；

④如有石方，须审查编制的石方爆破专项施工方案；

⑤采用基坑降水设计时，审查降水措施可能导致地表沉陷危及周围建物安全的防护方案；

⑥基坑可能穿透含水流沙层、裂隙含水层、暗河、溶洞时，审查可能出现管涌透水的安全方案。

（2）开工前的安全审查要点。

①审查所用进场防护材料的出厂合格证；

②审查特种作业人员持证上岗情况；

③审查作业人员体检情况，患有高血压、心脏病、癫痫等疾病的人员不得从事高处作业。

2. 需监理进行独立抽检验收的工作

（1）检查验收基坑边坡的开挖边率、坡高、平台宽度；

（2）检查验收基坑边坡防护用的各类材料质量；

（3）检查验收边坡外堆土高度和位置是否符合批准的专项施工方案要求；

（4）抽查基坑变形观测情况。

3. 需监理现场排查的工作内容

（1）日常巡查基坑开挖中的岩土条件，岩土完整性、强度、有较大地下水出露等条件是否与设计相等，是否需做变更处理。

（2）日常巡查是否及时施工支护工程、开挖深度是否超过设计深度，如局部临时开挖深度超过设计时，需由设计人员及时处理并符合边坡稳定后再进行施工。

（3）日常巡查开挖土方是否及时运走，堆弃范围及挖土机械和运输车辆作业位置、行走路线范围等是否符合批准的专项施工方案要求。

（4）日常巡查基础作业时基坑内的排水设施和排水设备是否满足生产和安全的需要，特别是靠近河流、池塘边要有防止水流倒灌基坑措施。

（5）日常巡查基坑变形、地下水位变化及周边地表建筑物变形情况，以便对地陷、管涌透水等情况采取安全应对措施。

（6）日常巡查基础周边护栏、作业人员专用斜坡道、爬梯等安全围护情况。

（7）日常巡查高处作业人员安全防护用品（如安全帽、安全带、防滑鞋等）的佩戴情况。

（8）日常巡查是否存在酒后作业和疲劳作业等违反劳动纪律情况。

（9）日常巡查作业机械停放是否与基坑边保持一定的安全距离，在基坑边是否堆放石块、钢管等易滑材料。

（10）适时巡查大雨、大风等恶劣天气下是否停止作业。

（11）日常巡查在施工人员在基坑内作业时，现场是否有专人观察和指挥。

二、钢板桩

(一)基本知识

钢板桩是一种边缘带有联动装置，且这种联动装置可以自由组合，以便形成一种连续紧密的挡土或者挡水墙的钢结构体(图3-1-6)。根据加工制作工艺的不同，可以分为：热轧/拉森钢板桩、冷弯钢板桩。一般有U形、Z形、L形、S形和直线形。其优点为：强度高，容易打入坚硬土层；可在深水中施工，必要时加斜支撑成为一个围笼，防水性能好；能按需要组成各种外形的围堰，并可多次重复使用。因此，钢板桩用途广泛，常见用于围堰、河道分洪及控制、水处理系统围栏、防洪、围墙、防护堤、海岸护堤、隧道切口及隧道掩体、防波堤、堰墙、坡边固定、挡板墙等。

钢板桩施工一般包括导架安装、板桩打设、基槽开挖、板桩拔除等，其施工过程存在较大危险性，施工时应做到指挥统一、信号明确、人员职责明确。

图3-1-6 钢板桩安装示意图

(二)隐患排查

1. 钢板桩插打隐患

表现形式： ①桩锤采用压插时，未采用卷扬机钢丝绳控制桩锤下落行程；钢板桩插打过程中钢丝绳发生断丝、卡头、松动现象；钢板桩打入过程中振动锤固定不牢靠，发生坠落。②振动锤的夹板因液压泵失灵而引起钢板桩掉落；振动锤的电动机长期超负荷运转发热烧毁；振动锤所接电缆破损，漏电。③未采用导向架，导致钢板桩位置不准确、钢板桩不垂直，合拢时板桩不在同一平面上。如图3-1-7所示。

图3-1-7 钢板桩插打安全隐患

原因分析： 振动锤使用不规范，施工过程质量控制不严。

处置措施： 钢板桩插打过程中，必须安排专人检查钢丝绳、振动锤固定设施、用电线路；钢板桩施打前必须制作导向架;过程中安排测量人员对每一片钢板桩进行复核,确保沿导向架的法线和切线方向垂直。

2. 钢板桩材料隐患

表现形式:①板桩尺寸、材料强度不符合要求;②钢板桩装卸、运输出现撞伤、弯扭及锁口变形;③钢板桩表面残留焊渣未清除。如图3-1-8所示。

图3-1-8 钢板桩材料安全隐患

原因分析:①进场材料质量不合格;②存在严重锈蚀、变形、裂纹、缺口等。

处置措施:①检查钢板桩出场合格证;②进行试验检测材料性能;③拼组前必须进行检查,剔除锁口破裂、扭曲、变形的钢板桩;④清除钢板桩表面残留焊渣并修复。

3. 钢板桩围檩、支撑隐患

表现形式:①围檩、支撑体系安装不及时;②围檩、支撑竖向间距偏大;③围檩、支撑与板桩之间存在空隙;④围檩、支撑材料变形,焊接质量不合格;⑤支撑体系上堆放材料等杂物;⑥拆除未自下而上进行。如图3-1-9所示。

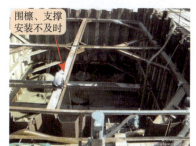

图3-1-9 钢板桩围檩、支撑体系安全隐患

原因分析:①现场未设专人指挥或责任心不强;②未进行安全教育、培训;③支撑体系未进行验算。

处置措施:①验算围檩、支撑体系强度、刚度及稳定性等,并进行设计;②作业人员上岗前进行安全教育、培训;③特种作业人员持证上岗;④加强日常检查。

4. 排水、封底隐患

表现形式：①板桩破损，板缝未采取堵漏措施；②涌水量较大时，采用干封方式封底；③排水设施不足，不能满足排水需要。如图 3-1-10 所示。

图 3-1-10　钢板桩排水、封底安全隐患

原因分析：①未剔除破损钢板桩；②未采取措施封堵板缝；③对可能出现的涌水等估计不足。

处置措施：①板桩组合前进行检查，剔除破损的板桩；②按要求采取堵漏措施；③配置足够的排水设施，并配有备用设备；④当涌水、出水量较大时，采用水下混凝土封底。

5. 钢板桩基坑隐患

表现形式：①基坑四周未设置截排水设施，地表水流入基坑；②基坑周边机械、材料、弃方堆放不规范、荷载超出规定要求；③基坑开挖顺序不符合要求，单次开挖深度过深、围檩支撑体系未及时安装；④支撑体系变形；⑤挖土、吊运、浇筑混凝土等作业碰撞支撑。如图 3-1-11 所示。

图 3-1-11　钢板桩基坑施工安全隐患

原因分析：①未按施工方案进行施工；②作业人员存在冒进心理。

处置措施：①严格按施工方案设置周边设施；②第一道围檩和支撑必须按方案进行安装，后续围檩支撑在抽水或开挖至设计围檩和支撑位置下不超过 0.5m 时，方可进行安装；③设专人指挥；④加强监控量测工作。

6. 施工环境隐患

表现形式：①当遇有大雨、大雾、沙尘、雷暴、大雪或六级以上大风等恶劣天气时，未停止作业；②水上施工未安排专人值勤，交通管制不严，夜间水上施工区警示灯、栈桥和施工平台警戒灯数量不足、照度不足；③施工船舶违规操作，速度过快；④夜间施工照明不足；⑤未设置作业平台、临边防护、人员上行通道；⑥打桩地基与周边临近构筑物间未开挖防振沟；⑦钢板桩围堰顶高程高出施工期间可能出现的最高水位（包括浪高）距离不足。如图3-1-12所示。

图3-1-12　钢板桩围堰作业环境安全隐患

原因分析： 恶劣天气应对措施无预案，水上作业无专项施工方案或未按方案执行等。

处置措施： 审查、审批承包人专项施工方案并督促执行。

7. 施工管理上的隐患

表现形式： ①钢管桩打设、基坑开挖未按批准的方案实施；②供水、供气管线和地下电缆等与打桩相互影响，被打桩土体隆起而引起破坏。如图3-1-13所示。

图3-1-13　钢板桩施工管理安全隐患

原因分析： 施工前准备工作不足，未进行详细调查。

处置措施： 施工前详细调查施工区内水、气、电等管网布设情况，并制订预防措施。

(三) 监理要点

1. 审查和批准的工作内容

(1) 审查及审批钢板桩围堰专项施工方案，并经专家评审。

①验算或委托验算钢板桩、钢支撑或钢围檩体系强度、刚度及稳定性等。

②审查钢板桩抗管涌、基坑底部隆起措施是否得当，是否需要设置封底混凝土。

③钢板桩围堰顶高程应高于施工期间可能出现的最高水位（包括浪高）0.5m以上。

④如施工侵占河道时，应得到相关部门的批准，并满足通航及水上作业安全。

⑤审查桩锤采用压插时，是否有卷扬机钢丝绳控制桩锤下落行程的措施。

⑥审查钢板桩围堰顶部机械设备及堆土荷载是否通过验算。

⑦审查作业范围内的高压电线和重要管道是否已调查并编制安全措施。

(2) 进行前的安全审查要点。

①检查钢板桩厂家出厂合格证。

②检查特种人员（如电工、焊工、起重工等）的持证上岗情况。

③检查作业人员体检情况，患有高血压、心脏病、癫痫、严重贫血、生理缺陷等疾病的人员禁止进行现场施工作业。

2. 需监理进行独立抽检验收的工作

(1) 对钢板桩平直、锁口完好情况进行监理抽查。

(2) 检查旁站钢板桩试吊插打工作。

(3) 检查监督承包人安装围檩与支撑时是否严格按照安装方案的顺序施工。第一道围檩和支撑必须在抽水或开挖深度达到1.5m或达到施工方案规定安装围檩和支撑的深度时进行安装，经监理验收合格批准后方可进行下道工序施工；第二道围檩和支撑必须在抽水或开挖至设计围檩和支撑位置下不超过0.5m时进行安装，并经监理验收合格；依次循环至全部围檩和支撑安装结束。

(4) 对钢围檩、钢支撑等焊缝质量是否达到批准的施工方案要求进行检查验收。

(5) 检查钢板桩和内围檩、支撑之间是否存在空隙（空隙处应使用钢、木、混凝土构件填塞并用木楔抵紧）。

(6) 钢板桩及围檩和支撑必须按照批准的施工方案中的拆除工艺自下而上逐层进行拆除；下层回填或灌水符合批准的拆除工艺规定要求并经监理检查合格后，方可继续拆除上层围檩及支撑，保证围堰内外压力差在安全范围内。

3. 需监理现场排查的工作内容

(1) 日常巡查监督作业人员进入施工现场要正确佩戴安全帽；在无可靠安全防护措施的情况下，2m以上悬空作业按规定系挂安全带；水上作业时，作业人员应穿好救生衣。

(2) 日常巡查施工作业人员酒后作业、疲劳作业情况。

(3) 日常检查夜间施工作业是否设置足够的照明设施。

(4) 日常巡查钢板桩施工区的硬隔离、悬挂警示牌、施工作业平台及斜道（爬梯）的防护围栏、安全网、防滑设施情况。

(5) 适时检查大雨、大雾、沙尘、雷暴、大雪或六级以上大风等恶劣天气下钢板桩停止施工状况。

(6) 适时检查防暑降温措施执行情况（38℃以下高温作业的防暑降温措施是否足以保证作业工人身体健康，38℃及以上是否停止野外施工）。

(7) 日常巡查钢板桩基坑开挖和围檩支撑安装时施工单位监控人员值班情况（钢板桩基坑开挖和围檩支撑安装时应设专人在顶层值班，进行围堰状态观察，监测钢板桩或围档的移位情况和坑底隆起以及周围环境）。

(8) 日常巡查插打钢板桩时，如因吊机高度不足，可向下移动吊点位置，但吊点不得低于桩顶下1/3桩长位置。

(9) 钢板桩围堰在抽水或挖土、搭设模板、浇筑混凝土等施工作业中，不得碰撞或任意拆除围檩支撑，或在围檩支撑上任意切割、电焊、搁置重物。

(10) 日常检查围堰顶部机械设备及堆土的荷载是否超过批准的验算方案的规定。

三、钢套箱

（一）基本知识

钢套箱围堰具有可靠的整体性和良好的防水性，有利于分块拼装重复使用，可减少对河流的污染及挖基数量，目前在水中承台基础施工中得到广泛应用（图3-1-14）。钢套箱围堰施工安全隐患贯穿于套箱加工、安装、套箱内施工及维护、拆除等全过程。

（二）隐患排查

1. 钢套箱加工制作隐患

表现形式：①进场的钢板、型钢、电焊条等材料性能不符合要求；②型钢下料尺寸不准确，定位不准；③焊接质量不合格。如图3-1-15所示。

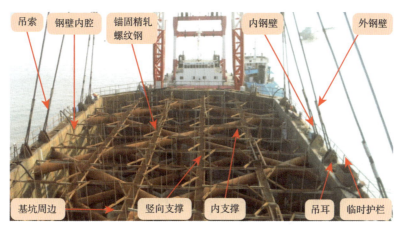

图 3-1-14 双壁围堰结构图

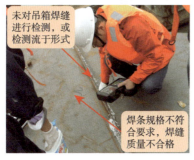

图 3-1-15 钢套箱加工制作质量安全隐患

原因分析：①进场材料质量不合格；②特种作业人员如焊工未持证上岗。

处置措施：①检查钢材出场合格证；②进行试验检测材料性能；③严格按图纸进行放样，定位准确；④对每条焊缝进行焊接质量检测。钢套箱的连接均采用焊接，其钢板的拼接采用熔透剖口焊，型钢拼接时其翼缘需要用厚度不小于 10mm 的钢板搭接，焊缝质量按三级焊缝标准，并进行密水性检查；⑤单块套箱成型后进行成品检验，合格的板块起吊存放并进行编号。

2. 钢套箱运输隐患

表现形式：①运输设备及方式不符合要求；②运输通道未实行交通管制，速度过快。如图 3-1-16 所示。

原因分析：①未按批准的专项施工方案；②安全交底不充分。

处置措施：①严格按批准的方案执行；②水上作业上报主管部门批准并实行交通管制；③设专人指挥、警戒。

3. 钢套箱拼装、就位隐患

表现形式：①分节安装固定装置不牢靠；②未安装下沉导向设备或位置不准确；③下放速度不一致、平面位置不准确，下沉不到位。如图 3-1-17 所示。

图 3-1-16 钢吊箱围堰浮运安全隐患

图 3-1-17

图 3-1-17 钢吊箱围堰安装安全隐患

原因分析： ①未按批准的专项施工方案；②安全交底不充分。

处置措施： ①严格按设计方案设置吊点、挂耳等并检查手拉葫芦、卡环、钢丝绳等；②设专人指挥，协调下沉速率；③遇障碍物时，进行摸排、清障处理。

4. 钢套箱封底、排水隐患

表现形式： ①抗浮系统安装不符合要求；②水下混凝土底面高程不符合要求，质量存在缺陷；③混凝土强度未达到要求即进行排水作业；④围檩支撑体系安装不及时，支撑体系上堆放杂物；⑤排水过程出现支撑、套箱变形等；⑥钢套箱内抽水后出现渗漏。如图3-1-18所示。

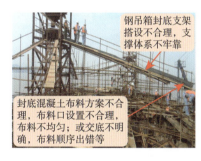

图 3-1-18 钢套箱围堰封底、排水施工安全隐患

原因分析： 未按批准的专项施工方案进行。

处置措施： ①抽水前安装好抗浮系统；②浇筑混凝土时做好测深记录，同时每根导管封口结束后应及时测量其埋深与流动范围，并做好详细记录，浇筑过程中注意控制每一浇筑点高程及周围3m范围内的测点都要测一次，并记录灌注、测量时间；③水下混凝土强度大于设计强度的70%以上时方可进行抽水作业；④水位每下降1m后，停止抽水观察套箱的稳定性及水位变化情况，无异常时方可继续抽水，当水面降至设计内撑位置以下时应立即加设内支撑并停止抽水，待支撑安装好后再继续抽水,直到把套箱内的水抽干;⑤钢套箱内抽水后如出现渗漏,对套箱壁上的渗漏主要采取在内壁上加焊钢板的方法,而对内壁与混凝土的连接部位可采用环氧树脂进行修补。

5. 钢套箱拆除隐患

表现形式: ①拆除前,箱内水位低于箱外水位;②拆除顺序不符合要求。如图 3-1-19 所示。

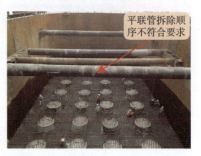

图 3-1-19 钢套箱围堰拆除施工安全隐患

原因分析: 未按批准的专项施工方案进行。

处置措施: 拆除时采用吊放时的逆顺序,先将套箱内灌满水。

6. 施工环境隐患

表现形式: ①临边防护设施未设置、不牢固,无夜间警示标志;②当遇有大雨、大雾、沙尘、雷暴、大雪或六级以上大风等恶劣天气时,未停止作业;③夜间施工照明不足;④水上施工未安排专人值勤,交通管制不严,夜间水上施工区警示灯、栈桥和施工平台警戒灯数量不足、照度不足;⑤施工船舶违规操作,速度过快。如图 3-1-20 所示。

图 3-1-20 钢套箱围堰施工环境安全隐患

原因分析: 安全投入不足,作业人员未经培训。

处置措施: 对照批准的方案进行检查。

7. 施工管理上的隐患

表现形式: ①未按批准的运输、吊装、水下作业等专项施工方案执行;②钢套箱未按设计方案加工、支撑体系不符合要求;③监控量测未全过程开展,量测结果处理、反馈不及时,管理程序混乱;④运输船超载、作业人员违规操作、水上交通管制不力;⑤吊装机械未试运转。

原因分析: 安全保障体系不健全,管理制度未执行。

处置措施: 对照批准的方案进行检查。

(三)监理要点

1. 审查和批准的工作内容

(1)审查及审批钢套箱围堰专项施工方案,并经专家评审。

①应对钢套箱的结构、形式、安装方式、悬挂系统等进行专门设计,验算或委托验算刚度、强度和稳定性,并编制运输、组装、安装及拆卸安全技术方案。

②钢套箱围堰顶高程应高于施工期间可能出现的最高水位(包括浪高)0.5m以上。
③施工侵占河道时,应得到相关部门的批准,并满足通航及水上作业安全。
④审批承包人钢套箱吊装专项施工方案,并审批承包人钢套箱试吊方案。
⑤审批钢套箱水下作业专项施工方案,包括人工潜水进行水下探摸、封堵、焊接、切割等水下作业。
⑥钢套箱施工方案应包括在套箱就位后采取的防撞措施和警示标志,防止往来船只、漂流物等碰撞,确保钢套箱及其支撑点的安全。
⑦审查封底混凝土专项施工方案。
(2)开工前的安全审查要点。
①检查浮吊等特种设备检验合格情况。
②检查特种人员(如电工、焊工、起重工等)的持证上岗情况。
③检查作业人员体检情况,患有高血压、心脏病、癫痫、严重贫血、生理缺陷等疾病的人员禁止进行现场施工作业。

2. 需监理进行独立抽检验收的工作

(1)对每节钢套箱的加工进行验收,验收内容包括:套箱壁、围檩、支撑的厚度、型号、结构尺寸、焊接质量位置等。
(2)全面检查验收所有吊点、吊耳、手拉葫芦、卡环、钢丝绳等是否符合批准的钢套箱设计及施工方案要求。
(3)正式吊装前应旁站试吊工作,保留并签证试吊记录。
(4)钢套箱定位后,应检查锚锭系统的稳定情况,确认无误后方可进行下步工作。
(5)检查验收防撞设施和警示标志是否符合专项施工方案的规定。

3. 需监理现场排查的工作内容

(1)船间的通道及联结梁上,应铺设人行道板和栏杆,并设置供作业人员上下的专用爬梯;现场应配齐救生器材。
(2)监督作业人员进入施工现场要正确佩戴安全帽;在无可靠安全防护措施的情况下,2m以上悬空作业按规定系挂安全带;水上作业时,作业人员应穿好救生衣。
(3)日常巡查人员上下爬梯、平台、栏杆、走道脚手板铺设及防滑设施,要求其符合安全生产管理规定。
(4)日常检查夜间施工作业是否设置足够的照明设施。
(5)日常巡查施工作业人员酒后作业、疲劳作业情况。
(6)日常巡查钢套箱的沉放情况,应有专人统一指挥,应平稳、对称、均衡下沉。
(7)下沉前,应先将钢套箱全部提起。提起时应指派专人指挥,保证所有吊点均衡受力,起吊幅度保持一致。
(8)钢套箱定位完毕后,应对钢套箱进行焊接固定,钢套箱固定后,浮吊方可解钩。
(9)钢套箱采用船组辅助定位时,应先将定位船、导向船(或其他导向设施)就位。定位锚在施放时,施放位置应准确,并要求采取相应措施保证锚抓力满足要求,防止走锚。抛锚地点应设置浮标。
(10)适时检查大雨、大雾、沙尘、雷暴、大雪或6级以上大风等恶劣天气下钢套箱停止施工状况。
(11)适时检查防暑降温措施执行情况(38℃以下高温作业的防暑降温措施是否足以保证作业工人身体健康,38℃及以上是否停止野外施工)。

（12）日常巡查钢套箱内抽水后的箱内施工时施工单位监控人员的值班情况（施工单位在钢套箱抽水后的箱内施工时应设专人在顶层值班，进行套箱状态观察，监测钢套箱的变形和基底隆起和涌水情况）。

（13）钢套箱施工作业中，不得碰撞或任意拆除围檩支撑，或在围檩支撑上任意切割、电焊、搁置重物。

（14）日常巡视阻塞在水上作业平台下漂浮物的清理情况。

四、地下连续墙

（一）基本知识

地下连续墙作为大型深基坑的临时支护结构和永久基础，是一种在地面上采用挖槽机械沿着深开挖工程的周边轴线，借助于泥浆的护壁作用，在地下挖出窄而深的基槽，并在其内浇筑适当的材料形成连续的地下墙体，作为截水、防渗、承重、挡水结构。地下连续墙施工一般包括导墙施工、槽孔开挖、钢筋骨架制作与安装、水下混凝土浇筑等（图3-1-21）。地下连续墙施工期间均存在较大安全隐患。

图3-1-21 地下连续墙挖槽作业

（二）隐患排查

1. 基坑隐患

表现形式：①材料堆放不规范，基坑周边机械、材料、弃方堆放不规范，荷载超出规定要求；②对周边既有构筑物可能产生的不利影响评估不足，监测不到位。如图3-1-22所示。

图3-1-22 地下连续墙基坑周边安全隐患

原因分析：①材料堆放不规范，基坑周边机械、材料、弃方堆放不规范，荷载超出规定要求；②泥浆指标不符合要求；③监控量测未全过程开展，量测结果处理、反馈不及时，管理程序混乱；④锁口管安装不及时。

处置措施：①加大巡视工地频率，督促承包人按施工方案执行；②督促承包人编制监控量测方案并监督执行，定期验证监控量测结果；按频率抽查泥浆指标。

2. 影响周边构筑物安全的隐患

表现形式：①重型机械行走道路、吊装场地损坏；②大型机械倾覆。如图 3-1-23 所示。

图 3-1-23　地下连续墙施工对周边构筑物安全隐患

原因分析：①道路、场地未做处理，承载力不足；②振动影响。
处置措施：①道路、场地进行硬化处理；②加强监控量测工作，发现异常及时进行加固处理。

3. 钢筋笼加工安装隐患

表现形式：①钢筋笼强度、刚度不能满足吊装要求；②钢筋笼内的桁架数量少于设计要求；③钢筋吊点位置不准确，吊环不牢靠；④起吊时，钢筋笼与平台的挂靠件未全部脱离。如图 3-1-24 所示。

图 3-1-24　地下连续墙钢筋笼加工与安装隐患

原因分析：未按设计要求设置桁架，加固措施未按要求实施。
处置措施：①严格按设计要求设置加固措施；②检查吊环位置，焊接质量；③吊装前逐一检查钢筋笼与平台的挂靠件脱离情况。

4. 施工环境隐患

表现形式：①导墙、平台范围土体未加固，水文、地质等改变；②临边防护设施未设置、不牢固,无夜间警示标志;③当遇有大雨、大雾、沙尘、雷暴、大雪或6级以上大风等恶劣天气时,未停止作业;④夜间施工照明不足;⑤泥浆池防护不足等。如图3-1-25所示。

图3-1-25 地下连续墙施工环境安全隐患

原因分析:安全投入不足,作业人员未经培训。

处置措施:对照批准的方案进行检查。

5. 施工管理上的隐患

表现形式:①无施工临时用电组织设计或设计有缺陷,现场布线混乱,用电设备乱放等;②特种机械使用前未进行试运转;③监控量测未全过程开展,量测结果处理、反馈不及时,管理程序混乱;④作业人员岗前培训不足,安全技术交底不到位。

原因分析:安全保障体系不健全,管理制度未执行。

处置措施:对照批准的方案进行检查。

(三)监理要点

1. 审查和批准的工作内容

(1)审查及审批地下连续墙安全施工方案,并经专家评审。

①导墙顶应高出地面0.3m或水面1.0~2.0m。

②地下连续墙施工方案必须包含泥浆池设置、泥浆排放、泥浆池防护方案。

③地下连续墙施工方案必须包括内部基坑开挖、排水等方案。

④审批钢筋笼起吊专项施工方案,起吊重量大于100kN的方案必须组织专家评审。

⑤审批水下混凝土浇筑专项施工方案。

⑥审批施工临时用电专项施工方案。

⑦审批安全事故应急预案。

⑧审查及审批施工平台搭设方案。施工平台平面尺寸应满足施工设备作业、运输车辆通道及人员作业和行走的需要;施工平台高程应能满足施工期内抵御最高水位和施工需要;施工平台布设应满足后期成槽、内部基坑开挖阶段的出渣、泥浆、排水等要求。

⑨审查及审批地下连续墙监控量测方案。监控量测方案内容应包括:量测项目、量测仪器选择、测点布置、量测频率、数据处理及反馈、组织机构及管理体系等。

⑩审查施工单位"三类人员"证书及特种作业人员证书。

(2)开工前的安全审查要点。

①检查作业人员体检情况,患有高血压、心脏病、癫痫、严重贫血、生理缺陷等疾病的人员禁止进行现场施工作业。

②检查特种人员(如电工、焊工、起重工等)的持证上岗情况。

③检查特种设备安全鉴定情况。

④检查应急救援物资储备情况,如:应急电源、应急照明灯具、钢管、编织袋、砂石、铁锹、

消防器材等。有条件的情况下，项目部应组织应急救援演练。

⑤检查承包人安全事故应急救援演练开展情况。

⑥检查地下连续墙施工水文、地质、区域内障碍物和有关试验等资料情况及应对措施。

⑦检查对施工可能造成周边构筑物不利影响的评估情况及保护措施。

⑧检查地表截水沟设置情况，排水是否通畅。

2. 需监理进行独立抽检验收的工作

（1）钢筋笼吊装前应进行试吊，监理旁站试吊过程并保留、签认试吊记录。

（2）全面检查验收钢筋笼所有吊点、吊耳、钢丝绳等。

（3）抽查导墙位置、顶面高程等，检查导墙墙间支撑设置情况。

（4）抽查、验证监控量测数据。

（5）抽查泥浆指标。

3. 需监理现场排查的工作内容

（1）日常巡查施工现场作业人员是否正确佩戴个人防护用品（安全帽、安全带、防护手套、防滑鞋等）。

（2）日常巡查是否存在作业人员酒后作业及疲劳作业现象。

（3）适时检查防暑降温措施执行情况。

（4）日常巡查施工区域是否设置警戒线、警戒标志，并派专人看守。

（5）日常巡查施工平台、槽孔周边、泥浆池等临边防护设施设置、维护情况。防护栏杆应设置不小于18cm高的挡脚板，在立杆的0.6m和1.2m处设置防护横杆并挂设密目式安全网。

（6）日常巡查起重作业是否符合要求。

（7）适时检查大雨、大雾、沙尘、雷暴、大雪或6级以上大风等恶劣天气下停止施工情况。

（8）日常巡查专（兼）职安全员跟班作业情况。

（9）日常巡查监控量测开展、量测结果反馈与处理情况。

（10）日常巡查施工临时用电是否符合要求。

（11）日常巡查基坑排水沟设置、排水设施完好情况。基坑内排水沟距墙脚位置应大于1.0m，排水通畅，集水坑满足排水需要。

（12）日常巡查上下行通道及其连墙件设置、防护设施设置情况。

（13）日常巡查是否存在作业人员在坑底休息情况。

（14）日常检查基坑附近设备及堆土的荷载是否超过批准的验算方案规定。

第二节　桩　基　施　工

一、钢管桩

（一）基本知识

钢管桩由钢管、企口榫槽、企口榫销构成，钢管直径的左端管壁上竖向连接企口槽，企口槽的横断面为一边开口的方框形，在企口槽的侧面设有加强筋，钢管直径的右端管壁上且偏半径位置竖向连接有企口销，企口销的槽断面为工字形。钢管桩打桩有三种通用方式：①自然地面打桩，采用送桩至设计高程；②地面打桩，但不送桩，待基坑开挖后切割至设计高程；③挖坑打桩施工。钢管桩一般的施工顺序是：桩机安装→桩机移动就位→吊桩→插桩→锤击下沉、接桩→锤击至设计深度→内切钢管桩→精割、戴帽。

(二)隐患排查

1. 钢管桩材料隐患

表现形式：①板桩尺寸、壁厚、材料强度不符合要求；②钢管桩出现损伤、变形等；③表面残留焊渣未清除；④吊装发生碰撞，涂层损坏。如图3-2-1所示。

图3-2-1　钢管桩施工材料的安全隐患

原因分析：①进场材料质量不合格；②存在严重锈蚀、变形、裂纹、缺口等。

处置措施：①检查钢管桩出场合格证；②进行试验检测材料性能；③对进场管桩进行验收，验收项目包括：长度、直径、轴线偏差、桩头垂直度、防腐涂层、吊点、剪力环、合格证、数量等。

2. 钢管桩运输隐患

表现形式：①材料未按规格分类堆放，堆放层数超标、堆放高度超过2m，支点不牢、未采用木楔楔紧；②打桩船调遣、运桩船航行发生船舶碰撞事故；③超载、超速运输。如图3-2-2所示。

图3-2-2　钢管桩运输安全隐患

原因分析：作业人员违规作业，存放场地狭小，未按起吊、运输、堆放、装船等方案执行。

处置措施：对照批复的起吊、运输、堆放、装船等方案进行检查，固定装置、堆放方式及高度等须符合要求。

3. 钢管桩沉桩隐患

表现形式：①吊点位置不准确；②未根据地质情况及时调整桩锤重量；③沉入深度不足；④替打损坏，无备用替打。如图 3-2-3 所示。

图 3-2-3　钢管桩沉桩作业安全隐患

原因分析：未按方案进行施工。

处置措施：①吊点位置必须符合设计要求，无设计时根据计算确定；②密切注意贯入度的变化，根据地质资料和试打桩参数，桩尖在穿过可能出现贯入度较大的土层时，及时调整锤击能量；③施工过程中如出现贯入度反常、桩身突然下降、过大倾斜、移位等现象，立即停止锤击，及时查明原因，采取有效处置措施。

4. 施工环境隐患

表现形式：①当遇有大雨、大雾、沙尘、雷暴、大雪或 6 级以上大风等恶劣天气时，未停止作业；②水上施工未安排专人值勤，交通管制不严，夜间水上施工区警示灯、栈桥和施工平台警戒灯数量不足、照度不足；③施工船舶违规操作，速度过快；④夜间施工照明不足；⑤未设置作业平台、临边防护、人员上行通道；⑥打桩地基与周边临近构筑物之间未开挖防振沟；⑦钢管桩围堰顶高程高出施工期间可能出现的最高水位（包括浪高）距离不足。如图 3-2-4 所示。

图 3-2-4　钢管桩施工环境安全隐患

原因分析：恶劣天气应对措施无预案，水上作业无专项施工方案或未按方案执行等。

处置措施：审查、审批承包人专项施工方案并督促执行。

5. 施工管理上的隐患

表现形式：①钢管桩打设、基坑开挖未按批准的方案实施；②供水、供气、汽管线和地下电缆等与打桩相互影响，被打桩土体的隆起而引起的破坏。

原因分析：施工前准备工作不足，未进行详细调查。

处置措施：施工前详细调查施工区内水、气、电等管网布设情况，并制订预防措施。

（三）监理要点

1. 审查和批准的工作内容

（1）审查及审批钢管桩专项施工方案，并经专家评审。

①审查钢管桩接桩焊接方案是否符合要求。
②审查桩锤是否有卷扬机钢丝绳控制桩锤下落行程的措施。
③审查钢管桩施工机具配置是否符合要求,至少应配备两种重量不同型号的锤。
④审查作业范围内的供水、供气管线和地下电缆等是否已调查并编制安全措施。
⑤如施工侵占河道时,应得到相关部门的批准,并满足通航及水上作业安全。
⑥钢管桩作为平台支撑时,钢管桩须通过承载力验算,横向联系及支撑体系须通过稳定性验算。
⑦钢管桩作为深大基坑防护时,相关基坑安全方案参见"深大基坑钢板桩"相关内容。
⑧审查打桩船选择的合理性。打桩船应能满足施工要求,包括吃水深度、船舶稳性、走锚可能性、锚缆布置能否打所有桩基平面内的桩、抗风浪性能、起吊能力、桩架高度及施工进度等。
⑨审查钢管桩起吊、运输、堆放、装船等方案。运桩船须配备有与其航行区域相符合的各种救生、救灾、信号、通信等设备,以及足够的防风缆绳和拖带缆绳;管桩运输必须加工型钢桩座并在甲板上焊牢,作为第一层管桩的垫头,第二、三层呈宝塔形堆放并采用钢丝绳加张紧器将桩捆死在桩座和系船柱上;方驳装运桩必须左右交叉吊桩,以保持方驳平衡;装桩的顺序必须与现场施工时吊桩的顺序相吻合,按打桩的先后顺序从上到下堆放。

近海和外海作业采用拖带办法运桩,必须严格掌握天气情况和潮汐变化;为保证拖带安全,装桩方驳上必须配备有机械操作的锚及拖带的龙须缆绳,拖轮要配备有拖带用三角板和主拖缆绳,且两船之间有畅通的无线通信和其他辅助通信设备。

钢管桩起吊的吊点须经过计算确定,不得随意改变。
⑩审查水上桩基施工期间作业警戒区设立、安全防护措施。
(2)开工前的安全审查要点。
①检查钢管桩出厂合格证并抽样检验。
②检查特种人员(如电工、焊工、起重工等)的持证上岗情况。
③检查起重机等特种设备安检情况。
④检查其他专项施工方案中规定开工前须完成的审批、报备等准备工作执行情况。

2. 需监理进行独立抽检验收的工作

(1)检查钢管桩材料(含其他半成品)质量。钢管质量验收包括:按设计图纸规格尺寸及有关规范,对允许误差、实测实量及外观进行抽查检验,重点检查钢管的壁厚、内外径是否达到要求。
(2)抽查施工现场的轴线、水准控制点、桩基布点坐标及样桩放样。
(3)抽查查桩机导向杆及桩的垂直度,使桩锤、桩帽与桩是否在同一纵轴线上。
(4)检查钢管桩接桩材料、焊接质量是否达到要求并经过验收。
(5)检查打桩场地地基承载力。打桩场地整平用压路机碾压平整,并在地表铺 10~20cm 厚石子,使地基承载力达到 0.2~0.3MPa。

3. 需监理现场排查的工作内容

(1)日常巡查监督作业人员进入施工现场要正确佩戴安全帽;水上作业时,作业人员应穿好救生衣。
(2)日常巡查施工作业人员酒后作业、疲劳作业情况。
(3)日常检查夜间施工作业是否设置足够的照明设施。
(4)日常巡查钢管桩施工区的硬隔离、悬挂警示牌、施工作业平台及斜道(爬梯)的防护围栏、安全网、防滑设施情况。
(5)适时检查大雨、大雾、沙尘、雷暴、大雪或6级以上大风等恶劣天气下钢管桩停止施工状况。
(6)适时检查防暑降温措施执行情况(38℃以下高温作业的防暑降温措施是否足以保证作业工人身体健康,38℃及以上是否停止野外施工)。

(7)日常巡查钢管桩材料堆放是否符合要求。应按规格分别堆放,即上节桩、中节桩、下节桩一般堆叠层数为三层(高度控制在 2m 以内)。支点用枕木两侧用木楔塞牢,防止变形。

(8)日常巡查钢管桩打设施工单位安全人员、变形监测人员在岗情况。

(9)日常巡查放置桩帽及减振垫放置情况。

二、预制桩

(一)基本知识

预制桩是指在工厂或施工现场制成的各种材料、各种形式的桩(如木桩、混凝土方桩、预应力混凝土管桩、钢桩等),用沉桩设备将桩打入、压入或振入土中。目前国内建筑施工领域采用较多的预制桩主要是混凝土预制桩和钢桩两大类,沉桩方法有锤击法、静力压桩法、振动法等。

(二)隐患排查

1. 预制桩堆放隐患

表现形式:材料未按规格分类堆放,堆放层数超标、堆放高度超过 2m,支点不牢、未采用木楔楔紧。如图 3-2-5 所示。

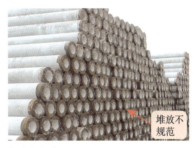

图 3-2-5　预制桩存放安全隐患

原因分析:存放场地狭小,未按方案执行。

处置措施:对照批复的方案进行检查,固定装置、堆放方式及高度等须符合要求。

2. 预制桩施打隐患

表现形式:①施工场地未进行硬化处理,地基承载力不足;②预制桩混凝土未达到强度要求,接桩质量不合格;③吊点位置不准确;④打桩机底座、导轨脱空。如图 3-2-6 所示。

图 3-2-6　预制桩打设作业安全隐患

原因分析： 场地处理不符合方案要求，现场管理人员责任心不强。

处置措施： ①检查打桩场地地基承载力。打桩场地整平用压路机碾压平整，并在地表铺 10～20cm 厚石子，使地基承载力达到 0.2～0.3MPa；②吊点位置须符合设计要求；③检查混凝土预制桩强度或其他预制桩材料质量是否符合要求，预应力混凝土桩除强度满足要求外，还须满足混凝土浇筑后 14 天才能沉桩的要求。

3. 施工环境隐患

表现形式： ①平台、通道等临边防护设施未设置、不牢固；②当遇有大雨、大雾、沙尘、雷暴、大雪或 6 级以上大风等恶劣天气时，未停止作业；③水上施工未安排专人值勤，交通管制不严，夜间水上施工区警示灯、栈桥和施工平台警戒灯数量不足、照度不足；④施工船舶违规操作，速度过快；⑤夜间施工照明不足；⑥打桩地基与周边临近构筑物间未开挖防振沟。如图 3-2-7 所示。

图 3-2-7　预制桩施工对周边构筑物的不利影响

原因分析： 安全投入不足，作业人员未经培训。

处置措施： 对照批准的方案进行检查。

4. 施工管理上的隐患

表现形式： ①预制桩制作、起吊、运输、沉桩等未按批准的专项施工方案执行；②接桩质量不符合要求；③供水、供气管线和地下电缆等与打桩相互影响，出现被打桩土体隆起而引起的破坏。

原因分析： 施工前准备工作不足，未进行详细调查。

处置措施： 施工前，详细调查施工区内水、气、电等管网布设情况，并制订预防措施。

(三) 监理要点

1. 审查和批准的工作内容

(1) 审查及审批预制桩专项施工方案，并经专家评审。

①审查预制桩起吊、运输方案。

②审查预制桩接桩焊接方案是否符合要求。

③审查作业范围内的供水、供气管线和地下电缆等是否已调查并编制安全措施。

④审查桩锤是否有卷扬机钢丝绳控制桩锤下落行程的措施。

⑤审查预制桩施工机具配置是否符合要求，至少应配备两种重量不同型号的锤。

⑥如施工侵占河道时，应得到相关部门的批准，并满足通航及水上作业安全。

⑦预制桩作为平台支撑时，须通过承载力和稳定性验算。

(2) 开工前的安全审查要点。

①检查预制桩质量。

②检查特种人员(如电工、焊工、起重工等)的持证上岗情况。
③检查起重机等特种设备安检情况。
④检查其他专项施工方案中规定开工前须完成的审批、报备等准备工作执行情况。

2. 需监理进行独立抽检验收的工作

(1)检查混凝土预制桩强度或其他预制桩材料质量是否符合要求。预应力混凝土桩除强度满足要求外,还须满足混凝土浇筑后14天才能沉桩的要求。

(2)抽查施工现场的轴线、水准控制点、桩基布点坐标。

(3)抽查查桩机导向杆及桩的垂直度,使桩锤、桩帽与桩是否在同一纵轴线上。

(4)检查预制桩接桩焊接质量是否达到要求并经过验收。

(5)检查打桩场地地基承载力。打桩场地整平用压路机碾压平整,并在地表铺 $10 \sim 20\text{cm}$ 厚石子,使地基承载力达到 $0.2 \sim 0.3\text{MPa}$。

(6)检查预制桩吊点设置情况。

(7)检查预制桩施工场地与周边构筑物影响情况和防护措施。

3. 需监理现场排查的工作内容

(1)日常巡查监督作业人员进入施工现场要正确佩戴安全帽;水上作业时,作业人员应穿好救生衣。

(2)日常巡查施工作业人员酒后作业、疲劳作业情况。

(3)日常检查夜间施工作业是否设置足够的照明设施。

(4)日常巡查预制桩施工区的硬隔离、悬挂警示牌、施工作业平台及斜道(爬梯)的防护围栏、安全网、防滑设施情况。

(5)适时检查大雨、大雾、沙尘、雷暴、大雪或6级以上大风等恶劣天气下预制桩停止施工状况。

(6)适时检查防暑降温措施执行情况(38℃以下高温作业的防暑降温措施是否足以保证作业工人身体健康,38℃及以上是否停止野外施工)。

(7)日常巡查预制桩材料堆放是否符合要求。应按规格分别堆放,即上节桩、中节桩、下节桩一般堆叠层数为三层(高度控制在2m以内)。支点用枕木两侧用木楔塞牢,防止变形。

(8)日常巡查预制桩打设施工单位安全人员、变形监测人员在岗情况。

(9)日常巡查放置桩帽及减振垫放置情况。

三、钻孔灌注桩

(一)基本知识

钻孔灌注桩是指通过机械钻孔在地基土中形成桩孔,并在其内放置钢筋笼、灌注混凝土而做成的桩。钻孔灌注桩施工一般使用的机械有:冲击钻机、循环钻机、旋挖钻机等(图3-2-8)。钻孔灌注桩施工过程一般包括:平整场地、泥浆制备、埋设护筒、铺设工作平台、安装钻机并定位、钻进成孔、清孔并检查成孔质量、下放钢筋笼、灌注水下混凝土、拔出护筒、检查质量等。水中钻孔灌注桩作业平台包括水上作业平台或筑岛、专业打桩船等。

(二)隐患排查

1. 施工作业区隐患

表现形式:①场地松软、承载力不足;②钻机倾斜、倾覆;③护筒埋设深度不足、顶面高处水位高度不足。如图3-2-9所示。

图 3-2-8　各种钻孔灌注桩成孔设备

图 3-2-9　钻孔桩施工作业场地安全隐患

原因分析：场地处理不符合要求。

处置措施：①进行场地平整、清除杂物、换除软土并碾压、夯打密实；②作业地面应坚实平整，钻机底座垫枕木加以稳固；③旋挖钻机支脚必须支垫牢靠，回转半径内不得有障碍物；④严格按地质情况、水文情况埋设护筒。

2. 钻机隐患

表现形式：①冲击钻机卷扬机及钢丝绳隐患；②钻架不稳固；③钻机主体结构、支撑体系损伤；④钻杆与钻头、钢丝绳与钻锥连接不牢靠；⑤钻机不水平，钻杆不垂直；⑥加接钻杆、修复钻锥固定不牢固；⑦钻机行走倾覆。如图 3-2-10 所示。

图 3-2-10　钻孔桩钻机安全隐患

原因分析：①主体结构、钢丝绳等缺陷详见"特种设备"相关内容；②安装缺陷。

处置措施：①钻机就位后进行检查，使钻机水平、钻杆垂直。②钻架应加设斜撑或缆风绳。

③开钻前,对钻机及配套设施进行全面检查。④加接钻杆应连接牢固,严禁使用损伤部件;提钻动作要求谨慎均匀,钻杆在旋转时严禁提升;钻头提到接近护筒底缘时,应减速、平稳提升,不得碰撞护筒和钩挂护筒底缘。⑤钻机的移位严格按规定进行,作业人员分工明确,设专人指挥。

3. 钻孔施工隐患

表现形式：①塌孔；②泥浆池无防护。如图 3-2-11 所示。

图 3-2-11　钻孔桩钻孔施工安全隐患

原因分析：①泥浆指标不能满足要求；②管理缺失。
处置措施：①按规定频率检测泥浆指标；②泥浆池、孔口设置临边防护。

4. 钢筋笼加工安装隐患

表现形式：①钢筋笼强度、刚度不能满足吊装要求；②钢筋笼内的加固设施数量少于设计要求；③钢筋笼吊点主筋与箍筋未通长焊接,吊环不牢靠；④起吊时,钢筋笼与平台的挂靠件未全部脱离；⑤钢筋笼接长施工,钢筋笼固定不牢固；⑥钢筋笼安装到位后未及时固定。如图 3-2-12 所示。

图 3-2-12　钻孔桩钢筋笼安装安全隐患

原因分析：未按设计要求设置桁架,加固措施未按要求实施。
处置措施：①严格按设计要求设置加固措施；②检查吊环位置,焊接质量；③吊装前逐一检查钢筋笼与平台的挂靠件脱离情况；④钢筋笼安装到位后应及时固定,采用钢筋将其与护筒或钻孔平台焊接固定。

5. 施工环境隐患

表现形式：①完成钻孔的钻孔桩孔口未进行有效覆盖,施工区域未进行隔离；②泥浆池及临边防护设施未设置、不牢固,无夜间警示标志；③当遇有大雨、大雾、沙尘、雷暴、大雪或 6 级以上大风等恶劣天气时,未停止作业；④夜间施工照明不足；⑤溶洞发育地段钻孔时,对孔位处地下溶洞情况掌握不清,砸穿溶洞顶板,引发地表塌陷,钻机倾覆。

原因分析：不规范作业,安全意识淡薄,安全教育不到位。
处置措施：加强作业各个环节的检查,及时纠正不规范的行为。加强安全教育,及时进行安全技术交底。

6. 施工管理上的隐患

表现形式：①无施工临时用电组织设计或设计有缺陷，现场布线混乱，用电设备乱放等；②特种机械日常维护检修不足，使用前未进行试运转；③作业人员岗前培训不足，安全技术交底不到位。

原因分析：对相关法律法规、安全技术标准不熟悉、不了解。

处置措施：收集特种设备相关法律法规、安全技术标准并组织相关人员学习，加强对作业人员、特种设备管理人员的培训，严格执行法律法规和特种设备安全技术标准。

(三) 监理要点

1. 审查和批准的工作内容

(1) 审查及审批预制桩专项施工方案，并经专家评审。

①如为水中灌注桩，方案审查时应重点关注水上作业平台搭设方案。根据不同施工条件选择合适的平台形式，如筑岛、构架式平台、专业打桩船等；架构式平台承受的外荷载除应考虑风浪力、船舶撞击力外，还须计算平台上的施工材料及机具以及施工机具移动时的启动力或制动力；护筒顶应高出地面0.3m或水面1.0~2.0m。

②审查作业范围内的高压电线和重要管道是否已调查并编制安全措施。

③检查特种人员（如旋挖钻操作工、电工、焊工、起重工、潜水员等）的持证上岗情况。

④审查临时用电安全方案。

⑤审查溶洞钻孔安全方案。

⑥审查施工栈桥、泥浆船、运输船的配置及运行方案。

⑦审批水下混凝土浇筑专项施工方案。

(2) 开工前的安全审查要点。

①检查钻机上是否加设漏电保护装置，安装避雷设施。

②检查就位钻机底座是否置于坚实的填土上，并垫枕木加以稳固保持整机处于水平位置。

③检查钻孔桩施工区的硬隔离、泥浆池防护围栏、警示标牌悬挂、夜间警示灯、孔口覆盖材料准备的情况。

2. 需监理进行独立抽检验收的工作

(1) 验收水上作业平台是否符合批准的方案要求。

(2) 检查水上作业平台栈桥搭设及防护设施、泥浆船配置是否符合方案要求。

(3) 旁站钻机试运行情况。

3. 需监理现场排查的工作内容

(1) 日常巡查监督作业人员进入施工现场要正确佩戴安全帽等劳动保护用品。

(2) 日常巡查施工作业人员酒后作业、疲劳作业情况。

(3) 日常检查夜间施工作业是否设置足够的照明设施。

(4) 日常巡查钻孔桩施工区的硬隔离、泥浆池防护围栏、警示标牌悬挂、夜间警示灯、暂不施工或施工完成桩孔孔口覆盖情况。

(5) 日常巡查钻孔过程中钻机是否有倾斜情况。

(6) 适时检查大雨、大雾、沙尘、雷暴、大雪或6级以上大风等恶劣天气下钻孔桩停止施工状况及钻机加强固定情况。

(7) 适时检查防暑降温措施执行情况（38℃以下高温作业的防暑降温措施是否足以保证作业工人身体健康，38℃及以上是否停止野外施工）。

(8) 日常巡查钻机施工是否与高压线保持安全距离。

（9）适时检查桩基浇筑完成后泥浆池是否回填平整。

（10）日常检查钻机卷扬机钢丝绳是否存在断丝超标情况。

（11）适时检查钻机移位时是否切断电源。

（12）适时检查起吊钢筋骨架或其他起重作业时，是否做到稳起稳落，安装牢靠后脱钩，并有专人指挥。

（13）日常巡查氧气瓶、乙炔瓶存放间距是否达到5m的安全距离。

（14）水上作业平台、栈桥、运输船等水上作业管理、夜间施工参照"钢板桩"相关要求执行。

四、挖孔桩

（一）基本知识

挖孔灌注桩是指在工程现场通过人力挖掘手段在地基土中形成桩孔，并在其内放置钢筋笼、灌注混凝土而做成的桩。人工挖孔桩一般直径较粗，桩的上面设置承台，再用承台梁拉结、连系起来，使各个桩的受力均匀分布，用以支承整个建筑物（图3-2-13）。

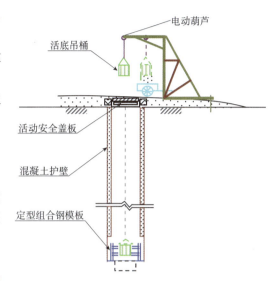

图3-2-13　人工挖孔桩示意图

（二）隐患排查

1. 挖孔桩施工场地隐患

表现形式：①场地未平整；②孔口护圈高度小于要求；③非施工人员靠近孔口；④地表水流入孔内；⑤孔内无人作业时，孔口未盖防护板；⑥孔口四周作业范围内堆积弃土、杂物；⑦运渣通道距离孔口过近。如图3-2-14所示。

图3-2-14　挖孔桩施工场地安全隐患

原因分析：安全投入不足，现场协调、防护不到位。

处置措施：①施工前对作业范围内场地进行平整，并设置排水沟；②孔口处设置高出地面不小于30cm的护圈；③挖孔的弃土应及时运走，不得在孔口四周作业范围内堆积弃土、杂物；④井口外围2~3m处设置不小于1.2m高的围圈，工具、材料等应放置在围圈之外；⑤已挖好和暂时停止开挖的桩孔，无论是在施工或不施工状况下，必须对孔口加活动盖防护，防止发生人员不注意坠落孔内；⑥运输通道距孔口距离不得小于3m。

2. 提升设备隐患

表现形式：①底座不水平，固定不牢固；②配重不足；③电动卷扬机无断电防滑保护装置；④提渣桶装料过满。如图3-2-15所示。

图 3-2-15 挖孔桩提升设备安全隐患

原因分析：①场地不符合要求；②未进行验算；③安全培训不到位，作业人员存在冒进心理。

处置措施：①安装前对场地进行处理，提升设备必须置于坚实平整的基础之上；设备必须固定牢固，必要时加装斜撑；②设备的提升能力、配重须经过验算；③提升设备须配有自动止紧装置；④用吊桶装渣应低于桶口 15cm，以免提升过程中掉渣伤人。

3. 成孔施工隐患

表现形式：①相邻两桩孔同时开挖；②孔内空气质量不符合要求，孔内作业人员单次作业时间过长；③孔内照明不足；④未配置人员上下的升降装置和应急软爬梯，人员借助出渣料斗升降；⑤孔内作业未设置安全防护盖板；⑥混凝土护壁支护不及时，上下节护壁搭接长度不足，护壁混凝土存在空洞、蜂窝及渗水现象，护壁厚度不足、混凝土强度不足；⑦孔内排水能力不足。如图 3-2-16 所示。

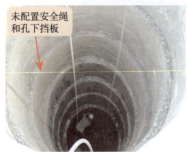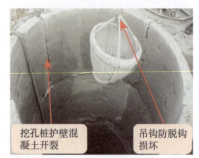

图 3-2-16 挖孔桩挖孔作业安全隐患

原因分析：①安全设施不足；②安全意识淡薄；③安全交底、培训未进行；④安全检查不到位。

处置措施：①挖孔桩应间隔交错跳挖；②每次开工前或爆破完毕，必须对孔内进行送风 15min 以上并经检测确认无有害气体后，人员方能下孔作业；孔深大于 10m 时，必须采取机械强制通风措施；凿岩施工必须加大送风量；③孔内作业人员必须按规定佩戴个人防护用品，安全绳必须固定在孔口以便与紧急情况进行救援；人员孔内作业时长不得超过 2h；④孔内须设置安全防护盖板，提渣、下放混凝土、传送工具等孔内的人员应避于盖板之下；⑤混凝土护壁必须挖一节浇筑一节护壁，护壁节段高度、厚度、搭接长度、混凝土强度等须符合要求；护壁与孔壁间必须密实，不密实或有空洞时应进行处理；⑥孔内不得积水。

4. 钢筋笼安装、混凝土浇筑隐患

表现形式：①相邻孔内未停止作业；②运输通道过于靠近孔口。如图3-2-17所示。

原因分析：安全管理不到位。

处置措施：①吊装钢筋笼、浇筑混凝土时，相邻孔内不得进行作业，人员、设备必须撤出孔内；②混凝土运输车距孔口距离应大于3m。

5. 施工环境隐患

表现形式：①孔口四周未设置安全防护栏和警示标志。②当遇有大雨、大雾、沙尘、雷暴、大雪或6级以上大风等恶劣天气时，未停止作业。

图3-2-17 挖孔桩混凝土浇筑安全隐患

原因分析：施工作业人员未培训、未经安全技术交底、安全意识淡薄，安全投入不足。

处置措施：加强教育；加大检查频率；采取监理措施督促承包人完善安全设施。

6. 施工管理上的隐患

表现形式：①挖孔桩施工未按批准的方案实施；②钢筋笼吊装无专人指挥，未按批准的方案进行；③未对施工作业人员进行安全技术交底；④作业人员上下井、溶洞顶开挖作业未系安全带；⑤挖孔桩施工未配备有害气体检测仪；⑥未按批准的方案要求采用机械通风措施。

原因分析：施工作业人员未培训、未经安全技术交底、安全意识淡薄，安全投入不足。

处置措施：加大巡视工地频率，督促承包人按施工方案执行；督促承包人加强安全投入。

（三）监理要点

1. 审查和批准的工作内容

（1）审查及审批挖孔桩专项施工方案。

①在无地下水或少量地下水，且较密实的土层或风化岩层中，或无法采用机械成孔或机械成孔非常困难且水文、地质条件允许的地区，可采用人工挖孔施工。

②审查挖孔桩作业区是否存在有毒气体（如甲烷、一氧化碳等）；审查通风、排水设备配置情况及通风设备送风能力计算，挖孔桩施工必须配备有害气体检测仪。

③桩孔内遇到岩层需爆破作业时，应进行爆破的专门设计，且宜采用浅眼松动爆破法，并应严格控制炸药用量，在炮眼附近应对孔壁加强防护或支护。

④孔深大于5m时必须采用电雷管引爆。桩孔内爆破完毕，应先通风排烟15min并经检查确认无有害气体后，施工人员方可进入孔内继续作业。爆破作业的安全管理应按现行国家标准《爆破安全规程》(GB 6722)中的有关规定执行。

⑤挖孔桩施工时相邻两桩孔不得同时开挖，宜间隔交错跳挖。

⑥人工挖孔作业时，应始终保持孔内空气质量符合规范标准要求。孔深大于10m时，必须采取机械强制通风措施。

⑦人工挖孔桩采用混凝土护壁时，每挖深1m（土质不好还应适当减少），应立即浇筑护壁，护壁厚度不小于0.1m。挖孔较深或有渗水时，必须采取孔壁支护及排水、降水等措施，以防止塌孔。

（2）开工前的安全审查要点。

①检查卷扬机、钢丝绳出厂合格证，配电箱接地，卷扬机断电防滑保护装置，及卷扬机不得使用倒顺开关。

②检查特种人员(如电工、焊工、起重工等)的持证上岗情况。

③检查作业人员体检情况,患有高血压、心脏病、癫痫、严重贫血、生理缺陷等疾病的人员禁止进行现场施工作业。

2. 需监理进行独立抽检验收的工作

(1)抽查对井口高度、护壁厚度及混凝土质量和拆模时间。

(2)旁站桩基钢筋笼安装及混凝土浇筑工作。

(3)检查卷扬机吊钩是否有保险卡口装置。

(4)检查孔口周围是否设置临时排水沟,防止地表水流入孔内。

(5)检查桩孔内是否设带防水罩灯泡照明,电压是否为安全电压,电缆是否为防水绝缘电缆,并设置漏电保护器。

3. 需监理现场排查的工作内容

(1)日常巡查监督作业人员进入施工现场要正确佩戴安全帽、系安全绳、穿绝缘鞋、戴绝缘手套、防尘口罩。

(2)日常巡查孔内作业人员酒后作业、疲劳作业情况。孔下作业人员连续作业不得超过2h。

(3)日常巡查孔口四周安全围护情况。成孔或停工的孔口必须牢固加盖。

(4)适时检查大雨、大雾、沙尘、雷暴、大雪或6级以上大风等恶劣天气下挖孔桩停止施工状况。

(5)适时检查防暑降温措施执行情况(38℃以下高温作业的防暑降温措施是否足以保证作业工人身体健康,38℃及以上是否停止野外施工)。

(6)日常巡查孔口护壁高度是否高出地面30cm,孔口2m范围内是否堆放杂物和弃渣。

(7)日常巡查挖孔桩孔内作业是否设置挡板,作业人员必须在挡板下作业。

(8)日常巡查作业人员上下井是否系安全带,每个作业点是否配备应急软梯。

(9)日常检查挖孔桩护壁施工是否按批准的方案进行,开挖一节支护一节。严禁只开挖不及时浇筑护壁的冒险作业。

(10)日常巡查检查和观察群井抽水是否造成周围管线、道路、构筑物等沉陷。

(11)爆破作业参照本章第五节执行。

第三节　高边坡施工

一、边坡开挖

(一)基本知识

按地质情况分类,边坡开挖主要分为土质边坡开挖、石质边坡开挖和土夹石边坡开挖。土夹石边坡开挖产生的安全隐患与土质边坡开挖、石质边坡开挖产生的安全隐患基本一样。下面介绍土质边坡和石质边坡开挖的重大安全隐患排查。

(二)隐患排查

1. 土质边坡开挖隐患

1)边坡坍塌

(1)违规开挖造成的坍塌

表现形式: 一是没有按要求自上而下分层开挖,而是高迎面陡边坡分梯次挖进(图3-3-1);二是挖"神仙土"。

图 3-3-1 边坡开挖坍塌隐患图(一)

原因分析：①没有编制专项施工方案；②没有按照专项施工方案组织施工。

处置措施：①编制专项施工方案，按规定程序审批；②严格按经审批的专项施工方案组织施工；③对施工人员进行技术交底，加强现场施工指导；④严格按照自上而下分层开挖，绝对不允许挖"神仙土"；⑤发现违规行为立即制止。

(2)设计坡率过大造成坍塌

表现形式：现场实际的地质情况较差，与设计钻探资料严重不符，当设计坡率过大时，极易造成坍塌。图 3-3-2 所示为设计坡率过大造成坍塌。

排查方法：①每次开挖前及开挖后，对地质情况进行核对；②开挖过程中注意地质变化。

原因分析：①与地质勘探资料比较，现场实际的地质较差，设计坡率过大；②原坡体存在较厚的坡积层或挤压破碎带，在勘探、设计时没有被发现，开挖扰动后边坡失稳。

处置措施：①边坡施工开挖时，先核对现场的地质情况，当现场地质条件明显差于设计地质条件时，及时向勘察、设计单位报告，由勘察、设计单位进行验算并采取调整坡率等措施；②边坡开挖应及时做好防排水措施；③采取边开挖边防护的施工工艺。

(3)坡顶土体水饱和造成坍塌

①坡顶无引排水措施或引排水措施不当造成坍塌

表现形式：边坡上方形成水饱和土体造成坍塌(图 3-3-3)。

  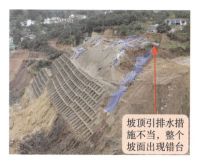

图 3-3-2 边坡开挖坍塌隐患图(二)　　　　图 3-3-3 边坡排水隐患图

排查方法：开挖前，检查原坡面的汇水、排水情况；开挖后，检查临时排水设施。

原因分析：边坡上方的地表水没有引排或引排不当，直接流经边坡上方的土体，并渗透进土体中，土体水饱和后其抗剪强度降低，造成坍塌。

处置措施：开挖前要踏勘现场实际地形，根据实际地形开挖临时截水沟和排水沟，将边坡汇水或原有的地表水引排到开挖边界外，同时做好防渗措施；开挖后的边坡要及时进行防护或者覆盖，尤其是南方多雨地区。

②边坡长时间裸露土体水饱和造成坍塌

表现形式：边坡开挖后没有及时防护，长时间的雨水冲刷，形成饱和土体造成坍塌（图3-3-4）。

原因分析：由于开挖后坡面长时间裸露，土体遭受雨水侵蚀而饱水，抗剪强度降低，造成坍塌。

处置措施：边坡开挖后及时按设计进行防护；若未能及时按设计进行永久性防护的，必须采用临时防雨防水措施。

（4）坡脚长时间浸泡造成坍塌

表现形式：坡脚长时间泡水，会降低坡脚土体承载力，造成坍塌（图3-3-5）。尤其在坡脚施工过程中，会造成突然坍塌的大事故。

图3-3-4 边坡处理隐患图　　　　　　图3-3-5 坡脚浸水坍塌隐患图

排查方法：①排查地表水的流径；②开挖过程中注意观察地下水渗、冒情况。

原因分析：①开挖面向内倾斜造成坡脚积水浸泡；②地下水未及时引排造成浸泡。

处置措施：①及时引排地表水；②始终保持作业面向外倾斜，以利于排水；③及时做好地下水引排设施；④及时做好"固脚"处理。

（5）水运项目基坑坍塌

表现形式：水运建设项目的船闸、码头、护岸工程明挖基础施工，由于地下水、管涌、流沙以及坡顶堆物等原因，而发生突然坍塌事故。图3-3-6所示为某船闸工程基坑坍塌前隐患示意图。

排查方法：①日常检查坡顶堆物；②观察地下水渗流、管涌、流沙等情况；③观测坡体变形情况；④与设计资料对比分析地质情况。

原因分析：①坡顶存放设备、材料及堆土，造成边坡失稳坍塌；②基坑水位降低后出现渗水、管涌、流沙，造成边坡"烂脚"坍塌；③设计坡比过大，由于地质变化，坡脚土体承载力不足；④地表水引排不当或没有及时防护，边坡土体水饱和造成坍塌。

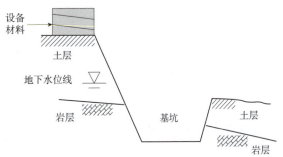

图3-3-6 某船闸工程基坑坍塌前隐患示意图

处置措施：①坡顶临边不能存放设备、材料和堆物；②对出现渗水、管涌、流沙等情况，及时设置倒滤层，并用片石、块石压脚；③开挖过程中根据地质变化情况报设计单位调整坡比；④及时做好边坡防护，做好坡顶地表水引排，防止对边坡的冲刷。

2）山体滑坡

（1）高、陡边坡开挖后失稳滑坡

表现形式：坡顶上方有较高山体的高、陡边坡，开挖后原坡体内的力学平衡受到破坏，处置不当容易产生滑坡，甚至发生大面积山体滑坡坍塌灾害。

排查方法： 开挖前，对边坡上方的土体高度、松散坡积层情况等进行详细的现场勘查。

原因分析： ①坡体上方山体较高，对边坡形成较大的压力；②松散坡积层较厚，雨水过后形成饱和土体；③原坡脚土体挖除后，降低了坡脚的支承力。

处置措施： ①坡体上方山体较高、陡的高边坡，开挖前，先对对坡体上方土体进行卸载或锚固防护；②自上而下分级边开挖边防护，按照"护顶、强腰、固脚"的措施做好坡顶的排水与防护、边坡的锚固、坡脚的支护；③开挖时进行全过程坡体变形观测监控。可采用仪器观测法和参照物观测法，仪器观测可获得定量的数据，一般用于稳定性相对较差的边坡观测；参照物观测能快速、直观了解边坡的变形，及时采取应对措施。参照物观测法一般是在较为稳定的区域设置两根标志杆，然后在可能产生滑塌的土体上设置一根标志杆，并与前两根标志杆同在一条观测直线上，三根标志杆形成的直线与塌滑方向的交角尽可能大(图3-3-7)；④大型高边坡专项施工方案应经专家会议论证审批。

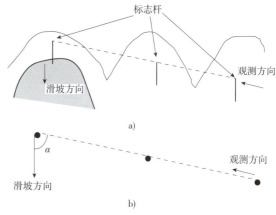

图3-3-7　参照物观测法示意图

（2）暴雨侵袭造成滑坡

表现形式： 当恶劣气象灾害如台风、暴雨侵袭时，开挖中的边坡若坡积土、洪积土土层较厚，土质松软，此时坡体会受到雨水的冲刷或渗透，导致山体滑坡。

排查方法： 每次雨后对边坡及上方的土体进行查勘，查清坡面或上方的土体地表出现裂缝、滑移等异常情况时，以及坡体的渗水情况。

原因分析： ①坡积土、洪积土土质松软，易于吸水软化，抗剪强度降低，产生滑坡；②暴雨冲刷，边坡强度降低导致山体滑坡。

处置措施： ①做好边坡上方的引排水措施，避免地表水流向坡面；②边开挖边防护，尽早"护面、强腰、固脚"。

（3）旧滑坡体滑坡

表现形式： 旧滑坡体曾经发生过剪切滑移，形成有一个或数个滑动面，边坡开挖极易破坏原有坡体的力学平衡，诱发山体滑坡(图3-3-8)。

图3-3-8　旧滑坡体诱发滑坡

排查方法： 开挖前，要对坡面进行仔细的查勘，发现有坡面弧形错位、高大乔木东歪西倒的情况，要及时报告勘察设计单位。

原因分析： ①旧滑坡体曾经发生过剪切滑移，形成有一个或数个滑动面，边坡开挖破坏了原有坡体的力学平衡，造成滑坡；②旧滑坡体遭受雨水的侵袭，土体自重增大、抗剪强度降低导致滑坡。

处置措施： ①尽量避免雨季施工；②做好边坡上方的引排水措施，避免地表水流向坡面；③先做卸载处理再行开挖；④加强支护如设置抗滑桩、锚索、锚杆等；⑤边开挖边支护，尽早"强腰、固脚"；⑥开挖过程中，发现有坡面弧形错位等异常情况，及时向勘察设计单位提出调整坡比或修改防护设计等建议。

3）机械倾覆

表现形式： 高边坡开挖后没有及时进行坡面修整，而是开挖到较大的深度后，挖掘机通过行走边坡的平台进行边坡修整，由于平台狭小，且外侧不牢固，容易发生机械倾覆事故(图3-3-9)。

图 3-3-9　机械倾覆隐患图

排查方法：①观察临边土体的稳定性；②检查设备与边坡边缘的安全距离。

原因分析：①机械自重大、机械运行产生的振动大，造成外侧塌边失稳倾覆；②临边作业，场地狭小，作业人员操作失误，造成设备的倾覆。

处置措施：①边开挖、边修坡、边防护，三者同时进行，不应全部开挖完成后，在高边坡上临边修坡；②机械在边坡作业时应符合安全操作规程的要求，临边作业的机械距边坡边缘保持安全距离。

2. 石质边坡开挖隐患

1）危石滚落

表现形式：边坡上方的危石、孤石由于受爆破及开挖作业的影响而失稳，造成危石滚落，伤害在下方作业的人员和机械（图 3-3-10）。

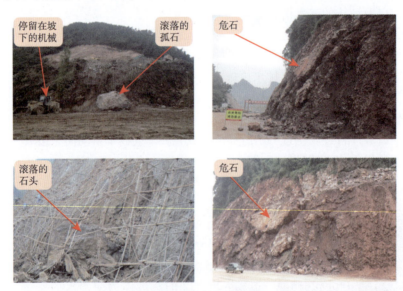

图 3-3-10　危石滚落隐患图

排查方法：班前班后检查，认真观察边坡上方是否存在孤石，观察开挖边坡面是否存在危石、活石。

原因分析：①忽视孤石、危石对安全造成的危害；②孤石、危石、活石受爆破及开挖作业振动的影响而失稳，造成滚落；③无关人员和设备违规停留；④边坡清理与排险作业下方未设置安全区域，安全监控措施不到位。

处置措施：①施工作业前，先对边坡上方的孤石、危石进行排查，能清除的要清除，不能清除的要进行加固处理，并建立定期巡查制度；②每次爆破后清运前，除了排查清除爆破区域的危石外,还要对边坡上方进行排查,对新、旧危石进行清理或重新加固后才能进行清运作业;③排查、清理或加固危石期间,要设置安全警戒区域,采取安全监控措施。

2)同时垂直作业伤害

表现形式:为了提高爆破效果,石方边坡开挖常常采用高迎面分台阶爆破开挖,同一垂直面上同时进行上方钻孔和下方开挖清运,或上方清运下方钻孔等上下有人、机同时作业的情况,这种情况下如果管理不当很容易造成飞石伤害(图3-3-11)。

原因分析:①施工方案失当且未经审批;②施工前技术交底不到位;③施工管理松懈,作业人员违章作业。

处置措施:①强化施工组织设计施工审批制度;②加强现场管理,纠正"三违"施工行为;③尽可能进行品字形布置作业,留足安全距离,对产生飞石可能性比较大的钻孔作业,在下方设置跌落台坝。

3)边坡塌方

表现形式:裂隙节理较为发育的页岩或层状泥岩,且岩面方向基本沿着顺坡方向,岩面或节理面坡率小于开挖边坡坡率时,开挖后很容易引起塌方(图3-3-12)。

图 3-3-11　上、下同时垂直作业安全隐患图　　　　　　图 3-3-12　边坡塌方隐患图

排查方法:观察岩层是否存在顺层或破碎岩体。

原因分析:①裂隙节理较为发育的页岩或层状泥岩,且岩面方向基本沿着顺坡方向,岩面或节理面坡率小于开挖边坡坡率时,下部支承挖除后,由于层间磨阻力的不足引起塌方;②岩层破碎,整体性差,引起塌方。

处置措施:先对上方坡面的岩体进行加固处理,然后才开始下方边坡的爆破开挖作业(图3-3-13)。

4)高处坠落

(1)高处人员坠落

表现形式:高陡边坡作业人员由于防护设施损坏或工作失误,致使人员坠落(图3-3-14)。

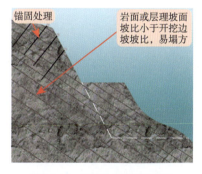

图 3-3-13　顺层边坡处理示意图　　　　　　图 3-3-14　高处人员坠落隐患图

排查方法：①检查吊绳的完好性、紧固的完好与紧固；②脚手架是否牢固。

原因分析：①不少石质边坡其天然坡面较为陡峭，钻爆作业时人员、钻机需要用绳子从上方下来。由于钻孔作业产生振动及不断的作业移位，吊绳容易被岩石磨破断裂或紧固件松脱，致使人机坠落；②脚手架垮塌、踩空或翘头板造成人员坠落；③未正确佩戴安全带、未穿防滑鞋。

处置措施：①每班挂吊作业前，检查吊绳和紧固件，发现吊绳磨破断丝超标或紧固件损坏的，及时更换；②绳索与岩面接触的部位用废旧橡胶或布条进行包裹（枕垫）；③每班作业前检查脚手架及平台的完好性；④正确佩戴安全带、安全帽、穿防滑鞋。

(2) 高处物体坠落

表现形式：高处作业平台、机械设备、材料坠落造成伤害（图3-3-15）。

图3-3-15 高处物体坠落隐患图

排查方法：①检查吊绳的完好性、紧固的完好与紧固；②检查脚手架、平台是否牢固；③检查堆物是否符合规定。

原因分析：①高处作业搭设的作业平台不符合安全规定；②在架子上存放的物料过于集中，重量超过支架的承载能力；③物品临边存放造成滚落；④拴挂设备的绳索被岩石棱角磨断造成物体坠落；⑤拴挂作业的钻机由于振动及不断的作业移位，绳索被岩石磨破断裂或紧固件松脱，致使钻机坠落。

处置措施：①高处作业平台搭设完成后经过验收合格方能使用；②平台存放的物料要均匀搁置；③架子的脚手板应满铺固定，边缘设置踢脚板，避免物料滚落；④绳索与岩面接触的部位用废旧橡胶或布条进行包裹（枕垫）；⑤每班作业前检查脚手架及平台的完好性；⑥高处作业下方设置警戒区域。

（三）监理要点

1. 审查和批准的工作内容

(1) 审查及审批高边坡开挖专项施工方案。

①审查和批准施工组织机构及施工计划，包括施工主要管理人员及组织机构、主要机械设备及试验检测设备计划、劳动力配置、施工进度计划和主要施工材料计划等。

②审查施工方法及工艺是否合理可行，并具有针对性。

③审查质量保证措施是否科学、完善。

④审查安全保证措施，内容包括有组织保障、安全保证管理、施工安全风险评估及处理措施、高边坡开挖安全措施、作业人员安全措施、高边坡施工机械安全措施、高边坡施工检查和检测、高边坡施工安全应急预案等。

⑤审查作业范围内的高压电线和重要管道是否已调查并编制安全措施。

⑥审查文明施工措施，包括文明施工管理措施和文明施工技术措施。

(2) 若该高边坡开挖专项施工方案属于超过一定规模危险性较大的分项工程专项方案，应重点检查承包人是否正确履行内部审核和专家论证程序。

(3) 开工前的安全审查要点。

①检查施工机械、运输车辆是否证照齐全，需要年检的是否手续完善。

②检查特种人员（如机手、电工、爆破工、自卸车驾驶员等）的持证上岗情况。

③检查作业人员体检情况，患有高血压、心脏病、癫痫、恐高症、严重贫血、生理缺陷等疾病禁止进行现场施工作业。

2. 需监理进行独立抽检验收的工作

(1) 施工前对上边坡开挖边线进行复核，确定分级台阶及其高程。

(2)检查施工单位是否有施工技术交底和安全技术交底。
(3)检查是否按照经审批的施工方案组织施工。
(4)检查坡面上是否有开裂,是否残留有危石、松石。
(5)开挖后检查边坡坡率、台阶宽度是否符合设计要求。

3. 需监理现场排查的工作内容

(1)日常巡查施工现场作业人员是否正确佩戴个人安全防护用品(如安全帽、安全带、护目镜、防滑鞋等)。
(2)日常巡查施工作业人员是否存在酒后作业、疲劳作业的情况。
(3)日常检查夜间施工作业必须设置足够的照明设施。
(4)日常检查高边坡作业时下方应设置安全警戒区域,必要时设专人指挥。
(5)适时检查大雨、大雾、沙尘、雷暴、大雪或6级以上大风等恶劣天气的高边坡停止施工状况。
(6)适时检查防暑降温措施执行情况(38℃以下高温作业的防暑降温措施是否足以保证作业工人身体健康,38℃及以上是否停止野外施工)。
(7)日常检查高处作业平台的稳定性,架子是否有沉降、变形,留置在平台上的设备和其他物料是否安放平稳或固定。
(8)雨后检查边坡及其上方山体有否裂痕、滑塌等情况,检查坡脚是否有积水浸泡。
(9)定期进行巡视检查,内容包括边坡是否出现裂缝,裂缝的变化情况;是否出现掉渣或掉块现象;坡面有无隆起或下陷;排、截水沟是否通畅,渗水量及水质是否正常;安全警示标识是否缺失破损等,并做好巡视记录。

二、边坡防护

(一)基本知识

目前,交通建设工程对于高边坡的防护类型较多,常见的有:锚杆(索)格梁防护、喷射混凝土防护、挂网喷播绿化防护、抗滑桩、拱(菱)形骨架防护、主动安全防护网、被动安全防护网等。对于不同的防护形式产生的安全隐患,下面分别介绍。

(二)隐患排查

1. 锚杆(索)格梁防护隐患

(1)作业平台失稳坍塌(坠落)

表现形式:锚杆(索)钻孔施工一般都要先搭设平台,而平台都搭设在斜坡上,在钻孔过程中由于振动等因素造成平台部分支撑位移、沉降或紧固件松脱,从而导致平台失稳发生坍塌;一些平台脚板未铺满或没固定好,也容易造成人员失足坠落伤害(图3-3-16)。

排查方法:①每工班作业前对脚手架、作业平台进行检查;②大风或暴雨过后,对脚手架进行检查和维护。

原因分析:①脚手架搭设不符合安全要求;②钢管规格不统一和弯曲变形锈蚀、扣件有裂纹、紧固螺栓滑牙;③高度超过10m的脚手架未设有与坡面有效连接的锚固杆件;④钻孔过程由于振动等因素造成平台部分支撑位移、沉降或紧固件松脱;⑤脚手架过载造成坍塌。

处置措施:①脚手架的搭设要经过设计和审批;②脚手架搭设时先对支承面整平夯实,确保承载力满足要求;③竖杆底部设支垫木板和竖杆座,在架子底部设置扫地杆和斜支撑、剪刀撑,加固架体;④脚手架平台的脚手板应满铺固定,避免出现翘头板;⑤加强对脚手架使用过程的管理,避免物料集中堆放造成过载坍塌;⑥经过恶劣天气或停用一段时间的脚手架,应经过检查合格后方能再次使用。

图 3-3-16　作业平台失稳坍塌（坠落）隐患图

（2）设备移位失稳坠落

表现形式：一些钻孔设备重量较大，在整体移位过程中有可能造成平台局部受力过大而产生变形致使设备坠落（图 3-3-17）。

原因分析：①较重的机械设备使用人工搬动移位，其方式不当；②重量较大的钻孔设备在整体移位过程中，有可能造成平台局部受力集中而产生变形导致设备坠落。

处置措施：①较重的机械设备应使用起重机械设备吊运；②施工过程中，大型设备在临时作业平台上移位，先拆卸移位后重新安装。

（3）高压注浆管过压爆裂伤害

表现形式：锚杆（索）孔高压注浆时，由于压力表的失灵或未采用专用高压管，当压力过高时注浆管发生爆裂伤害（图 3-3-18）。

图 3-3-17　某工地设备移位失稳坠落前隐患图

图 3-3-18　高压注浆管爆裂隐患图

原因分析：①没有使用专用高压管，而是采用普通的橡胶管；②未采用专用的连接紧固件；③注浆压力过高。

处置措施：①注浆前检查压力表是否正常；②注浆管必须选用专用管，不得使用其他代用管；③注浆前要仔细检查过压保护装置是否有效；④检查注浆管是否完好，连接处是否牢固。

(4) 锚索过张断裂伤害

表现形式： 锚索由于过张会造成突然断裂，如操作与防护失当极易造成伤害（图 3-3-19）。

原因分析： ①张拉设备如油压千斤顶、压力表未按规定进行检定；②压力表在野外作业过程中容易造成失灵；③未按操作规程或设计的次序张拉，导致过张；④操作人员站立位置正对张拉应力方向；⑤未设置防护挡板。

处置措施： ①油压千斤顶、压力表必须定期由具有法定资质的机构检定，每次张拉作业前要进行校验；②张拉前检查油泵安全阀是否调整至设定值，制定好压力—伸长量对照表；③必须按操作规程或设计的次序张拉，严禁过张；④设定施工安全区域，无关人员禁止入内；⑤操作前对管路和线路进行检查，对千斤顶进行排气试运行；⑥张拉过程中千斤顶的升压、降压速度应保持缓慢、均匀，切忌突然加压或卸载；⑦使用钢质防护罩罩住外露的钢绞线，并在钢绞线端面用挡板进行防护；⑧操作人员必须站在千斤顶两侧面进行操作，正端面45°角范围内严禁人员停留或通过。

(5) 作业平台围栏（网）不牢坠落伤害

表现形式： 一些作业队伍贪图作业方便，认为作业平台使用时间不久又要拆移，为此不设围栏（网），或设置不牢固，工人在专心作业时，很容易造成失足坠落伤害（图 3-3-20）。

原因分析： ①作业平台临边未设置防护栏杆，或防护栏杆搭设不规范；②作业人员与设备倚靠在防护栏上；③未设置密目安全网。

处置措施： ①作业平台的临边应设置刚性防护栏，立柱、横梁的数量与间距及防护栏的高度应符合规定；②作业人员与设备不得倚靠在防护栏上；③防护栏外侧应设有合格的密目安全网。

(6) 上下同时作业物体坠落伤害

表现形式： 锚杆（索）格梁防护作业时，同一竖直面上下同时作业，很容易发生上方作业面的机具、材料坠落，对下方人员产生伤害（图 3-3-21）。

图 3-3-19　锚索张拉断裂伤害隐患图

图 3-3-20　平台未设防护栏隐患图

图 3-3-21　上下同时作业物体坠落隐患图

原因分析： 上方作业面的机具、材料坠落，对下方人员产生伤害。

处置措施： ①一般不安排同一竖直面上两个或以上的作业面；如果由于特殊原因无法错开安排，必须设置坚固有效的拦截式平台或挡板；②作业人员的上方不应同时进行机具作业。

2. 喷射混凝土防护与挂网喷播绿化防护隐患

喷射混凝土防护与挂网喷播绿化防护施工过程中出现的主要安全隐患相同，主要有：直接喷射或反射伤害、喷射产生飞石伤害、喷射头反作用力打击伤害、喷射管爆裂伤害等。喷射管爆裂伤害的隐患排查同前述高压注浆管过压爆裂伤害。

(1) 直接喷射或反射伤害

表现形式： 喷射混凝土由于喷射压力大，喷射力比较强，射程远，直接喷射到工人而产生严重

的伤害，尤其是初次进行喷射作业的工人不太了解其危险性，握持喷枪不规范，很容易喷射他人或喷浆反射造成伤害（图3-3-22）。

原因分析：喷射压力大，射程远，经验不足的作业人员，操作不熟练，极易喷射他人或反射造成伤害。

处置措施：①喷射作业前，应做好安全教育和安全技术交底；②操作人员必须经过岗前实训；③施喷作业人员应正确佩戴安全防护用品；④施喷前先经过试喷以调试好喷射压力，正确把握喷头，避免喷头指向人群或喷浆反射伤害。

（2）喷射产生飞石伤害

表现形式：喷射作业由于喷射力强，在喷射过程中很容易产生飞石伤人（图3-3-23）。

原因分析：①喷射混凝土的喷射压力大，造成碎石高速打击伤人；②作业人员处于喷射区域近距离正下方；③喷射距离过近。

处置措施：①喷射作业前做好安全教育和安全技术交底，操作工人应经过岗前实训；②正确佩戴安全防护用品；③施喷前先经过试喷以调试好喷射压力，掌握合理的喷射距离；④在喷射作业区域的周围设置危险作业告知牌，并进行安全警戒，严禁非喷射作业的人员进入；⑤不宜布置正仰喷作业。

图3-3-22 喷射作业隐患图

（3）喷射头反作用力打击伤害

表现形式：喷射作业由于喷射压力大、喷射力强，在喷射头处产生很大的反作用力，如果握持喷头不当、不牢，将反击回来对作业人员造成伤害。

原因分析：①喷射压力大，喷射时喷头产生很大的反作用力，对作业人员造成伤害；②站立在架子上的作业人员因过大的反作用力而失稳坠落，造成二次伤害。

处置措施：①喷射作业前，做好安全教育和安全技术交底；②高处作业时，应搭设稳固的作业平台，作业人员正确佩戴安全防护用品，避免高处坠落；③施喷前，确认作业工人已正确握持握牢喷枪后方能打开开关；④高压管不能从人的胯下穿过。正确握持喷头见图3-3-24。

图3-3-23 喷射混凝土产生飞石隐患图

图3-3-24 正确握持喷头

（4）脚手架坍塌

表现形式：锚喷支护是高边坡防护的一种主要形式，用于喷射作业的脚手架、作业平台紧挨坡面搭设，搭设条件差、难度大，且由于使用时间短，工人往往有简易搭设的想法，搭设不规范而造成坍塌（图3-3-25）。

排查方法：①开工前对脚手架、作业平台进行检验；②现场巡查。

原因分析：①脚手架搭设未经检查验收；②钢管规格不一、弯曲变形和锈蚀，扣件有裂纹，紧固螺栓滑牙；③高度超过 10m 的脚手架未设有与坡面有效连接的锚固杆件；④大风或暴雨过后，未对脚手架进行检查和维护。

图 3-3-25　脚手架坍塌隐患图

处置措施：①脚手架专项施工方案要经过审批；②脚手架搭设时先对支承面整平夯实，确保承载力满足要求；③竖杆底部设支垫木板和竖杆座，在架子底部设置扫地杆和斜支撑、剪刀撑，加固架体；④脚手架要与坡体连接锚固等；⑤脚手架平台的脚手板应满铺并固定，避免出现翘头板；⑥遇恶劣天气或停用一段时间的脚手架，应经过检查，合格后方能继续使用。

3. 抗滑桩安全隐患

抗滑桩的主要隐患表现形式、原因分析及处置措施参见本章第二节挖孔桩、钻孔灌注桩。

图3-3-26 落石伤害隐患图

4. 拱（菱）形骨架防护隐患

拱（菱）形骨架防护施工一般都是人力施工为主。按规定，高边坡一般都是边开挖边防护，但是在目前施工过程中，普遍都是开挖基本完成后才开始进行防护。施工过程中安全隐患主要是落石伤害，常见有骨架槽开挖落石伤害、石料运输落石伤害。

（1）骨架槽开挖落石伤害

表现形式：骨架基槽开挖一般采用人海战术，一些项目为了赶工期，安排同一竖直面同时上下作业，上方基槽开挖时容易产生落石，对下方作业人员产生打击伤害（图3-3-26）。

原因分析：同一竖直面同时上下作业，上方落石对下方作业人员产生打击伤害。

处置措施：①施工前做好安全教育和安全技术交底工作；②排除坡面残留的危石；③同一竖直面上不得同时布置上下作业面。

（2）石料运输落石伤害

表现形式：浆砌片石骨架施工，石料一般从下往上用缆绳运输。由于缆绳斜率大且运输料斗不规范，料斗口也随着倾斜，运输时如装料过满，则石料很容易从料斗坠落（图3-3-27）；此外，运输过程中还可能存在钢丝绳断裂、料斗失控下滑等安全隐患。

排查方法：检查运输料斗、钢丝绳、卷扬机是否符合要求，运料作业是否规范。

原因分析：①钢丝绳磨损断丝，重载运行过程中钢丝绳断裂造成落石（物）及钢丝绳对人打击伤害；②未安装行程控制开关，致使料斗失控下滑侧翻，造成落石（物）伤害；③使用不符合要求的自制料斗，运输时装料过满，石头坠落伤人；④料斗行程中突遇大风天气，造成颠簸晃动，导致落石；⑤在运输线路下方未设置安全警戒区域。

图3-3-27 缆索运输落石伤害隐患图

处置措施：①对运输设备进行检查和维护；②建议使用专用的运输料斗，如没有专用料斗，要加设能扣紧的盖子，装料不能高于料斗口平面，避免石料坠落；③大风天气停止运输；④在运输线路下方设置安全警戒区域，运输时禁止人员进入。

5. 安全防护网安全隐患

安全防护网一般用于较为陡峭或岩石较为破碎的高、陡边坡防护，其作业方式一般是人机在边坡上方吊挂下来进行钻孔、注浆、挂设安全网。施工过程中主要安全隐患有高处坠落伤害、飞石打击伤害、张拉钢绳崩断伤害、压浆喷射混凝土伤害等。其中，高处坠落伤害、压浆喷射混凝土伤害前面已作介绍。

(1) 飞石打击伤害

表现形式：在边坡高处钻孔及挂网施工过程中，有可能产生飞石以及坡面松散石块滚落伤害（图3-3-28）。

图3-3-28　飞石打击伤害的隐患图

排查方法：班前班后检查上方坡面是否存在危石，过程检查是否有违规施工行为。

原因分析：边坡高处钻孔产生的飞石和挂网作业扰动的松散石头滚落伤人。

处置措施：①同一垂直面不得同时进行上下作业；②在作业边坡的下方设置安全警戒区域，在警戒区域的两侧路段设置危险作业告知牌；③作业前先清坡，排除坡面上的危石。

(2) 张拉钢绳崩断伤害

表现形式：张拉时没有进行均衡张拉，部分钢绳受力过大，导致钢绳因过张崩断，伤害作业人员（图3-3-29）。

图3-3-29　张拉钢绳崩断伤害的隐患图

原因分析：处于高空的张拉作业，人和机具的移动困难，一些作业人员贪图方便，经常出现一步张拉到位的现象。由于未进行均衡张拉，容易使一部分钢绳受力过大，导致钢绳因过张崩断，伤害作业人员，或致作业人员失稳滚落造成二次伤害。

处置措施：①挂网张拉作业要严格按设计分批、分序进行张拉，并严格控制张拉速度和张拉应力，严禁超张；②张拉作业人员要穿戴好安全防护用品，系好安全带或安全绳；③在作业边坡的下方设置安全警戒区域，在警戒区域的两侧路段设置危险作业告知牌。

(三) 监理要点

1. 审查和批准的工作内容

(1) 审查及审批高陡边坡防护专项施工方案。

①审查和批准施工组织机构及施工计划，包括施工主要管理人员及组织机构、主要机械设备及试验检测设备计划、劳动力配置、施工进度计划和主要施工材料计划等。

②审查施工方法及工艺是否合理可行，并有针对性。

③审查质量保证措施是否科学、完善。

④审查安全保证措施。内容有组织保障、安全保证管理、施工安全风险评估及处理措施、高边坡防护施工安全措施、作业人员安全措施、高边坡施工机械安全措施、高边坡施工检查和检测、高边坡施工安全应急预案等。

⑤审查文明施工措施，包括文明施工管理措施和文明施工技术措施。

（2）若该高陡边坡防护专项施工方案属于超过一定规模危险性较大的分项工程专项方案，应重点检查承包人是否正确履行内部审核和专家论证程序。大型支架的施工方案是否已提请业主组织专家进行论证。

（3）开工前的安全审查要点。

①检查施工机械、运输车辆是否证照齐全，需要年检的是否手续完善。

②检查特种人员（如机手、电工、爆破工、焊工、自卸车驾驶员等）的持证上岗情况。

③检查作业人员体检情况，患有高血压、心脏病、癫痫、恐高症、严重贫血、生理缺陷等疾病禁止进行现场施工作业。

2. 需监理进行独立抽检验收的工作

（1）检查施工单位是否有施工技术交底和安全技术交底。

（2）检查是否按照经审批的施工方案组织施工。

（3）检查坡面上是否有开裂，是否残留有危石、松石。

（4）检查张拉设备如千斤顶、油压表等是否按规定进行检定并保持正常使用。

（5）检查现场临时用电是否规范。

（6）检查脚手架架设及拆除是否按经批准的专项施工方案进行施工。

（7）验收大型支架。

3. 需监理现场排查的工作内容

（1）日常巡查施工现场作业人员是否正确佩戴个人安全防护用品（如安全帽、安全带、护目镜、防滑鞋等）。

（2）日常巡查施工作业人员是否存在酒后作业、疲劳作业的情况。

（3）日常检查同一个竖直面上，不能上、下同时作业；检查施工人员是否按规范要求进行操作。

（4）日常检查高边坡作业时下方应设置安全警戒区域，必要时设专人指挥。

（5）适时检查大雨、大雾、沙尘、雷暴、大雪或6级以上大风等恶劣天气的高边坡停止施工状况。

（6）适时检查防暑降温措施执行情况（38℃以下高温作业的防暑降温措施是否足以保证作业工人身体健康，38℃及以上是否停止野外施工）。

（7）日常检查高处作业平台的稳定性，架子是否有沉降、变形，留置在平台上的设备和其他物料是否安放平稳或固定。

（8）雨后检查边坡及其上方山体有否裂痕、滑塌等情况，检查坡脚是否有积水浸泡。

（9）日常检查缆索运输钢丝绳有否断丝，高压注浆管有否破损、连接是否牢固。

第四节 模板支架

（一）基本知识

在公路工程施工中，模板支架在桥梁施工运用广泛。目前公路桥梁施工中普遍采用满堂碗扣式支架（图3-4-1）和梁式支架（图3-4-2）。模板支架应具有足够的强度、刚度和稳定性，应能承受施工过程中所产生的各种荷载。支架应稳定、坚固，应能抵抗在施工过程中可能发生的振动和偶然撞击。

支架施工是一项危险性较大的工作，在支架搭设和安装、预压与卸载和支架的拆除施工等工序中都存在较大的危险，施工前应对支架进行设计验算，并编制专项施工方案。

图 3-4-1　满堂碗扣式支架

图 3-4-2　梁式支架

（二）隐患排查

1. 模板支架地基及基础处理不到位的隐患

表现形式：如图 3-4-3 所示。

图 3-4-3　模板支架地基及基础安全隐患

原因分析：①支架基础施工前未根据现场实际情况采取针对性的措施处理地基，地基承载力达不到设计标准要求；②未按照批复的施工方案进行施工；③支架基础四周未设置畅通排水沟系。

处置措施：①按照批复的施工方案对基础进行处理，确保地基承载力满足设计要求；②按照方案要求进行基础硬化处理；③场地四周设置畅通的排水系统。

2. 支架材料隐患

表现形式：如图 3-4-4 所示。

原因分析：①进场钢管杆件、扣件等质量不合格；②存在严重锈蚀、变形、裂纹、缺口等。

处置措施：①检查进场钢管、扣件等材料是否具有产品质量合格证；②对进场钢管、扣件等材料进行检验，检验项目按《碗扣式钢管脚手架构件》（GB 24911—2010）、《建筑施工碗扣式钢管脚手架安全技术规范》（JGJ 166—2008）规定项目进行。检查项目有：上碗扣强度，下碗扣焊接强度，横杆接头强度，横杆接头焊接强度，可调支座抗压强度，杆件抗压、抗拉、抗弯强度，构件外观质量，构件长度，钢管公称外径，钢管公称壁厚，扣件螺栓扭紧力矩，可调托承载力，可调托钢板厚度，可调托撑 U 形钢板厚度等。

图 3-4-4　模板支架材料安全隐患表现形式

3. 模板支架搭设和安装隐患

表现形式： 如图 3-4-5 所示。

图 3-4-5

第三章 主要工序(通用)作业安全重大隐患排查

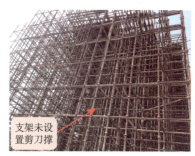

图 3-4-5 模板支架搭设和安装安全隐患表现形式

原因分析：①架子工未经岗前培训或无证上岗；②未逐级进行支架搭设与安装施工安全技术交底；③支架施工现场无人管理或管理者责任心不强，安全意识差；④支架搭设与安装承包人未进行自检。

处置措施：①模板支架作业架子工必须持证上岗，未持证及岗前培训人员不得进行此类作业；②支架搭设前，必须按支架施工设计或专项施工方案的要求对施工作业人员进行技术交底；③加强过程检查，检查支架搭设步距、间距、扫地杆、剪刀撑、顶（底）托、钢管柱安装与竖直度、贝雷架安装等是否满足规范和专项施工方案要求；④加强现场管理，安排有责任心的管理人员，加强自检。

4. 模板支架预压与卸载隐患

表现形式：如图 3-4-6 所示。

原因分析：①起重工未进行岗前培训及无证上岗；②未逐级进行支架预压和卸载安全技术交底；③支架进行预压或卸载作业时未安排专人指挥；④未对支架沉降变形情况进行观测；⑤加载与卸载存在严重偏压。

处置措施：①起重工必须进行岗前培训及持证上岗；②支架进行预压或卸载作业时，必须安排专人进行现场指挥作业；③对作业人员进行支架预压和卸载安全技术交底；④支架预压的分级加载或卸载作业严格按照批复的专项施工方案执行；⑤加强对对支架沉降变形情况进行观测。

5. 模板支架拆除隐患

表现形式：如图 3-4-7 所示。

图 3-4-6　支架预压加载不均衡

图 3-4-7　拆除作业不规范

原因分析：①架子工未进行岗前培训及无证上岗；②未对作业人员进行支架拆除施工安全技术交底；③支架进行拆除作业时，未设置警区域、警戒标志，并派专人看守；④作业人员未按支架拆除方案进行拆除。

处置措施：①模板支架作业架子工必须持证上岗，未持证及岗前培训人员不得进行此类作业；②支架拆除前，必须按支架专项施工方案中的拆除方案对施工作业人员进行技术交底；③拆除作业时，应设置警区域、警戒标志，并派专人看守；④支架拆除应遵循"先搭后拆、后搭先拆"的原则。拆除作业时，必须由上而下逐层拆除，严禁上下多层交叉作业；拆除过程中，凡已松开的杆件、配件应及时拆除运走，避免误扶误靠；支架未拆除部分必须保持稳定，必要时要架设临时支撑。

6. 支架作业环境隐患

表现形式：如图 3-4-8 所示。

原因分析：①当遇有大雨、大雾、沙尘、大雪或 6 级以上大风等恶劣天气时，未停止支架的搭设作业；②支架施工作业时未设置警区域、警戒标志，并派专人看守；③吊车等施工机械未定期进行检查、维修和保养，机械带病作业；④跨越公路及航道的门洞支架未进行专门设计，不满足通行要求。

处置措施：①当遇有大雨、大雾、沙尘、大雪或 6 级以上大风等恶劣天气时，严禁进行支架施工作业；②支架施工作业时应设置警区域、警戒标志，并派专人看守；③吊车等施工机械应进行定期检查、维修和保养，严禁机械带病作业；④跨越公路及航道的门洞支架应专门设计，满足通行要求，并设置限高、限宽、限速、防撞设施及警示标志，夜间应设置警示灯。

图 3-4-8　支架施工区设置警示、警告标志

7. 模板支架管理工作上的隐患

表现形式： 如图 3-4-9 所示。

图 3-4-9　支架施工安全管理不足

原因分析： ①支架的搭设、预压、监测、卸载、拆除未申报专项施工方案或未按审批的专项施工方案实施；②跨越公路或航道支架施工前未编制专项施工方案报有关部门批准后实施；③支架进行搭设或拆除作业时，未设置警区域、警戒标志，并派专人看守；④支架在预压和浇筑混凝土过程中未安排专人对支架变形及稳定情况进行观测；⑤未逐级进行支架施工安全技术交底；⑥支架施工现场无技术管理人员，或管理人员责任心不强，安全意识差。

处置措施： ①加强项目管理，更换不称职的技术负责人；②支架的搭设、预压、监测、卸载、拆除必须申报专项施工方案或按审批的专项施工方案实施；③跨越公路或航道支架施工前必须编制专项施工方案报有关部门批准后实施；④支架进行搭设或拆除作业时，应设置警区域、警戒标志，并派专人看守；⑤支架在预压和浇筑混凝土过程中，应安排专人对支架变形及稳定情况进行观测；⑥应逐级进行支架施工安全技术交底。

（三）监理要点

1. 审查和批准的工作内容

（1）审查及审批模板支架专项施工方案。超高、超重和大跨度模板支架工程专项施工方案必须经专家进行评审。

①验算或委托复核纵向、横向水平杆等受弯构件的强度及挠度、立杆的稳定性及地基承载力计算。

②满堂门式钢管支架和满堂碗扣式钢管支架的支架搭设高度宜不大于 12m，支架高度大于 12m 时宜采用梁式支架。

③软土层较厚的宜采用打入钢管桩或预制混凝土管桩作为支架基础。

④支架安装后应通过预压的方式，消除支架基础的不均匀沉降和支架的非弹性变形并获取弹性

变形参数,检验支架的安全性。预压荷载宜为支架需承受全部荷载的1.05~1.10倍,预压荷载的分布应模拟需承受的结构荷载及施工荷载。

⑤跨越公路及航道的门洞支架应专门设计,满足通行要求,并设置限高、限宽、限速、防撞设施及警示标志,夜间应设置警示灯。

⑥支架拆除应遵循"先搭后拆、后搭先拆"的原则。拆除作业时,必须由上而下逐层拆除,严禁上下多层交叉作业;拆除过程中凡已松开的杆件、配件应及时拆除运走,避免误扶误靠;支架未拆除部分必须保持稳定,必要时架设临时支撑。

(2)开工前的安全审查要点。

①检查作业人员是否定期进行体检,凡是患有高血压、心脏病、癫痫、严重贫血、生理缺陷等不适宜高处作业疾病的人员不得从事此类作业。

②检查进场钢管、扣件等材料是否具有产品质量合格证。

③检查模板支架作业架子工是否持证上岗,未持证及岗前培训人员不得进行此类作业。

④检查支架搭设与拆除前是否按支架施工设计或专项施工方案的要求对施工作业人员进行技术交底。

2. 需监理进行独立抽检验收的工作

(1)对进场所需的钢管、扣件等进行检查验收,必要时需对进场材料进行外委检测。钢管的检测项目包括:屈服强度、伸长率、钢管弯曲、外观质量、外径、壁厚、端面偏差等。

(2)检查验收碗扣式支架扫地杆距地面高度小于或等于35cm,严禁在施工中拆除扫地杆。剪刀撑宜采用搭接连接,搭接长度≥100cm,搭接处应采用不少于两个旋转扣件等距连接。每道剪刀撑宽度应不小于4跨,且不小于6m,斜杆与地面倾角宜为45°~60°。

(3)进行地基承载力试验。详细查明地基持力层的地质情况,确认地基承载力是否满足要求。针对现场具体地质条件,采取相应的地基处理措施,以保证地基承载能力,减小沉降量。在考虑地基均匀性时,不要忽视局部软弱地基(如原河沟水塘、泥浆池、承台基坑等)的处理。

(4)检查验收碗扣式支架步距、间距、扫地杆、剪刀撑、顶(底)托是否满足规范和方案要求。检查实测支架竖杆垂直度、扣件螺栓紧固力矩,扣件螺栓紧固力矩是否达到40~65N·m。

(5)检查验收支架分级加载预压和卸载是否按批准方案规定进行。一般分级加载不少于3级,各级荷载值分别为预压荷载的50%、80%、100%,防止偏载情况出现。

(6)对支架沉降变形情况进行观测。观测内容包括:前后两次观测的沉降差、支架弹性变形量及支架非弹性变形量;还应测量加载之前测点高程、每级加载后测点高程、加载后间隔2h测点高程,按设计加载完成后直至24h内沉降量不大于1mm时终止测量和卸载6h后测点高程。

(7)检查验收支架安装是否按批准方案规定进行,并填写验收记录,验收合格后在支架醒目位置悬挂验收合格标示牌。

(8)检查验收支架基础是否进行硬化处理,并设置完整畅通的排水沟系,避免雨季支架位置积水造成地基松软下沉。

(9)检查验收梁式支架贝雷梁拼装质量是否按批准方案规定进行。跨度较大的贝雷梁拼装时,应增设加强悬杆,以增强贝雷梁的稳定性。贝雷梁就位后必须增设横向联系,两侧临空面必须设置限位措施。

3. 需监理现场排查的工作内容

(1)日常巡查施工现场作业人员是否正确佩戴个人防护用品(安全帽、安全带、防护手套、防滑鞋等)。

(2)日常巡查是否存在作业人员酒后作业及疲劳作业现象。

(3)日常巡查是否存在夏季暑天高温时段野外施工作业情况。

(4)日常巡查施工区域是否设置警戒线、警戒标志,并派专人看守。

(5)碗扣式支架搭设应分阶段进行,第一阶段高度为6m,搭设后必须检查支架的垂直度、顺直度等,验收后方可搭设下一节支架。支架全高(H)的垂直度偏差应小于$H/500$,最大允许偏差应小于100mm。

(6)日常巡查在支架上是否存在集中堆放模板情况、钢筋等物料和在装卸物料时是否对支架产生偏心影响。

(7)适时检查遇6级以上(含6级)大风和大雨、雪、雾天气时是否停止作业,并在恢复作业时应先对支架的安全状况进行检查。

(8)监理应在停工超过一个月恢复使用时对支架的安全状况进行检查。

(9)日常巡查支架与架空输电线路的安全距离、工地临时用电线路架设及支架接地、防雷措施是否按现行行业标准《施工现场临时用电安全技术规范》(JGJ 46—2005)的有关规定执行。

(10)日常巡查在支架上进行电、气焊作业时,是否采取防火措施和有专人看护。

(11)日常巡查安全网的张挂及防护栏杆的设置是否齐全、牢固。防护栏杆材料宜采用普通钢管,高度≥1.2m,立杆间距≤3m,应在立杆的0.6m和1.2m处设置两道横杆。

(12)日常巡查作业人员上下是否设置专用通道,上下通道应设栏杆扶手、挡脚板,四周设安全网,爬梯应有防滑措施。

(13)日常巡查支架拆除是否设置安全区域、四周设置安全警示标志,拆除过程中是否有专人指挥。

第五节 爆 破 作 业

一、陆地爆破作业

(一)基本知识

陆地爆破作业普遍存在于路基土石方工程、桥梁工程、隧道工程施工中,属于高风险的特种作业之一。由于爆破器材质量不合格,爆破器材管理不到位,爆破方案设计不合理,爆破施工操作不当,以及周边环境、气候或固有设施等因素影响,极易造成爆炸伤害、坍塌、物体打击、火灾、中毒、窒息等生产安全事故。因此,在爆破作业过程中应重点做好隐患排查治理。

(二)隐患排查

1.爆破器材存储及运输隐患

(1)火灾

表现形式及原因分析:①涉爆人员携带火源进入库房;②库房内和周边易燃杂物未及时清理(图3-5-1);③消防水、消防沙、灭火器等消防设施配备不到位(图3-5-2)。

图3-5-1 库房内和周边易燃杂物未及时清理

图 3-5-2　消防水、消防沙配备不到位

处置措施：①库管员严格核实入库人员身份，填写出入库记录，严禁携带火种、易燃物等进入库房；②及时清除库房内和周边的杂草、杂物；③按照规定设置完善的消防设施，并定期进行检查、维护。

（2）雷击

表现形式及原因分析：①防雷装置未经检验或过期未复检；②防雷装置接地电阻值超标，或接地环形地网短路、断路。

处置措施：①民爆物品仓库应委托专业机构安装防雷装置，并经当地气象部门防雷中心检测验收合格（图 3-5-3）；②防雷装置必须定期检测（每半年一次），接地环形地网应进行有效维护。

图 3-5-3　民爆物品仓库防雷装置检测合格证

（3）盗窃和遗失

表现形式及原因分析：①库房门、运输工具、临时储存柜未上锁或看管不严（图 3-5-4）；②库房视频监控和红外线报警设备损坏或运转不正常，未及时发现并维修（图 3-5-5）；③民爆物品管理台账不清，入库、领用、退库等环节管理不到位。

图 3-5-4　民爆物品仓库库房门　　图 3-5-5　民爆物品仓库视频监控
　　　　　未上锁　　　　　　　　　　　　　设备故障

处置措施：①库房围墙高度不低于2.5m，严格设置人防（至少2名库管员）、犬防（至少2只警犬）、技防（视频监控、红外报警系统）措施，库房门口设报警电话提示牌（图3-5-6）；②建立并严格落实"双人双锁"、24小时值班、来人登记、交接班、检查、发放、清退等制度，民爆物品的使用必须做到当班计划、实领、实耗、退库"四对口"，账、卡、物"三相符"；③爆破作业完成后，应核实民爆物品的实际消耗情况，未使用完的民爆物品应及时清点、退库。

图3-5-6　民爆物品仓库视频监控、红外报警设施

(4) 爆炸

表现形式及原因分析：①涉爆人员携带火源及手机、相机等电子物品进行作业（图3-5-7）；②未按要求使用静电消除装置，涉爆人员穿着化纤类等带静电服装进行作业（图3-5-7）；③炸药、雷管混合存放、装卸、运输，或民爆物品与其他货物混合存放、运输（图3-5-8）。

处置措施：①涉爆人员严禁携带火源、电子物品或穿着化纤类等带静电服装接近民爆物品；②民爆物品仓库门口应设置静电消除装置，人员进入库房前，必须释放静电（图3-5-9）；③民爆物品运输工具应符合相关规定，装卸民爆物品时，应有爆破安全员在场监督，严禁摩擦、撞击、抛掷民爆物品；在雷雨、暴风雨等恶劣天气下，严禁装卸、运输民爆物品；④人工搬运民爆物品时，每次搬运不超过规定数量。雷管必须放在专用防爆箱内，且与炸药分开搬运。

图3-5-7　涉爆人员违规进入库房　　图3-5-8　涉爆人员与炸药混装，运输车辆不符合要求，涉爆人员携带火源　　图3-5-9　民爆物品仓库静电消除装置

2. 路基土石方工程爆破作业隐患

(1) 作业环境不良

表现形式及原因分析：①爆破区域未设置警示告知牌和警戒带，导致冲击波伤害（图3-5-10）；②临近建筑物、居民区等爆破作业时，未设置隔离防护措施，造成飞石伤害及炮震炮损（图3-5-11）；③在不良或恶劣天气情况下，进行爆破作业，导致意外伤害。

处置措施：①爆破作业须统一指挥，发布预告、起爆、解除警报信号；②在确定的危险区域边界设置警戒带，在人流和交通进出口设置爆破告知牌，疏散或撤离爆破区域周边人员，并安排人员值守（图3-5-12）；③在临近建筑物、居民区等区域进行爆破作业时，应采用篱笆、胶管帘、草袋装土等材料进行隔离防护（图3-5-13）。

图3-5-10 爆破区域安全隐患

图3-5-11 临近居民区爆破区域安全隐患

图3-5-12 爆破区域安全警示告知牌

图3-5-13 爆破区域现场隔离防护

(2)爆破工艺不当

表现形式及原因分析：①炮位选择不合理，改变炮眼孔距、排距、孔深、最小抵抗线等参数，炮眼装药超量，导致路基坡体失稳坍塌；②在残眼上打孔，易引起残留炸药爆炸造成伤害；③路基高边坡未逐级爆破，导致坡体滑移、坍塌，造成伤害(图3-5-14)；④对顺层、滑坡体等不良地质路基边坡爆破时坡面防护不及时、爆破参数控制不严，导致坡体失稳坍塌。

处置措施：①合理布置炮位，炮眼口应避开正对的电线、路口和构造物；②成孔的炮眼应及时验收、清理，并待其冷却后装药，装药与钻孔应分开进行；③宜采用木质炮眼棍装药，用细砂土、黏土或凿岩石的岩粉堵塞炮眼；④对不良地质的高边坡应逐级爆破，及时防护，严格控制爆破参数，做好坡体观测监控，避免滑坡坍塌。

(3)危石滚落

表现形式及原因分析：①临近爆破区域的山坡有危石未及时清理，导致危石滚落，造成伤害；②爆破后未及时清理坡面危石，造成打击伤害(图3-5-14)。

处置措施：①爆破前，临近爆破区域坡面须清理危石，并设置防护和隔离措施；②爆破后，应由上而下逐层清理危石，严禁违规交叉作业(图3-5-15)。

图3-5-14 边坡未逐级爆破、危石未及时清理

图3-5-15 爆破后，应由上而下逐层清理危石

(4)盲炮处置不当

表现形式及原因分析：①使用过期或受潮变质的民爆物品，造成意外伤害；②起爆网络漏接、错接、短路或破坏；③炮眼装药不连续或漏装。

处置措施：①爆破前，应对爆破器材、起爆器、检测仪表和爆破主线进行检测，检查爆破网络和炸药；②装药时，应清除炸药间隔离物质，并逐一检查炮眼是否完全装药；③爆破完15min后，应及时检查爆破情况。发现盲炮，应立即设置警戒措施，并及时制订处理方案，由有经验的爆破员进行处理。

3. 桥梁工程爆破作业隐患

(1)人工挖孔桩爆破作业

表现形式及原因分析：①在爆破作业时，孔口未采取有效措施覆盖，导致飞石造成物体打击事故；②随意改变炮眼布置等爆破参数，导致爆破对桩孔围岩扰动造成坍塌事故；③在钻眼过程中或爆破后，未进行有害气体检测，通风不及时，造成孔内作业人员窒息、中毒事故。

处置措施：①爆破应采用浅眼爆破法，钻眼宜采取湿钻法，并根据地质情况确定合理的爆破参数；②合理设置警戒区域，孔口应采用炮被等进行覆盖，防止飞石造成伤害；③保持孔内通风，检测孔内有害气体，作业人员佩戴防毒（尘）面罩等个人防护用品；④检查孔口、孔壁变形情况，防止孔壁坍塌；⑤合理安排施工顺序，避免相邻桩孔扰动。

(2)基坑爆破作业

表现形式及原因分析：①爆破参数控制不严，基坑边坡防护不及时，导致坡体不稳定而造成坍塌事故；②爆破后未及时清理浮石，导致孤石滑落造成物体打击事故。

图3-5-16 深基坑爆破开挖一级防护一级

处置措施：①根据地质情况控制爆破参数，应开挖一级防护一级，并监测边坡稳定性（图3-5-16）；②爆破后，应及时清理坡面危石，严禁违规立体交叉作业。

4. 隧道工程爆破作业隐患

(1)一般隧道隐患

表现形式及原因分析：①民爆物品的存储、运输环节管理不到位，导致爆炸事故；②初期支护不及时即进行爆破作业，炸药超量、孔深超长、起爆网络布设混乱，导致围岩扰动失稳造成坍塌事故；③爆破后未找顶和清理松动的危石，导致作业人员伤亡事故；④洞口未设置警戒，或洞内作业人员、设备未撤离至安全区域，导致人员伤亡、设备损坏事故；⑤在钻眼过程中或爆破后，未进行粉尘和有害气体浓度检测，通风不及时，造成洞内作业人员窒息、中毒事故。

处置措施：①隧道爆破作业前，洞口应设置警戒线和告知牌，洞内人员必须撤离至安全区域（图3-5-17）；②严禁在洞内临时存放民爆物品；③根据地质情况确定合理的爆破参数，严格控制爆破工艺、工法；④电力起爆主线距离各种导电体必须大于1m，并应检查其绝缘情况，避免产生杂散电流、感应电流及高压静电等不安全因素；⑤保持洞内良好通风，按要求进行洞内有害气体检测；隧道爆破作业后，须经15min通风后才可接近现场（图3-5-18）；⑥及时检查隧道顶板及两侧有无松动围岩，支撑有无变形、损坏，发现异常情况立即处理；⑦隧道双向开挖接近贯通时，两端施工应加强联系，统一指挥。当两开挖面距离剩下15~30m时，应改为单向开挖，停止另一端作业，直至贯通。

(2)瓦斯隧道隐患

表现形式及原因分析：①爆破前未对爆破点20m范围内（或有效范围内）的瓦斯浓度进行检测，超标后未采取有效措施降低瓦斯浓度，由爆破而引起洞内发生瓦斯爆炸事故；②未采用专用防爆型爆破器材和作业工具，造成瓦斯爆炸事故。

图3-5-17　隧道洞口设置警戒线、告知牌、警戒人员

图3-5-18　隧道内及时通风保证洞内空气质量

处置措施：①及时使用手持式瓦斯检测仪（图3-5-19）检测洞内瓦斯浓度，发现瓦斯超标后，立即采取通风、洒水等措施降低瓦斯浓度；②采用的爆破器材和工具应附有《矿用产品安全标志证书》（图3-5-20）；③严格控制光面爆破效果，避免瓦斯聚集。

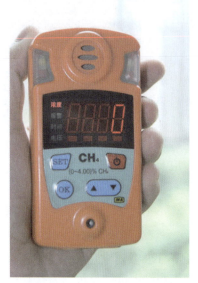

图3-5-19　手持式瓦斯检测仪

图3-5-20　矿用产品安全标志书

（3）岩溶隧道隐患

表现形式及原因分析：①未合理采用超前水平钻、地质雷达、超声波探测等物探措施探明前方及周边地质情况，或爆破进尺控制不严，导致爆破作业时出现突泥突水、坍塌事故；②围岩破碎未及时支护，出现流沙、突泥未经处理，导致大量溶洞水及高压水涌出，造成意外伤害。

处置措施：①采用超前钻等探明溶岩类型，及时做好爆破安全防范措施；②起爆前，围岩应及时支护；当掌子面潮湿或有溶洞水及高压水涌出时，须及时处理；③出现流沙、突泥时，应及时撤离洞内作业人员，采取警戒措施，制订处置方案及时处理。

（4）岩爆隧道隐患

表现形式及原因分析：①未采用超前钻探、声反射、地温探测等技术措施，对岩爆区域、应力大小预测不准确，导致塌方或飞石伤人；②未设超前径向应力释放孔、注水降低围岩表面张力等措施，导致飞石伤害。

处置措施：①采用技术措施综合判断可能发生岩爆高地应力的范围；②开挖过程采用"短进尺、

多循环"，严格控制炸药用量，利用光面爆破技术减少爆破对围岩的影响；③设置超前径向应力释放孔，释放高地应力或注水降低围岩表面张力；若预测到的地应力较高，应在超前释放孔或探孔中进行松动爆破，避免应力集中。

（三）监理要点

1. 一般要求

（1）监理单位编写的监理计划和监理实施细则，应包括爆破作业施工安全监理内容，并经批准后实施。结合项目实际，制定监理人员岗位职责。

（2）监理单位应审核爆破施工单位资质及爆破相关手续，并督促审批爆破施工单位编制《爆破作业安全专项施工方案》。

（3）审验爆破从业人员的资格，制止无证人员从事爆破作业，监督违章指挥和违章作业。

（4）监督爆破作业单位不得使用不合格的爆破器材，监督检查爆破器材领取、使用和清退制度的执行情况。

（5）监理工程师发现爆破作业施工中存在重大安全隐患未及时消除，或严重违规且制止无效时，应当立即签发爆破作业暂停指令。

（6）爆破工作的组织实施应与安全评估及审批通过的爆破技术设计相一致。

2. 民爆物品储存与运输监理要点

（1）施工单位在现场建设的民爆物品仓库应选址合理，仓库建设符合国家相关规定，并通过地方公安部门验收合格后方可使用，如图3-5-21所示。监理单位对仓库验收合格证明应进行检查。

（2）督促施工单位办理《爆炸物品运输证》《爆炸物品使用许可证》，制定入库验收、保管、领取、使用、回收登记、日清月结等制度，并严格执行。

（3）爆破器材入库时，施工单位应指派专人认真检查爆破器材的包装、数量和质量；如有包装损坏，数量与质量不符，应立即上报有关部门。

（4）检查民爆物品运输工具，要求施工单位使用验收的车辆，按规定的时间、路线、速度行驶。人工搬运时，炸药和雷管严禁一人同时搬运，炸药、雷管搬运人员同行时，距离不得小于50m。

图3-5-21 选址合理、按规定修建的民爆物品仓库

（5）运至作业地点的爆破器材，应有专人看管，雷管或起爆体应和炸药分开存放，间隔距离应确保雷管爆炸不致引爆炸药。

（6）爆破作业完成后，对未用完的爆破器材由爆破负责人及时清点、退库，严禁带回住地和随意存放，严禁私藏、转让、丢弃、买卖。

3. 爆破作业过程监理要点

（1）督促施工单位在爆破作业时，提前告知爆破作业时间段，预告、起爆、解除警戒等信号应有明确的规定，并加强现场巡查。

（2）督促施工单位在爆破作业现场按规定划定警戒区，在确定的危险区边界设置明显的警戒线、警戒标志和警戒岗哨；起爆前应进行清场，确定安全后，按爆破信号实施爆破作业。

（3）施工单位在路基爆破时，应选择合理工艺，清理周边危石及杂物，起爆前将人员和设备撤至安全地点或采取就地保护措施。

（4）检查桥梁挖孔桩爆破前准备情况，督促施工单位应将孔口周边生产设备、碎石等清除干净，孔口岩壁不稳定，应进行维护；爆破后须通风，检查孔口、孔壁及孔内有害气体，确认安全后方可后续作业。

（5）监理人员应熟悉隧道爆破设计文件，检查各类隧道爆破作业工艺，督促施工单位根据隧道周围环境、工程地质条件、断面形式及尺寸选择合理的爆破方法。瓦斯隧道应采用防爆防溅器材。

（6）爆破须经15min后（隧道爆破须通风排烟），监理工程师应督促爆破技术人员及时检查爆破现场及周边环境的情况，发现孤石或危石要及时清理。

（7）当出现盲炮时，要及时制订合理方案进行处理，当班处理；当班不能处理或未处理完毕，应将盲炮情况（盲炮数目、炮孔方向、装药数量和起爆药包位置，处理方法和处理意见）现场交接清楚，由下一班继续处理。监理工程师应监督盲炮处理情况，并做好详细记录。

二、水下爆破作业

（一）基本知识

与陆地爆破相比，水下爆破材料的选用上要求较高；影响上也有不同，水下爆破时不仅产生爆破振动、冲击振动和触地振动，还会产生水击波、爆破涌浪等安全影响，但产生的爆破飞石、空气冲击波和噪声较小。

水下爆破作业中容易出现的重大安全隐患主要有：违章捆扎裸露药包，药包临时存放无人看守，配重物与药包不匹配，安放药包时拖拽或漂浮；恶劣天气运送器材；投药船不符规定；恶劣气候、水文情况下进行爆破作业；未发布爆破通告，未设置警戒船、警示信号；冲击波影响范围内有建筑物、船只或潜水作业人员；炸药超量；药包布设地点不准确或未固定；盲炮、残炮未及时处理；施工单位不具备资质，人员无证上岗，未编制专项施工方案，药量未计算。

（二）隐患排查

1. 药包使用隐患

表现形式：①操作人员违章捆扎裸露药包（图3-5-22）；②裸露药包临时存放时无人看守；③水下炸礁裸露药包的配重物与药包不匹配，不具有足够确保药包顺利自沉和稳定的重量；④水底安放药包时拖拽、漂浮，或与外物摩擦碰撞（图3-5-23）。

图3-5-22 捆扎药包隐患

图3-5-23 拖拽药包

原因分析：①操作人员安全意识不强，违章操作，安全措施不足；②现场安全监督检查不到位。

处置措施：①捆扎裸露药包和配重物应在平整的地面或木质的船甲板上进行，裸露药包和配重物捆扎应牢固结实；②起爆器使用前，应将其引线进行短路；裸露药包临时存放时，应置于爆破危险区外远离建筑物、船舶和人群的专用船或陆地上，且应派专人看守；③水下炸礁裸露药包的配重物应具有足够的确保药包顺利自沉和稳定的重量，药包表面应包裹良好，不得与礁石、被爆破物等碰撞或摩擦；④安放水底的裸露药包不得拖拽，药包出现漂浮或其他异常现象时，不得起爆；⑤做好裸露药包存放和使用的安全检查，确保安全措施到位。

2. 爆破器材运送隐患

表现形式：①雷、雨、雪、雾、大风等恶劣天气运送爆破器材；②水上船舶运输遇有浓雾或大风浪时未停航（图3-5-24）。

原因分析：①水上船舶运输前未及时收听天气预报；②运输船舶操作人员安全意识差，违反规章制度。

处置措施：①遇有雷、雨、雪、雾、大风等恶劣天气，禁止运送爆破器材；②水上船舶运输爆破器材，遇有浓雾或大风浪时必须停航；③加强操作人员安全教育，提高人员安全意识。

3. 使用投药船隐患

表现形式：①水下爆破作业使用的投药船不是专用船舶（图3-5-25）；②投药船稳定性不足；③投药船离开投药点时挂带药包、导线。

图3-5-24　运送炸药隐患　　　　图3-5-25　利用渔船作投药船

原因分析：①安全投入不足，未采用专用投药船或投药船未采取必要的安全措施；②现场安全监管不到位；③投药船离开时，潜水员未对船下设施进行安全检查。

处置措施：①用船舶水上运送爆破器材和起爆药包时应采用专用船；②采用普通船舶时，应采取防电、防振及隔热措施，并应避免剧烈的颠簸或碰撞；③投药船的稳性应满足作业需要，工作舱内或甲板上不得有明显或尖锐的突出物；④电力起爆时，工作舱内不得存放任何有电源的物品；⑤在波浪、流速较大的水域进行水下裸露爆破时，投药船应由定位船进行固定；⑥做好投药船的安全检查，确保安全措施到位；⑦投药船离开投放药包的地点前，潜水员必须严格检查船底、船舵、螺旋桨、缆绳和其他附属物是否挂有药包、导线。

4. 恶劣气候、水文情况下进行爆破作业时的隐患

表现形式：在有热带风暴或台风即将来临、雷电、暴雨雪来临、雾天能见度过低、风力超过6级、浪高过大、水位暴涨暴落等恶劣气候、水文情况下进行水下爆破作业（图3-5-26）。

原因分析：①安全意识不强，违章爆破作业；②未及时收听天气预报，对恶劣气候、水文情况了解不足。

处置措施：①强化安全意识，在有热带风暴或台风即将来临、雷电、暴雨雪来临、雾天能见度不超过100m、风力超过6级、浪高大于0.8m、水位暴涨暴落等恶劣气候、水文情况时，应停止爆破作业；②所有人员撤离至安全地点；③及时收听天气预报，掌握天气情况，提前做好预案。

图3-5-26　水下爆破时风浪较大

5. 水下爆破作业前的隐患

表现形式：①水下爆破作业前未发布爆破通告；②水下爆破作业时，未设置警戒人员和警戒船以

及声、光等警示信号（图 3-5-27）。

原因分析：①安全意识不足，未按要求发布爆破通告；②未严格执行爆破作业方案，违反爆破作业安全操作规程；③现场安全监管不到位。

处置措施：①强化施工单位的安全意识，水下爆破作业前必须发布爆破通告；②爆破通告应明确爆破地点、每次爆破起爆时间、安全警戒范围、警戒标志和起爆信号等；③爆破作业必须设置警戒人员或警戒船；④起爆前必须发出声、光等警示信号；⑤做好爆破作业前的安全监控，确保安全措施到位。

6. 水下爆破作业范围内的隐患

表现形式：基槽开挖等作业需要采用水下爆破作业时，爆破形成的冲击波范围内有建筑物、船只或潜水作业人员（图3-5-28、图3-5-29）。

图 3-5-27　设置警示信号，未设置警戒船

图 3-5-28　冲击波范围内有船只

图 3-5-29　冲击波影响范围内有建筑物

原因分析：①安全允许距离计算不足；②未达到安全允许距离；③现场安全监管不到位。

处置措施：①爆炸源与人员或其他保护对象的安全允许距离，应通过详细的计算；②做好爆破作业的安全监控，确保人员或其他保护对象必须处于爆炸源的安全允许距离以外；③加强现场的管控，确保安全保障与防护措施实施到位。

7. 水下爆破作业装药量隐患

表现形式：水下爆破作业时所装炸药超量（图3-5-30）。

图 3-5-30　炸药超量，影响范围过大

原因分析：①未严格控制炸药发放；②未严格按照水下爆破作业施工组织设计进行装药；③水下爆破作业人员未持证上岗；④管理人员未对炸药放量进行有效监督检查。

处置措施：①严格控制炸药发放，按照施工组织设计规定的每次用药量进行发放；②严格按照爆破施工组织设计的要求进行装药；③对爆破作业人员持证情况进行检查、审核，确保持证上岗；④做好爆破装药的监督检查，确保符合施工组织设计的要求。

8. 药包布设、安放和固定隐患

表现形式：水下安放爆炸挤淤的药包布设地点不准确或安放后未采取可靠的固定措施（图3-5-31）。

原因分析：①水下爆破施工组织设计中药包布设地点不合规，或未按照水下爆破施工组织设计的要求在准确地点布设药包;②水下爆破作业人员违章操作,安放的药包未采取可靠固定措施。

处置措施:①按照爆破施工组织设计的要求在正确地点布设药包;②水下安放爆炸挤淤的药包宜采取逆风或逆流向布药;③水下药包布设后,应采取固定措施,药包不得随水流或波浪摆动;④起爆导线应采用双芯屏蔽电缆。

9. 水下爆破后的隐患

表现形式:水下爆破作业后有盲炮、残炮,未及时处理(图3-5-32)。

图3-5-31 潜水安放药包,布设地点不准确　　图3-5-32 盲炮处理不及时

原因分析:①爆破后未发现盲炮;②发现盲炮未继续封闭现场至冒泡清除,导致船舶人员进入。

处置措施:①必须经专业人员检查确认无盲炮(或残炮);②如发现盲炮应立即警戒,并及时报告、处理;③电力起爆发生盲炮时,应立即切断电源并将爆破网路短路。

10. 水下爆破管理上的隐患

表现形式:水下爆破作业的施工单位不具备资质,爆破作业人员无证上岗,未编制水下爆破专项施工方案,未进行用药量等计算或计算不准确(图3-5-33)。

图3-5-33 水下爆破作业相关资料

原因分析:①未对施工单位资质和爆破作业人员进行资格进行审查;②施工单位安全意识差,未进行方案编制和相关数据的计算,或相关人员经验不足,导致方案不符合实际、计算偏差;③安全监督检查不严。

处置措施：①严格审查施工单位爆破资质，从事爆破工程的施工单位必须具有相应的爆破资质证书；②爆破作业前，对爆破作业人员进行严格资格审查；③相应的作业许可证及资格证书原件、证书复审情况、是否与本人一致；④加强作业过程的检查，查看作业人员是否具备合格操作证件；⑤实施水下爆破作业前应编制专项施工方案，进行相关审批程序，并严格按照方案要求进行施工；⑥编制水下爆破专项施工方案时，应对施工用药量、作业影响范围等进行详细的计算。

（三）监理要点

1. 审查和批准的工作内容

(1) 审查及审批水下爆破施工方案，并经评审。

(2) 审查水下爆破是否进行专门的设计及验算。

2. 开工前的安全审查要点

(1) 查验水下爆破作业队伍的爆破资质。

(2) 查验爆破作业人员持证上岗情况。

(3) 查验承包人安全技术交底和安全教育工作开展情况。

3. 须监理现场排查的工作内容

(1) 在通航水域进行水下爆破作业时，应向当地港航监督部门和公安部门申报，并按时发布水下爆破施工通告。

(2) 爆破工作船及其辅助船舶，按规定应悬挂有特殊信号（灯号）。起爆前，爆破施工船舶应撤离至安全地点，并按设计要求进行爆破安全警戒。

(3) 在黄昏和夜间等能见度差的条件下，不宜进行水下爆破的装药工作；确需爆破作业时，应有足够的照明设施，确保作业安全。

(4) 爆破作业船上的工作人员，作业时应穿好救生衣，无关人员不准登上爆破作业船。

(5) 水下爆破应使用防水的或经防水处理的爆破器材；用于深水区的爆破器材，应具有足够的抗压性能，或采取有效的抗压措施；用于流速较大区的起爆器材还应有足够的抗拉性能，或采用有效的抗拉措施；水下爆破使用的爆破器材应进行抗水和抗压试验，起爆器材还应进行抗拉试验。

(6) 装药及爆破时，潜水员及爆破工不得携带对讲电话机和手电筒上船，施工现场应切断一切电源。

(7) 水下电爆网路的导线（含主线连接线）应采用有足够强度且防水性和柔韧性良好的绝缘胶质线，爆破主线路呈松弛状态扎系在伸缩性小的主绳上，水中不应有接头。

(8) 不宜用铝（或铁）芯线作为水下起爆网路的导线。

(9) 起爆药包使用非电导爆管雷管及导爆索起爆时，应做好端头防水工作，导爆索搭接长度应大于0.3m。

(10) 导爆索起爆网路应在主爆线上加系浮标，使其悬吊；应避免导爆索网路沉入水底造成网路交叉，破坏起爆网路。

第四章

桥隧工程施工安全重大隐患排查

第一节 桥梁施工

一、高墩台施工

(一)基本知识

高桥墩(台)、索塔等构筑物施工,由于其独立高耸、野外作业、场地狭小、施工环境复杂多变,直接受自然环境(风、雨、雷电)作用、施工地质条件等因素影响,使其施工条件复杂、可变因素多,存在较多施工安全隐患;桥梁墩台、索塔等通常高度高,几何形状多变,施工时需搭设脚手架(井字架)或使用滑模、翻模、爬模等方法;施工中易发生高处坠落、物体打击、模板(脚手架)垮塌、起重伤害、火灾、触电等生产安全事故。因此,监理工程师应督促施工单位加强施工安全隐患排查工作,及时发现事故隐患、督促整改落实,确保施工安全。

就地浇筑墩台施工前,必须搭好脚手架及作业平台,并在平台外侧设防护栏杆和挡脚板。墩高在10m以上时,应加设安全网。高桥墩(台)、索塔等高耸结构,采用滑模、翻模、爬模施工时,模架及提升结构应按设计在工厂加工制作,需根据工程特点,编制专项施工方案及其安全技术措施,并向参加施工人员进行安全技术交底。爬升架体系、操作平台、脚手架等,要保证具有足够的刚度和安全度。脚手架和作业平台上堆放的物品不得超过设计荷载。材料要均匀摆放,不得多人聚集一处。主要机具、电器、运输设备等,应定机定人,严格执行交接班制度。接班时,必须对机具检查一次,并做好记录。作业前应对模架、提升结构进行检查。架体提升时,要另设保险装置。模板爬升,作业人员不得站在爬升的模板或爬架上。应遵守"高处作业"的安全规定,模板提升到2m高以后,应安装好内外吊架、脚手架,铺好脚手板,挂设安全网。在桥墩上测量、养生等作业人员,应有上下桥墩及防止人体坠落的安全措施。输水管路及其他设备应拴绑牢固。夜间施工应有足够的照明。配备必要的消防器具,施工作业人员应掌握消防器具使用方法。设立必要的安全警示标志。

拆除模架设备时,应做好安全防护措施。拆除时可视吊装设备能力,分组拆除或吊至地面上解体,以减少高处作业量和杆件变形。拆除现场应划定警戒区。警戒线到建筑物边缘的安全距离不得小于10m。

高墩台施工作业安全防护比较规范的示例见图4-1-1。

(二)隐患排查

1. 表现形式

(1)施工中有坠落高度基准面2m以上(含2m)可能发生坠落的高处作业。如脚手架(井字架)、上下通道、操作平台搭设或拆除、临边防护设置、登高作业、模板装拆、提升作业等,引发高处坠落事故。

(2)墩台施工中存在有物体失控可能,因物体(如钢筋、模板)打击,导致物体伤害事故,对作业人员的安全造成威胁。

(3)脚手架(井字架)、模板设计验算错误,安装拆除作业不规范,荷载布置不合理等,导致脚手架(井字架)、模板倒塌事故。

(4)各种起重作业(包括吊运、安装、检修、试验)中有重物(包括吊具、吊重或吊臂)坠落、夹挤、物体打击、起重机倾翻的可能性存在,导致起重伤害事故。

(5)施工中电气焊操作,冬季混凝土养生等措施不规范,引发火灾。

(6)施工临时用电不规范或雷击可能造成施工人员直接接触电源,发生触电事故,导致人体组织损伤和功能障碍甚至死亡。

高墩施工防护隐患示例见图4-1-2。

防落网

高墩支座维护施工安全防护

高墩施工通道防护

施工作业防护

图 4-1-1　比较规范的高墩台施工作业安全防护

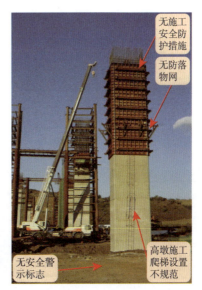

图 4-1-2

图 4-1-2

图 4-1-2　高墩施工防护隐患示例

2. 原因分析

(1) 安全生产管理方面

①施工单位安全生产主体责任没有落实；生产安全管理体系和(或)组织机构不健全、运行不规范；施工安全管理混乱，安全生产管理制度不健全或没有落实；没有制订危险性较大工程的专项施工方案，或方案没有按规定程序审批，或针对性不强，或没有按方案落实。

②安全生产教育培训不规范，没有逐级对施工作业人员进行安全培训和交底，或安全培训、交底流于形式，作业人员不了解危险岗位的操作规程和违章操作的危害，不能起到增强施工作业人员的安全意识、提高作业人员操作技能的作用。

③施工单位管理和作业人员安全意识不强，存在麻痹意识；有"违章指挥、违章作业、违反劳动纪律"现象，总是认为"以前就是这样做的，没事"，这种意识危害性极大；要知道违章不一定出事故，但出事故必然是违章。根据对全国每年上百万起事故原因进行的分析证明，95%以上是由于违章而导致的。违章是发生事故的起因，事故是违章导致的后果。

④施工使用的起重机械和整体提升脚手架、模板等自升式架设设施施工，没有编制装拆方案、没有安全施工措施，安装后没有组织有关单位进行验收，或验收不合格即投入使用。起重设备没有按规定报有关部门备案。

(2) 施工现场安全生产控制方面

①在高墩台施工中，发生高处坠落事故的主要原因有：

a. 从事滑(翻、爬)模施工、脚手架(井字架)安装和拆除等的作业人员没有经专业培训，没有取得特种作业操作资格证书。

b. 没有按规定对从事高处作业人员进行体检，从事高处作业人员身体不适合高处作业要求。

c. 违章指派无登高、架设作业操作资格的人员从事登高架设、拆除作业，或不具备高处作业资格(条件)的人员擅自从事高处作业。

d. 从事高处作业人员不按操作规程操作，施工作业平台、临边防护及个人防护措施不到位，未经现场安全人员同意擅自拆除脚手板、防护设施等。

e. 登高作业时没有设人行梯道或操作平台，有攀爬脚手架、模板或钢筋骨架现象。

f. 绑扎钢筋时站在钢筋骨架上操作或攀爬钢筋骨架上下；高处修整、加工、焊接钢筋，没有搭设操作平台和防护设施，无法设置操作平台时没有配挂安全带，或者未设置上挂点。

②在高墩台施工中，发生物体打击伤害事故的主要原因有：

高处作业防护不规范，操作平台、临边、人行梯道没有设置防护网或设置不规范；物料、废弃物、工具乱堆乱放、抛掷，导致高处物体失控掉落；人员进入现场没有按规定佩戴安全帽，不在规定的安全通道内出入和上下，边通车边施工的项目，行人、车辆和船舶通道防护不规范。

③脚手架(井字架)、模板倒塌事故的原因，详见第三章"模板支架"。

④起重伤害事故的原因，详见第二章"起重设备"。

⑤火灾事故的主要原因有：施工中钢筋焊接、机具加工时高温物体掉落，或冬季施工保温或加热养生时防护、阻燃措施及操作不当，可能引燃可燃材料，发生火灾。

⑥触电事故的主要原因有：施工临时用电不规范或雷击可能造成施工人员直接接触电源，发生触电事故。

3. 处置措施

(1) 安全生产管理方面

①督促施工单位建立健全安全生产保证体系；设立安全生产管理机构，配备专职安全生产管理人员，明确责任；制定、落实安全生产管理制度；督查项目负责人、安全机构、专职安全员现场安

全生产管理工作情况；督促施工单位为施工现场从事危险作业的人员办理意外伤害保险。

②检查桥梁安全风险评估工作，施工前施工单位应对各种安全风险源进行辨识和评估，并应在施工过程中有针对性地采取各种有效措施，预防安全事故的发生；对危险性较大的工程，施工单位应编制专项施工方案，还应当组织专家进行论证、审查，并按规定程序逐级审批后，作为施工管理、安全技术交底、施工控制的主要依据；对存在重大安全事故隐患的分部、分项工程，应采取措施降低风险，制订专项安全事故应急预案，并按规定组织演练。专项施工方案中，应明确施工区域内外应设立的安全警示、告知和交通安全标志的位置和种类，其种类和规格应符合有关要求。

③施工单位负责人、安全生产管理人员、特种作业人员（含特种作业管理人员）应经专业培训，取得上岗证，持证上岗；检查施工安全教育培训情况，施工管理、作业人员应每年至少进行一次安全生产培训，考核合格后，方可从事相关作业；作业人员进入新的岗位或者新的施工现场，应当接受安全生产教育培训。教育培训情况应记入个人工作档案。

④施工期间应排查"违章指挥、违章作业、违反劳动纪律"的"三违"行为；对照有关安全法规、制度和专项施工方案进行检查。

⑤施工起重机械和整体提升脚手架、模板等自升式架设设施的安装、拆卸必须有相应资质的单位承担。应当编制装拆方案，制订施工安全措施，并由专业技术人员现场监督。安装单位应当自检，出具自检合格证明，向施工单位进行安全使用说明，施工单位应当组织有关单位进行验收；《特种设备安全监察条例》规定的施工起重机械，在验收前应当经有相应资质的检验检测机构监督检验合格。施工单位应当自施工起重机械和整体提升脚手架、模板等自升式架设设施验收合格之日起30日内，向有关主管部门登记。登记标志应当置于或附着于该设备的显著位置。

施工用机具、工具应具有生产许可证、产品合格证，经检验合格方可使用。

⑥督促加强施工安全管理工作，安全管理过程如安全生产工作会议、隐患排查、整改等应记录在案。

⑦审查墩台专项施工方案中安全措施是否符合工程实际和有关标准要求，施工中是否按方案落实。

（2）施工现场安全生产控制方面

①为预防高处坠落事故，应重点督促施工单位排查：

a. 按规定应对从事高处作业人员进行体检，凡患高血压、心脏病、贫血病、癫痫病以及其他不适合从事高处作业的人员不得从事高处作业。

b. 不得指派无登高架设作业操作资格的人员从事登高架设作业；不具备高处作业资格（条件）的人员不得擅自从事高处作业，不得未经现场安全人员同意擅自拆除安全防护设施，比如擅自拆除临边防护栏杆、防护网等。

c. 避免不按规定的通道进入作业面，不得攀爬脚手架、钢筋骨架、起重机架等。

d. 安装、拆除脚手架、井字架、塔吊或模板支撑系统时，应有专人监护，并按规定设置足够的防护措施；按规定配备、穿戴好个人劳动防护用品（安全帽、安全带、防滑鞋等），严禁在作业区域内打闹。

e. 高处作业的安全防护设施，如脚手架（支架）、模板、操作平台、通道（斜梯）、临边防护、防护网等的材料质量、安装方法等，应满足规定要求。在洞口、临边作业时应避免因踩空、踩滑而坠落；作业人员转移作业地点、安拆构件时应注意观察、做好防护，避免误入危险部位而造成伤害事故，确保安全。

f. 高处作业人员的防护用品，如安全帽、安全带、安全绳、防滑鞋等用品应经检验合格，并附有生产许可证、产品合格证；避免防护用品起不到安全防护作用而导致高处坠落事故。

②为预防物体打击事故，应重点督促施工单位排查：

施工区域宜与周边环境隔离，出入口处应有专人管理，边通车边施工的地段，应进行交通导流方案设计，行人、车辆、船舶通道应设置防护设施、警示和引导标志；车辆、船舶通道应设置防撞设施。必要时应进行交通管制。

作业人员进入施工区域应佩戴安全帽，在规定的安全通道内行走，严禁在非安全通道内行走或逗留；脚手板（井字架或工作平台）应按规范搭设，临边防护、安全网（含密目网）应符合规范要求；起重吊运物料时，应有专人进行指挥，物料存放不得超载或影响通行；常用工具应放在工具袋内，不得随手乱放；不得抛掷物料、工具或施工垃圾。

③为预防触电、起重伤害、脚手架（支架）模板倒塌等事故的排查要点详见本书相关章节，并按经审批的专项施工方案进行排查；高墩施工钢筋、模板、电梯、塔式起重机等直接受自然环境影响，应按规定做好防火、防风、防雷电工作。混凝土浇筑时，不得采用大罐漏斗直接灌入、冲击模板，或混凝土一次连续浇筑高度过大，使模板超过承载极限，可能导致混凝土模板倒塌或爆裂。

④雨天和雪天进行高处作业时，必须采取可靠的防滑、防寒和防冻措施。水、冰、霜、雪均应及时清除。遇有6级以上强风、浓雾等恶劣气候，不得进行露天攀登与悬空高处作业。暴风雨（雪）后，应对高处作业安全设施逐一加以检查，发现有松动、变形、损坏或脱落等现象时，应查明原因立即修理完善。

⑤应加强施工地域内可能导致滑坡、泥石流、洪水等灾害的观测和预防。

⑥施工现场入口、起重机械、临边、洞口及其他危险部位应设置明显的安全警示标志，安全警示标志必须符合国家标准和实际使用要求。

⑦工程长期停工复工前，应对施工机械、安全防护措施进行全面检查，发现安全隐患及时整改。

（三）监理要点

1. 安全生产管理方面

（1）督促施工单位落实安全生产责任；健全生产安全管理体系和（或）组织机构；健全、落实安全生产管理制度，规范施工安全管理；制订危险性较大工程的专项施工方案，按规定程序审批，并按方案组织、落实。

（2）加强安全生产教育培训，逐级对施工人员进行安全培训和交底，作业人员应了解危险岗位的操作规程和违章操作的危害，增强施工人员的安全意识，提高作业人员操作技能。

（3）增强施工单位管理和作业人员安全意识，杜绝"违章指挥、违章作业、违反劳动纪律"现象。

（4）施工使用的起重机械和整体提升脚手架、模板等自升式架设设施施工，应编制装拆方案、制订施工安全措施，安装后应组织有关单位进行验收，没有验收或验收不合格不得投入使用。起重设备应经验收合格后，按规定向有关部门备案。

2. 施工现场安全生产控制方面

（1）在高墩台施工中，预防发生高处坠落事故的注意事项主要有：

①从事滑（翻、爬）模施工、脚手架（井字架）安装和拆除等的作业人员应经专业培训，取得特种作业操作资格证书。

②按规定对从事高处作业人员进行体检，身体不适合的，不准从事高处作业要求。

③不得指派无登高、架设作业操作资格的人员从事登高架设、拆除作业；不具备高处作业资格（条件）的人员不得擅自从事高处作业。

④从事高处作业人员应按操作规程操作，施工作业平台、临边防护及个人防护措施应规范，未经现场安全人员同意不利擅自拆除脚手板、防护设施等。

⑤登高作业时应设人行爬梯或操作平台，不得攀爬脚手架、模板或钢筋骨架。

⑥绑扎钢筋时不得站在钢筋骨架上操作或攀爬钢筋骨架上下；高处修整、加工、焊接钢筋，应搭设操作平台和防护设施，无法设置操作平台时应配挂安全带，并应设置上挂点。

（2）在高墩台施工中，预防发生物体打击伤害事故的注意事项主要有：

高处作业应按规范进行防护，操作平台、临边、人行梯道应设置防护网；物料、废弃物、工具不应乱堆乱放或抛掷，避免导致高处物体失控掉落；人员进入现场应按规定佩戴安全帽，在规定的安全通道内出入和上下，边通车边施工的项目，行人、车辆和船舶通道应按规范要求进行防护，并应设立警示标志。

（3）预防脚手架（井字架）、模板倒塌事故的注意事项：详见第三章"模板支架"。

（4）预防起重伤害事故的注意事项：详见第二章"起重设备"。

（5）预防火灾事故应注意事项：防止施工中钢筋焊接、机具加工时高温物体掉落，冬季施工保温或加热养生时防护、阻燃措施及操作应得当，避免引燃可燃材料，发生火灾。

（6）预防触电事故的注意事项：施工临时用电应按《施工现场临时用电安全技术规范》（JGJ 46—2005）执行，详见第二章"临时用电"。

二、预制安装施工

（一）基本知识

桥梁预制和安装施工，主要指混凝土梁板的预制、运输、安装。混凝土梁板预制安装包括预制台座施工、钢筋制作安装、模板安拆、混凝土浇筑、养生、预应力张拉（放张）、预应力孔道压浆、场内移梁、存放、运输、安装等工序。钢筋加工安装、模板安拆、混凝土浇筑、场内移梁多采用龙门吊（或汽车吊），运输多使用施工便道、临时轨道或水上运输，安装采用架桥机、汽车吊或龙门吊作业。由于梁板预制安装过程工序多、点多面广、存在交叉作业，施工作业条件差异多变，存在较多施工安全事故隐患，施工中易发生物体打击、起重伤害、高处坠落等生产安全事故；因此，监理工程师应督促施工单位加强施工安全隐患排查工作，及时发现事故隐患、督促整改落实，确保施工安全。

选择桥梁梁板预制场地，必须避开泥沼、悬崖、陡坡、泥石流、雪崩等危险区域；应选在水文、地质良好的地段；做到施工运输方便，保证材料堆放、加工制作场地以及动力通信线路和其他临时工程满足施工要求，并应按照有关安全的规定编制合理的平面布置图。

浇筑预制梁板混凝土时，应搭设作业平台和斜道，不得在模板上作业。使用塔吊、汽车吊等起重设备浇筑混凝土时，起吊、运送、卸料应由专人指挥。泵送混凝土施工作业前，应检查输送泵、电气设备是否正常、灵敏、可靠；应检查管路、管节、管卡及密封圈的完好程度。混凝土泵在运转时发现故障，应立即停机检查，不得带病作业；拆卸管路接头前，应将管内剩余压力排除干净，防止管内存有压力而引起事故；在5级以上大风时，泵车不得使用布料杆作业；作业结束采用空气清洗管道时，操作人员不得靠近管道端部。

预应力张拉作业区内，无关人员不得进入；张拉前应检查张拉设备、工具（如千斤顶、油泵、压力表、油管等）是否符合施工及安全的要求。千斤顶、压力表应按规定进行检定；锚具及夹具使用前应经检验，合格后方可使用；高压油泵与千斤顶之间的连接点，各接口必须完好无损。油泵操作人员要戴防护眼镜；油泵开动时，进、回油速度与压力表指针升降，应平稳、均匀一致。安全阀要经常保持灵敏可靠；张拉前，操作人员要确定联络信号，张拉两端相距较远时，宜设对讲机等通信设备。高处作业时，应设上下扶梯及安全网。张拉施工的吊篮，应安挂牢固，必要时可另备安全保险设施。张拉时千斤顶的对面及后面严禁站人，作业人员应站在千斤顶的两侧。张拉操作中若出现异常现象（如油表振动剧烈，发生漏油，电机声音异常，发生断丝、滑丝等），应立即停机进行检查。钢束张拉完毕，退销时应采取安全防护措施。人工拆卸销子时，不得强击。张拉完毕后，对张拉施锚两端，应妥善保护，不得压重物。管道尚未灌浆前，梁端应设围护和挡板。严禁撞击锚具、钢束及钢筋。先张法张拉施工时，还应做到：张拉前，对台座、横梁等进行检查；先张法张拉中和未浇混凝土之前，周围不得站人和进行其他作业。浇筑混凝土时，振捣器不得撞击钢丝（钢束）。

管道压浆时，应严格按规定压力进行。施压前应调整好安全阀。关闭阀门时，作业人员应站在侧面。

装配式构件（梁、板）的安装，应制订安装方案，并建立统一的指挥系统。在吊装前，应按规定进行试吊，施工难度、危险性较大的作业项目应组织培训。吊装偏心构件时，应使用可调整偏心的吊具进行吊装。安装的构件应平起稳落。构件起吊横移就位后，应加设支撑、垫木，以保持构件稳定。

高处露天作业、缆索吊装及大型构件起重吊装时，应根据作业高度和现场风力大小、对作业的影响程度，制订适于施工的风力标准。遇有6级（含6级）以上大风时，上述施工应停止作业。

场内架设的电线应绝缘良好，施工临时用电应符合《施工现场临时用电安全技术规范》（JGJ 46—2005）要求。

施工操作人员，应熟悉和遵守相应机械操作规程和安全技术规定。施工操作必须按照本机说明书规定进行；严格执行工作前的检查和工作中注意观察及工作后的检查保养制度。操作人员在工作中不得擅离岗位，不得操作与本人操作证不相符合的机械，不得将机械设备交给无本机种操作证的人员操作。

梁板运输时速度要缓慢，当纵坡坡度较大时，必须制订相应的安全措施后方可运输。简支梁的运输，除在横向加斜撑防倾覆外，平板车上的搁置点必须设有转盘。运输超高、超宽、超长构件时，必须向有关部门申报，经批准后，在指定路线上行驶；牵引车上应悬挂安全标志。在雨、雪、雾天通过陡坡时，必须提前采取有效措施。装卸车应选择平坦、坚实的路面为装卸地点。装卸车时，机车、平板车均应制动。梁板运输应有专人照看，保证在有障碍物情况下安全通过。

梁板预制安装施工作业及安全防护比较规范的示例如图4-1-3所示。

梁板预制场布置规范，场地硬化合理

预制梁场封闭式管理

梁板预制过程采用适当的防倾覆措施

梁板运输有防倾覆措施，有专人协助指挥

图 4-1-3

梁板运输应平衡、缓慢进行

预制梁钢筋骨架安装施工防护规范

龙门吊吊装梁板

架桥机安装梁板

梁板安装通道防护

梁板安装、湿接缝模板安装，设置安全带上挂点

图 4-1-3　比较规范的梁板预制安装施工作业及安全防护

（二）隐患排查

1. 表现形式

（1）梁板预制安装时有物体失控可能性，对人员的安全造成威胁，引发物体打击事故。

（2）梁板预制安装施工中，有坠落高度基准面 2m 以上（含 2m）可能发生坠落的高处作业，引发高处坠落事故。

（3）各种起重作业（包括吊运、安装、检修、试验）中有重物（包括吊具、吊重或吊臂）坠落、夹挤、物体打击、起重机倾翻的可能性存在，引发起重伤害事故。

（4）梁板施工操作不当，支垫或稳定措施不满足结构稳定要求，引发梁板倾覆事故。

（5）施工临时用电不规范或雷击可能造成施工人员直接接触电源，发生触电事故，导致人体组织损伤和功能障碍甚至死亡。

梁板预制安装施工防护隐患示例如图4-1-4所示。

梁板支撑设置不规范

先张法预制空心板梁，在下层空心板没有放张的情况下，在其上存放梁板

梁板倾覆安全隐患

梁板倾覆安全隐患

梁板运输安全隐患

梁板运输、安装安全隐患

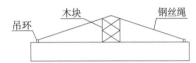

梁板吊装安全隐患

梁板吊装、防护不规范

上部结构施工安全隐患

汽车吊支垫不规范

梁板支撑不规范

《公路钢筋混凝土及预应力混凝土桥涵设计规范》（JTG D62—2004）强制性条文9.8.2规定：预制构件的吊环必须采用R235钢筋制作，严禁使用冷加工钢筋

图4-1-4 梁板预制安装施工防护隐患示例

2. 原因分析

(1)安全生产管理方面

①~③同本节"高墩台施工"。

④施工使用的架桥机、龙门吊等起重机械,在验收前没有经有相应资质的检验检测机构监督检验合格,或没有组织有关单位进行验收,或验收不合格即投入使用。没有按规定报有关部门备案。

(2)施工现场安全生产控制方面

①在桥梁安装施工中,发生高处坠落事故隐患原因有:

a. 从事架桥机、龙门吊等安装和拆除的作业人员没有经专业培训,无操作资格证。

b. 梁板安装人员无操作平台和临边防护措施,无法设置操作平台时没有配挂安全带或者没有设置上挂点;上下墩台(盖梁)没有设置电梯或搭设井字架、设置斜梯,采用起吊设备运送作业人员或攀爬脚手架上下。

c. 没有按规定对从事高处作业人员进行体检,从事高处作业人员身体不适合高处作业要求。

d. 违章指派无登高、架设作业操作资格的人员从事登高架设、拆除作业,或不具备高处作业资格(条件)的人员擅自从事高处作业。

e. 从事安装作业人员不按操作规程操作,个人防护措施不到位,或未经现场安全人员同意擅自拆除安全防护设施等。

②在预制安装施工中,发生起重伤害事故隐患原因有:

从事预制、安装施工的起重设备有龙门吊、汽车吊、架桥机等,其发生安全事故隐患排查参见第二章"特种设备"。汽车吊支腿支垫不稳固,承载力不足,可能导致吊车倾覆,起重操作和载重应满足要求。

③在预制安装施工中,发生物体打击伤害事故隐患原因有:

钢筋加工、混凝土浇筑、预应力张拉过程可能发生物体打击;梁板存放、运输、安装过程中可能发生梁板倾覆,对人员或设备造成伤害;梁板移运、安装作业防护不规范,工具乱堆乱放、抛掷,导致高处物体失控掉落;施工人员进入现场没有按规定佩戴安全帽,安装现场没有做好防护或警戒,无关人员在安装现场行走或逗留。

④触电事故隐患的原因有:

施工临时用电不规范或雷击可能造成施工人员直接接触电源,发生触电事故(详见第二章"临时用电")。梁板移运、安装时应架空线路不满足安全距离要求,或龙门吊电缆拖拽,都可能导致触电事故发生。

3. 处置措施

(1)安全生产管理方面

①~⑥同本节"高墩台施工"。

⑦桥梁梁板预制安装施工中的安全技术措施应符合工程实际和相关标准要求。

(2)施工现场安全生产控制方面

①为预防高处坠落事故,应重点督促施工单位排查:

a. 按规定对从事安装作业人员进行体检,凡患高血压、心脏病、贫血病、癫痫病以及其他不适合从事高处作业的人员不得从事安装作业。

b. 不得指派无登高作业操作资格的人员从事登高作业;不得未经现场安全人员同意擅自拆除安全防护设施,比如擅自拆除临边防护栏杆等。

c. 不得用起重设备运送人员,不得攀爬龙门吊、架桥机等。

d. 桥梁梁板安装时应有专人监护,应按规定设置防护措施;按规定配备、穿戴好个人劳动防护用品(安全帽、安全带、防滑鞋等),严禁在作业区域内打闹。

e. 安装作业的安全防护设施,如操作平台、通道(或斜梯)、临边防护、防护网等的材料、安装等应满足规定要求。在临边作业时应避免因踩空、踩滑而坠落;作业人员转移作业地点、安装拆除构件时应注意观察、做好防护,避免误入危险部位而造成伤害事故,确保安全。

f. 梁板安装完后应及时固定,尽快完成横向连接,并做好临边防护。

②为预防物体打击事故,应重点督促施工单位排查:

a. 施工区域宜与周边环境隔离,出入口处应有专人管理,并应设置交通防护、警示和引导标志。有行人、车辆、船舶通行的桥孔安装时,应进行交通管制。

b. 作业人员进入施工区域应佩戴安全帽,在规定的安全通道内行走,严禁在非安全通道内行走或逗留;工作平台应按规范铺设,临边防护、安全网(含密目网)应符合规范要求;起重吊运梁板时,应将梁板上可能脱落的物体清除干净,应有专人进行指挥吊运,吊装、运输不得超载;施工作业不得抛掷物料、工具或施工垃圾。

③为预防梁板倾覆和机械垮塌,应重点督促施工单位排查:

梁板场内移运、吊装方法不当可能导致梁板倾覆或上缘开裂,存放的支垫位置、枕梁强度和基础承载力应满足要求,梁板存放高度(或层数)符合要求,存放或运输支点位置符合结构受力特点,应有可靠的固定措施防止梁板倾覆;应考虑运输便道纵横坡度对预应力梁板构件受力的影响;对预应力梁运输时,应采取措施增加梁板正弯矩,避免预应力梁板上缘开裂。

④起重伤害事故隐患排查详见第二章"特种设备"。梁板起吊、运输、安装时横向不得倾斜,纵向应水平或不大于桥梁设计纵向坡度,避免梁板侧向倾覆或上缘开裂。

⑤预防触电的排查要点详见第二章"临时用电"。安装施工龙门吊轨道电器连接、接地应满足要求,安全限位装置齐全有效;电缆不得沿地面拖拽,起重机械应做好防雷电工作。

⑥雨天和雪天应禁止进行安装作业时,必须进行安装作业时,应采取可靠的防滑、防寒和防冻措施。遇有6级以上强风、浓雾等恶劣气候,不得进行露天安装与悬空高处作业。暴风雨后,应对高处作业安全设施逐一加以检查,发现有松动、变形、损坏或脱落等现象,应查明原因立即修理完善。

⑦应加强施工地域内可能导致滑坡、泥石流、洪水等灾害的观测和预防。

⑧梁板预制、安装施工现场出入口、起重机械、临边、洞口及其他危险部位,应设置明显的安全警示标志;安全警示标志必须符合国家标准和实际使用要求。

(三)监理要点

1. 安全生产管理方面

(1)~(3)同本节"高墩台施工"。

(4)施工使用的架桥机、龙门吊等起重机械,在验收前没有经有相应资质的检验检测机构监督检验合格,或没有组织有关单位进行验收,或验收不合格投入使用。验收合格后按规定报有关部门备案。

2. 施工现场安全生产控制方面

(1)在桥梁安装施工中,防止发生高处坠落事故的注意事项主要有:

①从事架桥机、龙门吊等安装和拆除的作业人员应经专业培训,取得操作资格证,方可上岗作业。

②梁板安装应搭设操作平台和临边防护措施,无法设置操作平台时应配挂安全带并设置上挂点;上下墩台(盖梁)应设置电梯或搭设井字架、设置斜梯,不得使用起吊设备运送作业人员或攀爬脚手架上下。

③应按规定对从事高处作业人员进行体检,作业人员身体不适合高处作业要求的,不得从事高处作业。

④不得指派无登高、架设作业操作资格的人员从事登高架设、拆除作业，不具备高处作业资格（条件）的人员不得擅自从事高处作业。

⑤从事安装作业人员应按操作规程操作，应做好个人防护措施，或未经现场安全人员同意不得擅自拆除安全防护设施等。

（2）在桥梁预制安装施工中，防止发生起重伤害事故的注意事项主要有：

从事预制、安装施工的起重设备有龙门吊、汽车吊、架桥机等，其发生安全事故隐患排查要点详见第二章"特种设备"。汽车吊支腿支垫应稳固，承载力满足起吊要求，为避免导致吊车倾覆，起重操作和载重应满足要求。

（3）在桥梁预制安装施工中，防止发生物体打击伤害事故的注意事项主要有：

主要在钢筋加工、混凝土浇筑、预应力张拉过程中应规范操作、做好防护，避免发生物体打击；梁板存放、运输、安装过程中应防止梁板倾覆，对人员或设备造成伤害；梁板移运、安装作业应搭设操作平台，并做好个人防护；工具不乱堆乱放、抛掷，避免导致高处物体失控掉落；施工人员进入现场应按规定佩戴安全帽，安装现场做好防护或警戒，无关人员不得在安装现场行走或逗留。梁板安装作业时，应同有关部门沟通，禁止人员、车辆、船舶通行。

（4）预防触电事故的注意事项主要有：

施工临时用电不规范或雷击可能造成施工人员直接接触电源，发生触电事故，其排查要点详见第二章"临时用电"。梁板移运、安装同架空电缆应保持足够的安全距离，当不能满足要求时应按规定做好防护、隔离措施。

三、桥梁现浇施工

（一）基本知识

桥梁现浇施工，主要是指使用满堂支架、移动模架或挂篮等设施，现场浇筑桥梁上部结构（包括湿接缝）混凝土。由于其在桥梁施工现场浇筑，施工场地线长面广，属野外高空作业，施工环境复杂多变，直接受自然环境（风、雨、雷电）作用、施工地质条件差异等因素影响，施工条件复杂、可变因素多，存在较多施工安全隐患；施工中易发生高处坠落、物体打击，支架（脚手架）、移动模架、挂篮垮塌，起重伤害，火灾，触电等生产安全事故。因此，监理工程师应督促施工单位加强施工安全隐患排查工作，及时发现事故隐患、督促施工单位整改落实，确保施工安全。

钢筋混凝土或预应力混凝土就地浇筑时，对施工工艺及技术复杂的工程，应制订安全技术措施及安全操作细则等，进行安全技术交底和培训。作业前应对机具设备及防护设施等进行检查。就地浇筑的桥梁上部结构，施工中应随时检查支架和模板，发现异常状况应及时采取措施。就地浇筑上部结构，有关"高处作业""水上作业"等应符合相关规定要求。双层作业时，操作人员必须严守各自岗位职责，并应防止铁件、工具掉落等。

悬臂浇筑采用桁架挂篮施工时，施工前应制订安全技术措施；挂篮组拼后，要进行全面检查，并做静载试验；在墩上进行0号块施工并以斜拉托架做施工平台时，在平台边缘处，应设安全防护设施。墩身两侧斜拉托架平台之间搭设的人行道板必须连接牢固；使用的机具设备（如千斤顶、滑车、手拉葫芦、钢丝绳等），应进行检查，不符合安全规定的严禁使用；检查墩身预埋件和斜拉钢带的位置及坚固程度是否符合设计要求。挂篮使用时，后锚固筋、张拉平台的保险绳等应经常检查。挂篮行走时，要缓慢进行。滑道要铺设平整、顺直，不得偏移。挂篮桁架行走和浇筑混凝土时，其稳定系数应符合《公路桥涵施工技术规范》（JTG/T F50—2011）的规定。如需在挂篮上另行增加设施（如防雨棚、立井架、防寒棚等）时，不得损坏挂篮结构及改变其受力形式。使用水箱作平衡重施工时，其位置、加水量等应符合设计要求。给排水设施和方法，应稳妥可靠。施工中，对上述情况要经常进行检查。在底模移动前，必须详细检查挂篮位置、后端压重、后锚及吊杆安装情况，确认安全后，方可移动。

悬臂浇筑采用滑动斜拉式挂篮施工时，滑动斜拉式挂篮的所有活动铰、销、斜拉钢带等，其材质要经检验，并打上标记；主梁及其吊梁系统安装后，应进行全面检查，必要时应做加载试验。自行设计、加工的挂篮，首次使用前，应按最大施工荷载进行加载试验；挂篮安装时或主梁行走到位后，应先安装好锚固和水平限位装置，再安装斜拉带和悬挂底模平台；在斜拉带安装和使用过程中，要注意检查，保持内外斜拉带受力均衡；底模和侧模沿滑梁行走前，需将斜拉带和后吊带拆除；用手拉葫芦起降和悬吊底模平台时，必须在挂手拉葫芦的位置加设保险绳；挂篮行走前应检查后锚固及各部受力情况，发现隐患应及时处理。行走时亦应密切注意有无异状，并慢速稳步到位；浇筑混凝土前，应对挂篮锚固、水平限位、吊带和限位装置进行全面检查。

现浇混凝土采用滑移模架法浇筑时，模架支撑于钢梁上，其前后端桁架梁必须用优质高强螺栓连接好、拧紧；钢箱梁及桁架梁下弦底面应装设不锈钢带，在滑撬上顶推滑行之前，应检查有无障碍物及不安全因素。浇筑混凝土之前，应进行全面的安全检查，确认合格后方可施工；牵引后横梁和装卸滑撬时，要有起重工协同配合作业。牵引时应注意牵引力作用点，使后横梁在运行时与桥轴线保持垂直；滑移模架行走时必须听从信号指挥。对重要部位应设专人负责值班观察，并注意人员及设备的安全。

现浇混凝土支架宜采用标准化、系列化、通用化的钢构件制作拼装，模板宜优先使用钢模板和胶合板；支架、模板的构造应简单、合理、结构受力明确，安装、拆除应方便；支架和模板应具有足够的强度、刚度和稳定性，应能承受施工过程中所产生的各种荷载。支架模板设计应符合相关要求；支架的总体构造和细部构造应设置成几何不变体系；支架高宽比宜小于或等于2，当高宽比大于2时，宜扩大下部架体尺寸或采取其他构造措施。支架立杆间应设置水平和斜向等支撑连接杆件，以增强支架的整体刚度和稳定性。支架应能抵抗在施工过程中可能发生的振动和偶然撞击。支架基础应满足承载力和稳定性要求。支架安装后，应通过预压消除支架地基的不均匀沉降和支架的非弹性变形并获取弹性变形参数，或检验支架的安全性；预压荷载宜为支架需要承受全部荷载的1.05~1.1倍，预压荷载的分布应模拟需承受的结构及施工荷载。模板、支架拆除应遵循"后支先折、先支后折"的原则顺序进行；拆除支架、模板时混凝土强度应满足要求，钢筋混凝土结构的承重模板、支架，应在混凝土强度能承受其自重荷载及其他可能的叠加荷载时，方可拆除；对预应力混凝土结构，其承重支架、模板应在结构建立预应力后方可拆除。

现浇梁板混凝土，使用塔吊、汽车吊等起重设备浇筑混凝土时，起吊、运送、卸料应由专人指挥。泵送混凝土施工作业前，应检查输送泵、电气设备是否正常、灵敏、可靠；应检查管路、管节、管卡及密封圈的完好程度。混凝土泵在运转时发现故障，应立即停机检查，不得带病作业；拆卸管路接头前，应把管内剩余压力排除干净，防止管内存有压力而引起事故；在5级以上大风时，泵车不得使用布料杆作业；作业结束采用空气清洗管道时，操作人员不得靠近管道端部。悬臂浇筑施工应对称、平衡地进行，两端悬臂荷载的实际不平衡偏差不得超过设计规定值，设计未规定时，不宜超过梁段重的1/4。起吊设备、混凝土布料杆同架空线路之间应满足安全距离要求。箱梁混凝土接触面的凿毛作业人员要有安全防护设施。

预应力张拉作业区内，无关人员不得进入；张拉前应检查张拉设备、工具（如千斤顶、油泵、压力表、油管等）是否符合施工及安全的要求。千斤顶、压力表应按规定进行检定；锚具及夹具使用前应经检验，合格后方可使用；高压油泵与千斤顶之间的连接点，各接口必须完好无损。油泵操作人员要戴防护眼镜；油泵开动时，进、回油速度与压力表指针升降应平稳、均匀一致。安全阀要经常保持灵敏可靠；张拉前，操作人员要确定联络信号，张拉两端相距较远时，宜设对讲机等通信设备。高处作业时，应设上下扶梯及安全网。张拉施工的吊篮应安挂牢固，必要时可另备安全保险设施。张拉时千斤顶的对面及后面严禁站人，作业人员应站在千斤顶的两侧。张拉操作中若出现异常现象（如油表振动剧烈、发生漏油、电机声音异常、发生断丝、滑丝等），应立即停机进行检查。

钢束张拉完毕，退销时应采取安全防护措施。人工拆卸销子时，不得强击。张拉完毕后，对张拉施锚两端应妥善保护，不得压重物。

管道压浆时，应严格按规定压力进行。施压前应调整好安全阀。关闭阀门时，作业人员应站在侧面。

桥梁现浇施工作业及安全防护比较规范的示例如图 4-1-5 所示。

现浇连续梁施工临边防护

移动模架施工作业安全防护

满堂支架及施工防护设施

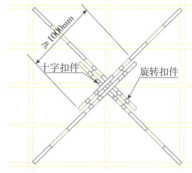
剪刀撑杆件连接方法

挂篮施工安全防护

施工安全警示标志

图 4-1-5　比较规范的桥梁现浇施工作业及安全防护

（二）隐患排查

1. 表现形式

（1）桥梁现浇施工中有物体失控可能性，对人员的安全造成威胁，引发物体打击事故。

（2）桥梁现浇施工中，有坠落高度基准面 2m 以上（含 2m）可能发生坠落的高处作业，引发高处坠落事故。

（3）支架（脚手架）、移动模架、挂篮、模板设计验算错误，安装拆除作业不规范，荷载布置不合理等，引发生支架（脚手架）、移动模架、挂篮、模板倒塌或倾覆事故。

（4）各种起重作业（包括吊运、安装、检修、试验）中有重物（包括吊具、吊重或吊臂）坠落、夹挤、物体打击、起重机倾翻的可能，引发起重伤害事故。

（5）施工中电气焊操作，冬季混凝土养生等措施不规范，引发桥梁现浇施工发生火灾事故。

（6）施工临时用电不规范或雷击可能造成施工人员直接接触电源，发生触电事故，导致人体组织损伤和功能障碍甚至死亡。

桥梁现浇施工防护隐患示例如图 4-1-6 所示。

图 4-1-6　桥梁现浇施工防护隐患示例

2. 原因分析

(1) 安全生产管理方面

①~③同本节"高墩台施工"。

④施工使用的起重机械、支架、移动模架、挂篮等设备的施工，没有编制装拆方案以及安全施工措施，安装后没有验收或验收不合格即投入使用。起重设备没有按规定报有关部门备案。对于挂篮施工，没有验算施工中结构的整体稳定性，现浇湿接缝底模拆除方案没有防止其坠落的安全措施。

(2) 施工现场安全生产控制方面

①在桥梁现浇施工中，发生高处坠落事故的主要原因有：

a. 从事挂篮、移动模架、支架(脚手架)安装和拆除等的作业人员没有经专业培训，并经考核合格，取得上岗证。

b. 没有按规定对从事高处作业人员进行体检，从事高处作业人员身体不适合高处作业要求。

c. 违章指派无登高、架设作业操作资格的人员从事登高架设、拆除作业，或不具备高处作业资格(条件)的人员擅自从事高处作业。

d. 从事高处作业人员不按操作规程操作，支架、移动模架和挂篮上的施工作业平台、临边防护及个人防护措施不到位，未经现场安全人员同意擅自拆除安全防护设施等。

e. 登高作业时没有设人行梯道或操作平台，有攀爬脚手架、模架、模板或钢筋骨架现象。

f. 高处绑扎、修整、加工、焊接钢筋，没有搭设操作平台和防护，无法设置操作平台时没有配挂安全带或没有设置上挂点。

②在桥梁现浇施工中，发生物体打击伤害事故的主要原因有：

高处作业防护不规范，物料、废弃物、工具乱堆乱放、抛掷，导致高处物体失控掉落；钢筋、预应力筋加工安装、张拉(或放张)防护措施不完善；湿接缝模板拆除工艺不当产生坠落；人员进入现场没有按规定佩戴安全帽，不在规定的安全通道内出入和上下，在非规定的通道位置行走或逗留。支架(模板)、移动模架、挂篮装拆、行走不规范，有物体掉落隐患。

③支架(脚手架)、移动模架、挂篮垮塌或倾覆事故的原因，详见第三章"模板支架"。车辆、船舶对支架、移动模架或挂篮的撞击可能导致其垮塌；挂篮施工混凝土浇筑工艺不当可能导致结构物整体倾覆。

④起重伤害事故的原因，详见第二章"起重设备"。

⑤火灾事故隐患：施工中钢筋焊接，机具加工时高温物体掉落，或冬季施工保温或加热养生时防护、阻燃措施不当，可能引燃可燃材料，发生火灾。

⑥触电事故隐患：施工临时用电不规范或雷击可能造成施工人员直接接触电源，发生触电事故(详见第二章"临时用电")。

3. 处置措施

(1) 安全生产管理方面

①~⑥同本节"高墩台施工"。

⑦审查支架、移动模架、挂篮等现浇专项施工方案中安全措施是否符合工程实际和相关标准要求，审查支架、模板、挂篮的承载力、变形和抗倾覆稳定性计算及结论，审查挂篮施工结构整体稳定性验算及结论；检查起重机械及支架、移动模架、挂篮等设备的检查验收和定期检查、维护、保养等情况是否符合标准规范要求。

(2) 施工现场安全生产控制方面

①为预防高处坠落事故，应重点督促施工单位排查：

a. 按规定应对从事高处作业人员进行体检，凡患高血压、心脏病、贫血病、癫痫病以及其他不适合从事高处作业的人员不得从事高处作业。

b. 不得指派无登高架设作业操作资格的人员从事登高架设作业；不具备高处作业资格（条件）的人员不得擅自从事高处作业，不得未经现场安全人员同意擅自拆除安全防护设施，比如擅自拆除临边防护栏杆等。

c. 避免不按规定的通道进入作业面，不得攀爬支架、移动模架、起重机架等。

d. 安装拆除支架、移动模架、挂篮和起重设备时应有专人监护，应按规定设置防护措施；按规定配备、穿戴好个人劳动防护用品（安全帽、安全带、防滑鞋），严禁在作业区域内打闹。

e. 高处作业的安全防护设施如脚手架（支架）、模板、操作平台、通道（或斜梯）、临边防护、防护网等的材料、安装应满足规定要求。在洞口、临边作业时，应避免因踩空、踩滑而坠落；作业人员转移作业地点、安装拆除构件时，应注意观察、做好防护，避免误入危险部位而造成伤害事故，确保安全。

f. 高处作业人员的防护用品，如安全帽、安全带、安全绳、防滑鞋等用品应经检验合格，并附有生产许可证、产品合格证；避免防护用品起不到安全防护作用而导致高处坠落事故。

②为预防物体打击事故，应重点督促施工单位排查：

a. 施工区域宜与周边环境隔离，出入口处应有专人管理，边通车边施工的地段，应进行交通导流方案设计，行人、车辆、船舶通道应设置防护和警示标志，车辆、船舶通道应设置防撞装置，避免因意外撞击导致垮塌事故。必要时应进行交通管制。

b. 作业人员进入施工区域应佩戴安全帽，在规定的安全通道内行走，严禁在非安全通道内行走或逗留；脚手板（或工作平台）应按规范铺设和固定，临边防护、安全网（含密目网）应符合规范要求；起重吊运物料时，应有专人进行指挥，物料存放不得超载或影响通行；常用工具应放在工具袋内，不得随手乱放；不得抛掷物料、工具或施工垃圾。

③为防止现浇支架、移动模架、挂篮垮塌或倾覆，应重点排查：

a. 支架地基承载力和支架承载力是否满足施工要求；支架搭设完成后铺设底模和侧模是否按设计进行堆载预压；移动模架承载力、变形满足要求，行走系统安全可靠；挂篮自身及结构整体稳定性、变形满足要求。

b. 审查支架（脚手架）进场材料（钢管、扣件抽检）的质量，是否与施工方案及相关标准要求一致；检查支架（脚手架）搭设情况，是否与施工方案及相关标准一致。

c. 排查模板支撑体系和混凝土浇筑工序等作业，是否与施工方案一致。

d. 现浇混凝土强度没有达到设计要求，结构预应力没有按设计要求张拉前不得拆除承重模架，包括现浇连续梁翼板部分模架，避免结构发生垮塌事故。

④起重伤害事故排查要点同第二章"起重设备"。

⑤为预防触电事故的发生，施工现场临时用电必须符合《施工现场临时用电安全技术规范》（JGJ 46—2005）的要求，并应按规定做好防火、防风、防雷电工作。

⑥雨天和雪天进行高处作业时，必须采取可靠的防滑、防寒和防冻措施。水、冰、霜、雪均应及时清除。遇有 6 级以上强风、浓雾等恶劣气候，不得进行露天攀登与悬空高处作业。暴风雨后，应对高处作业安全设施逐一加以检查，发现有松动、变形、损坏或脱落等现象，应立即修理完善。应防止雨水冲刷、浸泡，当受冲刷或浸泡时，应对支架（脚手架）基础进行全面排查，发现隐患应查明原因及时处理。

⑦应加强对施工驻地和施工现场区域内可能发生的滑坡、泥石流、洪水等灾害进行观测和预防，并和气象部门有效沟通。

⑧施工现场入口、起重机械、临边、洞口及其他危险部位应设置明显的安全警示标志，安全警示标志必须符合国家标准和实际使用要求。

（三）监理要点

1. 安全生产管理方面

（1）~（3）同本节"高墩台施工"。

（4）施工使用的起重机械、支架、移动模架、挂篮等设备的施工，应编制装拆方案、采取相应的施工安全措施，安装后没有验收或验收不合格不得投入使用。起重设备应按规定报有关部门检验、验收、备案。对于挂篮施工，应验算施工中结构的整体稳定性，现浇湿接缝底模拆除方案应有防止其坠落的措施。

2. 施工现场安全生产控制方面

（1）在桥梁现浇施工中，预防发生高处坠落事故的注意事项主要有：

①从事挂篮、移动模架、支架（脚手架）安装和拆除等的作业人员应经专业培训，并经考核合格，取得上岗证。

②应按规定对从事高处作业人员进行体检，从事高处作业人员身体应适合高处作业要求。

③不得违章指派无登高、架设作业操作资格的人员从事登高架设、拆除作业，不具备高处作业资格（条件）的人员不得擅自从事高处作业。

④从事高处作业人员应按操作规程操作，支架、移动模架和挂篮上的施工作业平台、临边防护及个人防护措施应符合安全技术规程要求，未经现场安全人员同意不得擅自拆除安全防护设施等。

⑤登高作业时应设人行梯道或操作平台，不得攀爬脚手架、模架、模板或钢筋骨架。

⑥高处绑扎、修整、加工、焊接钢筋，应搭设操作平台和防护，无法设置操作平台时应配挂安全带并设置上挂点。

（2）在桥梁现浇施工中，预防发生物体打击伤害事故的注意事项主要有：

高处作业防护应符合安全技术规范要求，物料、废弃物、工具不得乱堆乱放或抛掷，避免高处物体失控掉落；钢筋、预应力筋加工安装、张拉（或放张）应有完善的防护措施；湿接缝模板拆除工艺应当采取防止产生坠落的措施；人员进入现场应按规定佩戴安全帽，在规定的安全通道内出入和上下，不得在施工现场逗留。支架（模板）、移动模架、挂篮装拆、行走应符合规范要求，并防止物体掉落。

（3）预防支架（脚手架）、移动模架、挂篮垮塌或倾覆事故的注意事项详见第三章"模板支架"。应采取措施，防止车辆、船舶撞击支架、移动模架或挂篮等；挂篮施工混凝土浇筑工艺应符合规范和施工方案要求，防止导致结构物整体倾覆。

（4）起重伤害事故的注意事项详见第二章"起重设备"。

（5）预防火灾事故隐患的注意事项主要有：施工中应采取措施，防止钢筋焊接、机具加工时高温物体掉落，或冬季施工保温或加热养生时防护、阻燃措施不当，可能引燃可燃材料而发生火灾。

（6）预防触电事故隐患的注意事项主要有：施工临时用电不规范或雷击可能造成施工人员直接接触电源，发生触电事故，其注意事项详见第二章"临时用电"。

第二节 隧道工程

一、爆破作业

（一）基本知识

爆破是利用炸药在爆破瞬间释放的化学能对隧道围岩结构进行破碎，达到开挖掘进的目的。爆破作业是一种高风险的施工作业，是隧道开挖过程的重要工序，存在较大的不可预见性，一旦发生安全事故，可能导致作业人员伤亡等严重后果，必须加强风险控制和防范。

爆破作业主要隐患类型有：物体打击、高处坠落、爆炸伤害、冒顶片帮、突泥涌水、触电伤害和有害气体中毒。

(二)隐患排查

1. 表现形式

(1)爆破产生飞石等物体打击人体，爆破后未找顶和清理松动的危石，致人伤亡。

(2)炸药意外爆炸，强大的冲击波伤害作业人员；震动导致高处作业人员坠落。

(3)实施爆破后存在尚未引爆的盲炮、残炮，意外爆炸致人伤亡。

(4)炸药超量导致洞身围岩强烈震动，坍塌失稳，冒顶片帮(隧道顶部垮落称为冒顶，作业面及巷道侧壁因变形破坏而脱落称为片帮，两者均属于围岩坍塌事故)。

(5)爆破击穿溶洞或不良地质隔水层，产生突泥涌水。

(6)施工地段照明未使用安全电压，爆破作业导致供电线路和设备受损，产生触电伤害。

(7)爆破产生有毒有害气体，危害作业人员。

隧道爆破作业产生安全隐患如图4-2-1所示。

图4-2-1　隧道爆破作业安全隐患

2. 原因分析

(1)爆破作业人员未经专业培训，未持安全作业证上岗，缺乏爆破安全知识，违反操作规定，违章作业，造成爆破伤人事故。

(2)火工材料保管或使用不当，意外引爆炸药，产生巨大的地震波、冲击波和噪声致人伤亡。

(3)施工人员未撤离至安全警戒范围以外，爆破产生飞石伤人。

(4)为提高爆破效率，随意改动爆破参数，增大炸药用量，对围岩产生强烈震动，坍塌致人伤亡。

(5)由于火工材料质量差或受潮变质，爆破线路受损、连线错误等原因，导致部分炮眼雷管未引爆炸药。爆破后未按操作规程拆除残余雷管和炸药，盲炮、残炮意外爆炸从而导致人员伤亡。

(6)爆破后未安排专职检查人员找顶、撬动、清除拱部及两侧边墙松动的石块，落石致人伤亡。

(7)洞内爆破产生的有毒有害气体(一氧化碳、氮氧化物、硫化氢、二氧化硫等)，污染施工环境。未经通风排烟立即进入工作面，致使作业人员中毒、窒息，危害作业人员身心健康和生命安全。

3. 处置措施

(1)从事隧道爆破的工程技术人员、爆破员、安全员、保管员和押运员等作业人员，必须经过专业培训合格并持有相应岗位的安全作业证。监理工程师在开工前应审查爆破方案，查验爆破作业人员证件。

(2)爆破作业所使用的器材必须具备检验合格证、技术指标及说明书。每批爆破器材在使用前，必须进行外观检查、现场测试和检验。

(3)施工单位专职安全工程师(或安全员)应在隧道现场巡查、指挥爆破作业，严格按照钻爆设计要求进行钻眼、装药、接线、警戒、引爆等作业程序，严禁超量装药。

(4)钻爆法施工不得采用导火索火花起爆，严禁明火照明和点炮。应采用导爆管、毫秒雷管电力起爆。起爆导线的布置方式应采用临时敷设，从工作面到起爆站的顺序由里至外进行。起爆导线宜悬空架设，距离各种导电体的间距必须大于1m，接头必须采用绝缘胶带密封，避免落入水中。

(5)电力起爆应检查起爆主线绝缘情况，避免产生杂散电流、感应电流及高压静电等不安全因素，加强对洞内电源、电器设备、电线的管理和维修保养，防止漏电引爆。

(6)装药前，作业人员应对爆破工作面附近的支护、炮眼清理和孔内情况进行检查。如炮眼中的泥浆、石粉未清理，炮眼热度过高，不得立即装药。如发现可能存在流沙、突泥、涌水等地质灾害时，严禁装药爆破。

(7)装药时爆破作业人员严禁穿着化纤衣物，避免摩擦产生静电。可用手电筒、矿灯或投光灯进行照明。

(8)起爆前所有人员必须撤离作业面，在安全距离以外设置明显的警示标志，安排警戒人员。安全警戒距离按以下标准控制：

①独头巷道不少于200m。

②相邻的上下坑道内不少于100m。

③相邻的平行道、横通道及洞间不少于50m。

④单线上半断面不少于300m，单线全断面与双线上半断面不少于400m。

⑤双线全断面开挖进行深孔爆破(孔深3~5m)时，不少于500m。

隧道爆破警戒可利用多功能安全状态指示牌以及安全报警装置，如图4-2-2、图4-2-3所示。

图4-2-2 隧道安全状态指示牌

图4-2-3 隧道安全报警装置

(9)爆破后必须经过通风排烟，间隔15min以后检查人员方可进入工作面。检查内容如下：

①有无盲炮、残炮及可疑现象。

②有无残余炸药或雷管。

③拱部、边墙、掌子面有无松动危石。

④支护结构有无损坏与变形。

⑤在消除安全隐患并确认无异常情况后，其余作业人员方可进入工作面。

(10)当发现盲炮、残炮时，必须由原爆破人员按规定程序处理，无关人员必须撤离至安全地点。

(11)爆破掘进施工地段所采用的照明电压不应超过36V。

（12）隧道双向开挖接近贯通时，两端施工应加强联系，统一指挥，落实安全措施。当两开挖面间距离剩下15～30m时，应改为单向开挖，停止另一端作业，将人员和机具撤离，并在安全距离以外设置警示标志，直至贯通为止。

（三）监理要点

（1）开工前，施工单位应在隧道工程总体风险评估的基础上，开展爆破作业专项风险评估，增强安全风险意识，改进施工措施，规范预警预控管理，有效降低施工风险，严防重大爆破安全事故发生。

（2）施工准备阶段，监理单位应审查"实施性施工组织设计"中爆破作业的安全技术措施是否完善，是否符合工程建设强制性标准和现行国家标准《爆破安全规程》（GB 6722）的规定要求。

（3）针对危险性较大的爆破作业，施工单位必须按照标准、规范和设计要求编制爆破专项施工方案，附具安全验算结果，并组织专家咨询、论证。经修改完善的专项施工方案，必须由施工企业技术负责人审查，总监理工程师签字批准方可组织实施。

（4）监理单位应编制爆破作业专项安全监理细则，由专业监理工程师编制，总监理工程师批准实施。

（5）施工单位必须按批准的爆破方案组织施工，严禁擅自改变施工方法，专职安全员进行现场管理。监理工程师应巡视检查施工情况，发现未按专项施工方案实施时，应签发监理指令，责成施工单位整改。

（6）监督检查施工单位对隧道爆破作业实行领导带班制度，设立领导带班公示牌，编制《月份带班生产计划》，填写《带班工作记录表》。

（7）隧道爆破开挖作业原则上不得安排在晚上22时至次日凌晨6时施工。因工期控制等特殊原因必须连续作业、无法避免的，必须制订夜间施工专项方案，采取质量安全保障措施，经论证满足安全生产条件要求时，方可组织施工。夜间施工必须编制计划，并取得监理单位和建设单位的批准。

（8）监理工程师应采取巡视、旁站等措施，加强隧道爆破施工现场安全监督检查，落实超前地质探测预报，分析监控量测信息反馈结果。一旦数据异常出现险情，应立即停工撤人，严禁冒险施工作业。

（9）爆破作业人员必须经岗前培训、考核合格并持证上岗，监理工程师应审查相关人员证件。

（10）施工单位应严格落实民用爆破物品管理规定，执行爆破物品领退、保管及使用制度。严禁在隧道施工现场违规运输、存放和使用爆破物品。

（11）隧道爆破作业必须严格控制现场人数，严禁超员组织施工。

（12）施工单位应编制隧道爆破安全事故应急救援预案，方案应合理可行并具备可操作性，配备救援物资和抢险设备。严禁事故发生后违章指挥，冒险施救。

（13）监理工程师发现隧道爆破作业存在安全事故隐患时，应责成施工单位采取紧急处置措施；情况严重时，应签发暂时停工令，并向建设单位和交通主管部门报告。

二、坍塌

（一）基本知识

隧道施工过程中，围岩坍塌导致大量的超挖，增加清渣和回填工程量，不仅延误工期、大幅度提高工程费用，而且很有可能对作业人员造成伤害，对机械设备及财产造成损失，酿成重大安全事故。若处理措施不当，坍塌范围将逐渐扩大，加剧围岩失稳，遗留工程质量、安全隐患，给运营养护工作造成极大的困难。因此，督促施工单位采取正确的施工方法，预防和避免坍塌事故的发生，是监理工程师的重要职责。一旦发生坍塌，必须采取有效措施，及时、妥善处理坍塌部位，减少塌方带来的危害。

隧道坍塌主要隐患类型有：掌子面围岩坍塌，隧道拱顶围岩及初期支护下沉引发坍塌，隧道周边收敛变形引发坍塌，隧道底部承载力不足、洞身沉降引发坍塌，特殊地层及不良地质隧道围岩变形引发坍塌。

（二）隐患排查

1. 表现形式

（1）超前支护措施不足或施工不到位，开挖掘进过程掌子面围岩失稳坍塌。

（2）围岩实测位移值超过设计文件和规范规定的预留变形量，隧道发生失稳破坏。

（3）围岩位移速率持续大于1mm/d，变形呈持续增长状态，产生坍塌。

（4）围岩位移速率变化上升，位移逐渐增大，变形呈急剧加速状态，产生坍塌。

（5）软弱围岩地段拱脚悬空，未施打锁脚锚杆为，仰拱施作不及时，初期支护未闭合成环，洞身沉降变形过大，产生坍塌。

（6）高地应力、岩溶、膨胀性、挤压性等特殊地层及不良地质隧道，围岩净空变形速率超出设计文件和规范规定的标准。

隧道洞身开挖方法及支护措施不当引发的坍塌，如图4-2-4、图4-2-5所示。

图4-2-4　隧道拱部围岩坍塌堵塞洞身

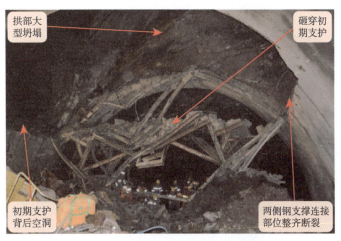

图4-2-5　隧道拱部坍塌导致初期支护受损

洞口及洞身浅埋段围岩覆盖层薄、埋深小，开挖方法及支护措施不当引发的冒顶坍塌和地表下沉，如图4-2-6、图4-2-7所示。

图 4-2-6 洞身浅埋段围岩发生冒顶塌方

图 4-2-7 浅埋段洞身坍塌冒顶导致地表沉陷

2. 原因分析

（1）地质条件是造成坍塌的基本因素。由于断层构造、岩体破碎带、节理发育、溶洞、采空区、堆积体、围岩风化严重呈松散结构等不良地质，致使围岩的整体稳定性较差，加之地下水的作用，导致围岩层间结合力降低，引起局部失稳和坍塌。

图 4-2-8 洞身坍塌前兆——初期支护严重变形

（2）施工方法及支护措施不当，是引起坍塌的直接因素。具体如下：

①开挖施工前未进行岗前培训和技术交底，开挖方法、施工步骤及工序衔接不正确，盲目加大开挖进尺，分部循环开挖及支护步距超标，软弱围岩地段采取大断面开挖方法。

②随意修改爆破参数，未严格按照钻爆设计要求钻孔、装药，孔距不符合要求或过量装药，爆破震动较大，造成局部围岩失稳坍塌。

③未按设计要求施作超前支护，管棚、超前小导管间距增大，长度缩短，预注浆数量不足，出现坍塌迹象时未采取辅助加固措施，可能导致洞身失稳坍塌，如图 4-2-8 所示。

④不良地质围岩自稳能力差，开挖掘进较长距离未及

时施作初期支护并闭合成环,未实时施作二次衬砌,引起围岩及初期支护变形、坍塌。

⑤忽略对围岩及初期支护监控量测工作,未根据监测结果用于指导施工,发现监测数据突变未及时采取正确的应急处置措施。

⑥初期支护喷射混凝土强度或厚度不足,喷射不及时。

⑦锚杆数量不足,长度缩短,固结不牢。

⑧未按设计要求设置钢支撑,随意加大间距;钢支撑连接质量差;分部开挖支护的钢支撑拱脚悬空或底部未支撑牢固而可能产生沉降,引发初期支护开裂、变形、坍塌,如图4-2-9所示。

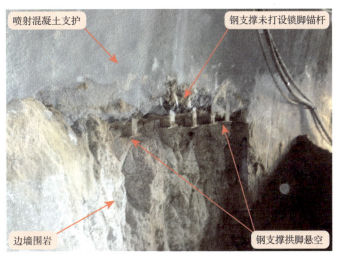

图4-2-9　初期支护钢支撑拱脚悬空未落底

(3)洞口及洞身浅埋段因地表水渗入,土体含水量增大,增加土体的重力,降低土体的胶结性能,导致围岩的强度和自稳能力降低。围岩加固措施和洞身超前支护措施不当,造成洞口及洞身浅埋段冒顶塌方。

(4)勘察设计所提供的地质资料与实际情况不符,施工中未采取超前地质预报,未探明不良地质情况。

3. 处置措施

(1)全面了解隧道地质资料及地下水情况,掌握设计意图,并及时与现场实际情况对比。如发现围岩级别或地质情况发生变化,应督促施工单位进行相应的调整,采取正确的开挖方法及支护措施,以适应新的围岩条件,确保施工安全。超前地质预报如图4-2-10~图4-2-12所示。

图4-2-10　地质雷达(短距离、掌子面前方30m)超前地质预报

图4-2-11　水平钻孔(短距离、掌子面前方30m)超前地质预报

图 4-2-12　TSP 地震波反射法（中距离、掌子面前方 30～350m）超前地质预报

（2）开挖作业人员到达工作面时，应先检查工作面周边围岩是否处于安全状态，拱部和两侧边墙是否稳定，如有松动的危石应予以清除。

（3）洞身开挖应根据围岩地质情况和施工条件，选择合适的开挖方法，严格控制循环进尺和工序步骤。

（4）施工单位专职安全员必须对围岩开挖面和支护各部位定期进行检查。在不良地质地段应要求每班随时检查，当发现围岩失稳、锚杆松动或锚喷支护开裂变形时，应立即采取加强支护措施。当变形或损坏情况严重时，应先将施工人员撤离现场，再采取适当的方式进行加固施工。

（5）洞口地段、浅埋偏压地段、洞内水平坑道与辅助坑道（横洞、平行导坑等）的连接处，应加强支护，及早进行永久衬砌。

（6）洞内支护应尽可能做到随挖随护，支护至开挖面的距离一般不得超过 4m。如遇围岩破碎、风化严重的石质或土质隧道时，应尽量缩短支护至工作面的距离，一环开挖紧跟一环支护。施工短期停工时，应将支护直抵工作面。

（7）双向相对掘进施工隧道，先行到达分界面的一端，必须采取同级围岩喷射混凝土设计厚度封闭掌子面，防止分界断面搁置过久失稳坍塌。处置措施如图 4-2-13 所示。

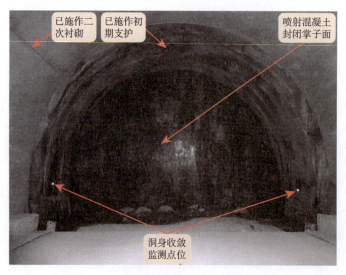

图 4-2-13　隧道暂停掘进封闭掌子面防止坍塌

(8)分部开挖施工的钢支撑拱脚不得悬空或置于废渣及活动的石头上,应及时落底,在拱脚部位施打锁脚锚杆,底部设置刚性垫板或垫梁。有临时仰拱的应及时施作,形成闭合结构。钢支撑底部处置措施如图 4-2-14 所示。

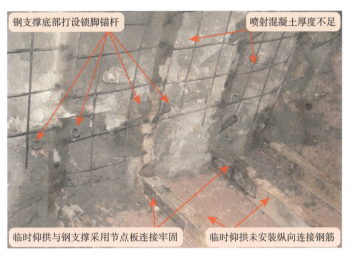

图 4-2-14 钢支撑底部处理措施

(9)施工单位必须严格按照设计文件和施工规范要求开展监控量测工作,对监测数据及时进行分析、处理,用于指导施工。当监测数据异常或突变,洞内或地表位移值大于允许位移值,初期支护喷射混凝土开裂,地表出现异常裂缝时,均应视为坍塌危险信号,必须立即撤离现场作业人员,采取应急处置措施后才能继续施工。

(10)环形开挖预留核心土工法可用于Ⅳ~Ⅴ级围岩或土质围岩的中小跨度隧道,如图 4-2-15 所示。下台阶、仰拱开挖与初期支护应及时跟进,使支护结构闭合成环,提高承载力和抗变形能力。

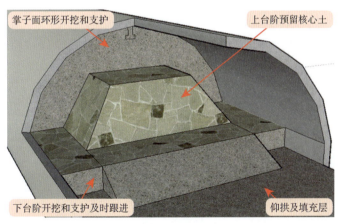

图 4-2-15 环形开挖预留核心土工法示意图

(11)交叉中隔壁法(CRD 法)适用于围岩较差、跨度大、浅埋、地表沉降需要严格控制的软弱围岩隧道施工,有利于大型机械作业,如图 4-2-16 所示。

(12)双侧壁导坑法适用于浅埋大跨度隧道、地表沉降和周边位移需要严格控制、围岩条件很差的软弱围岩隧道施工,如图 4-2-17 所示。双侧壁导坑开挖有利于大型机械作业,紧急情况下可增设临时支撑,便于组织抢险。

(13)进洞施工后,应及时安排洞门衬砌施工。不良地质地段必须尽早完成洞口施工。

(14)软弱围岩地段应在开挖掌子面至二次衬砌之间,沿着初期支护的边墙一侧,设置逃生管道,并随开挖进尺不断前移。逃生管通常使用内径 800mm、壁厚 6mm、每节长 5m、带 U 形插销活动接口的钢管,其强度、刚度及抗冲击能力应能保障围岩坍塌时管内逃生要求。逃生管道的设置方法及演练如图 4-2-18、图 4-2-19 所示。

图 4-2-16　交叉中隔壁法(CRD 法)开挖及支护示意图

图 4-2-17　双侧壁导坑法开挖及支护示意图

图 4-2-18　逃生管道未正确设置

图 4-2-19 逃生管道正确设置并组织演练

(15) 软弱围岩地段施工必须规划应急逃生路线，布设安全预警设施，在紧急情况下引导逃生。

(16) 大断面隧道出现变形和坍塌预兆时，可以采取图 4-2-20 所示应急处置措施。

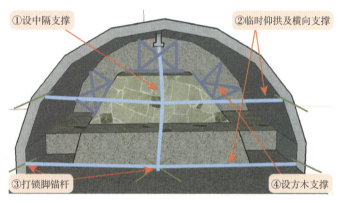

图 4-2-20 坍塌应急处置措施示意图

（三）监理要点

(1) 开工前，施工单位应在隧道工程总体风险评估的基础上，开展坍塌事故专项风险评估，增强安全风险意识，改进施工措施，规范预警预控管理，有效降低施工风险，严防重大坍塌事故发生。

(2) 施工准备阶段，监理单位应审查"实施性施工组织设计"中预防坍塌的安全技术措施是否完善，是否符合工程建设强制性标准的规定要求。

(3) 针对不良地质隧道，施工单位必须按照标准、规范和设计要求编制预防坍塌专项施工方案，附具安全验算结果，并组织专家咨询、论证。经修改完善的专项施工方案，必须由施工企业技术负责人审查，总监理工程师签字批准后方可组织实施。施工单位必须按批准的方案组织施工，严禁擅自改变施工方法，专职安全员进行现场管理。

(4) 监理单位应编制预防坍塌专项安全监理细则，由专业监理工程师编制，总监理工程师批准实施。不良地质隧道监理工程师应巡视检查施工情况，发现未按专项施工方案实施时，应签发监理指令，责成施工单位整改。

(5) 存在坍塌隐患的隧道工程，监理工程师应采取巡视、旁站等措施，加强隧道施工现场安全监督检查，落实超前水文地质探测预报，分析监控量测信息反馈结果。一旦数据异常出现险情，应立即停工撤人，严禁冒险施工作业。

（6）坍塌地段施工必须实行施工单位领导带班工作制度。

（7）在软弱围岩开挖掌子面附近至二次衬砌已施工地段，应按标准化规定要求规范设置逃生管道，严禁在安全设施不到位的情况下施工作业；必须严格控制现场作业人数，提高机械化作业水平，严禁超员组织施工。

（8）对涉及结构安全和耐久性、可能产生坍塌事故的关键工序，监理工程师应组织检查验收、签认，留存声像资料，验收不合格或未经审批不得进行下一道工序施工。

（9）施工单位编制隧道坍塌事故应急救援预案，方案应合理可行并具备可操作性，配备救援物资和抢险设备。严禁事故发生后违章指挥，冒险施救。

（10）监理工程师发现隧道施工存在坍塌事故隐患时，应责成施工单位采取紧急处置措施；情况严重时，应签发暂时停工令，并向建设单位和交通主管部门报告。

三、突泥涌水

(一)基本知识

地下水是造成隧道围岩不稳定的重要因素之一。突泥涌水一般以水、淤泥、泥沙为载体迅速突出，是隧道施工特别严重的地质灾害之一。由于其具有较强的隐蔽性、突发性和不可预见性，容易导致施工现场的临时设施和机械设备受损，危害施工人员安全，增加工程投资，延长施工工期，对作业环境产生重大影响。发生突泥涌水后，必须采取治理措施，改变施工方法。

突泥涌水主要隐患类型有：①洞身穿越暗河、溶洞，引发突泥涌水；②洞身穿越富水断层，围岩严重风化、节理发育，引发突泥涌水；③地表存在补给性水体，渗水通道与洞身连通，引发突泥涌水。

(二)隐患排查

1. 表现形式

（1）隧道开挖施工中遇到暗河、溶洞，发生较大规模的涌水、突泥事故。如图4-2-21所示，洞身围岩为石灰岩，钻眼打孔过程击穿溶洞壁，水柱喷流而出。

图4-2-21 石灰岩钻眼过程产生大量涌水

（2）隧道洞身穿越富水断层地段，围岩风化及破碎程度严重，节理、层理和构造裂隙发育，地层含水量大。在水的作用下，破碎围岩裂隙面抗剪强度降低，掌子面出现掉块，渗水逐渐加大，形成涌水、突泥事故，如图4-2-22所示。

（3）隧道穿越江河、湖泊、水库或海域下方，存在补给性地表水体。洞身围岩存在断层破碎带和较大裂隙，在深层高压水的作用下，开挖面发生渗水、涌水，致使洞身受淹，如图4-2-23所示。

图4-2-22　突泥涌水倾泻而出

图4-2-23　突泥涌水淹没洞身

（4）某隧道顶部覆盖层较薄，地面存在一处蓄水凹坑，施工期间突然发生冒顶坍塌，大量的泥石流涌入洞内，形成突泥涌水事故。地表坍塌冒顶如图4-2-24所示，洞内突泥涌水清理后残留痕迹如图4-2-25所示。

图4-2-24　地表坍塌冒顶示意图

 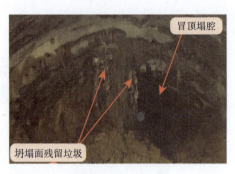

图 4-2-25　洞内突泥涌水清理后残留痕迹图

（5）隧道断裂构造和褶皱构造极其发育，地下水丰富，致使洞身围岩强烈变形，自稳能力差。掌子面开挖后即有渗水涌出，围岩遇水急速软化，拱部围岩被水冲蚀剥落，出现严重掉块和滑塌，继而产生突泥涌水。

2．原因分析

（1）隧道掘进未采取超前地质探测预报措施，提前预测前方围岩地质情况，判断是否存在不良地质情况。

（2）隧道开挖施工中遇到暗河、溶洞、与地表水体连通的断层裂隙破碎带围岩。当岩体开挖揭露后，造成岩溶水压的承载失衡，大量地下水及软弱填充泥沙涌流而出，导致大规模的涌水、突泥事故发生。

（3）在地下水发育的软弱破碎围岩隧道，遇水后围岩急速软化，被水冲蚀剥落和严重掉块，围岩及初期支护不能抵抗洞身周边巨大水压而发生变形，洞身失稳坍塌，继而引发突泥涌水。

（4）在地下水丰富的地段施工时，由于排水能力不足或方法不当，地下水迅速涌出造成洞内水位迅速上升，致使施工难以进行。

3．处置措施

（1）隧道掘进施工应采取超前地质预报措施，提前探测前方围岩地质情况，判断是否具有突泥涌水可能，防止灾害事故的发生。若超前探测存在发生突泥涌水的地质情况时，应采取有效的施工技术措施和处置方案。

（2）当遇到突泥涌水先兆或发生突泥涌水时，现场负责人应立即组织所有施工作业人员和主要机械设备撤离至安全位置。当发生人员伤亡时，应根据现场突泥涌水实际情况，在确保抢险人员生命安全的情况下，及时采取有效的抢救方案，减少人员伤亡程度，积极组织人力、物力、财力全力抢险救灾，降低灾害损失。突泥涌水应急处置措施如图 4-2-26 所示。

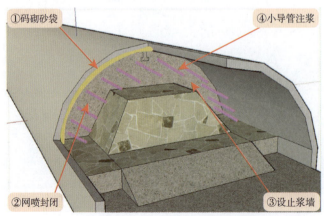

图 4-2-26　突泥涌水应急处置措施示意图

(3)突泥涌水处置方案的选择,一定要考虑隧道周围的施工环境和施工条件,根据水源情况,采取下列相应的处置措施。

①一般排水:对涌水量不大,经过了解分析地层结构肯定其补给量较小时,可采用一般排水办法,如机械排水、平行导坑排水、加大边沟排水等。

②钻孔排水:在涌水量较大时,可采用水平钻机或潜孔凿岩机进行钻孔排水减压,如图 4-2-27 所示。还可在特设的横洞(能利用大避车洞则更好)中设置钻孔拦截地下水,将地下水引入隧道的积水坑中。

图 4-2-27　水平钻机钻孔排水减压

③泄水洞(坑道)排水:用于拦截并排除流向隧道内的大股地下水。

④超前围岩预注浆堵水:当地下水丰富且排水夹带泥沙引起开挖面失稳,或排水后对生态环境影响较大,或排水工作量较大、费用较高时,可采取超前围岩预注浆堵水措施。

⑤开挖后补注浆:适用于已实施超前预注浆但开挖后仍然存在渗水,且初期支护存在变形甚至破坏的地段。

⑥对危险程度较高地段,可采用设止浆墙封堵。沿隧道开挖面轮廓线按轴向辐射状布孔,进行全断面全封闭深孔注浆固结止水,使隧道周边及开挖面形成一个止水帷幕加固区,切断地下水流通路,保持围岩稳定,增强施工安全。

隧道穿越海底风化深槽地段,沿开挖轮廓线以外采取注浆措施,形成 5m 厚度环形止水帷幕加固圈,避免产生突泥涌水和坍塌事故,如图 4-2-28 所示;掌子面止浆墙如图 4-2-29 所示。

(4)当容易发生突泥涌水地段上方存在江河、湖泊、海洋时,为预防地表水体在水头落差压力下,持续渗流补充地下水,导致突泥涌水,可在上述处置措施的基础上,在洞身围岩较好的地段设置防水闸门。闸门采取内置型钢骨架、外贴钢板的可拆卸重复利用结构,可循环使用。一旦掌子面地段发生不可控制的险情,迅速撤离作业人员,关闭防水闸门,阻断突泥涌水危害。

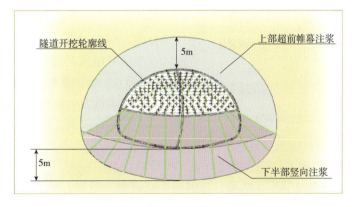

图 4-2-28　海底隧道帷幕注浆示意图

图 4-2-29 掌子面止浆墙示意图

某海底隧道防水闸门平面布置如图 4-2-30 所示,立面布置如图 4-2-31 所示。

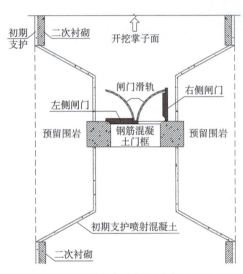

图 4-2-30 某海底隧道防水闸门平面图

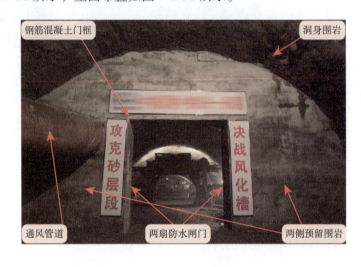

图 4-2-31 海底隧道防水闸门立面图

(5)经超前地质预报探测,容易发生突泥涌水的施工地段要规划应急逃生路线,布设醒目可见的应急灯、报警器、指路标志等安全预警设施。一旦发生事故,立即启动报警系统,引导作业人员按逃生路线迅速撤离。海底隧道应急逃生路线如图 4-2-32 所示。

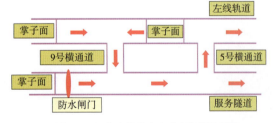

图 4-2-32 海底隧道应急逃生路线示意图

(三)监理要点

(1)开工前,针对存在突泥涌水的不良地质隧道,施工单位应在隧道工程总体风险评估的基础上,开展突泥涌水事故专项风险评估,增强安全风险意识,改进施工措施,规范预警预控管理,有效降低施工风险,严防重大事故发生。

(2)施工准备阶段,监理单位应审查"实施性施工组织设计"中预防突泥涌水的安全技术措施是否完善,是否符合工程建设强制性标准的规定要求。

(3)针对海(水)底隧道和不良地质隧道,施工单位必须按照标准、规范和设计要求编制预防突泥涌水专项施工方案,附具安全验算结果,并组织专家咨询、论证。经修改完善的专项施工方案,必须由施工企业技术负责人审查,总监理工程师签字批准后方可组织实施。施工单位必须按批准的方案组织施工,严禁擅自改变施工方法,专职安全员进行现场管理。

(4)监理单位应编制预防突泥涌水专项安全监理细则,由专业监理工程师编制,总监理工程师批准实施。不良地质隧道监理工程师应巡视检查施工情况,发现未按专项施工方案实施时,应签发监理指令,责成施工单位整改。

(5)存在突泥涌水安全隐患的隧道工程,监理工程师应采取巡视、旁站等措施,加强隧道施工现场安全监督检查,落实超前水文地质探测预报,分析监控量测信息反馈结果。一旦数据异常出现险情,应立即停工撤人,严禁冒险施工作业。

(6)在可能产生突泥涌水的软弱围岩地段,必须落实施工安全和紧急逃生措施;严格控制现场作业人数,提高机械化作业水平,严禁超员组织施工。

(7)对可能产生突泥涌水事故的开挖和支护工序,监理工程师应组织检查验收、签认,留存声像资料,验收不合格或未经审批不得进行下一道工序施工。

(8)突泥涌水地段抢险施工必须实行施工单位领导带班工作制度。

(9)施工单位应编制隧道突泥涌水事故应急救援预案,方案应合理可行并具备可操作性,配备救援物资和抢险设备。严禁事故发生后违章指挥,冒险施救。

(10)监理工程师发现隧道施工存在突泥涌水事故隐患时,应责成施工单位采取紧急处置措施;情况严重时,应签发暂时停工令,并向建设单位和交通主管部门报告。

四、有害气体

(一)基本知识

有害气体是指对人的健康产生不利影响,或者对人的健康虽无影响,但使人感到不舒服、影响人舒适度的气体。隧道施工产生的有害气体使得洞内环境和作业条件恶化,从而导致劳动效率降低,危害作业人员的身心健康和安全。洞内有害气体通常包括有毒气体、可燃性气体和窒息性气体,大体上可分为自然发生的(如天然瓦斯、缺氧空气等)和施工产生的(如爆破后气体、作业面粉尘等)两大类。为使洞内形成一个能满足作业安全、提高工效的舒适环境,最根本的措施就是消除有害气体和减少发生源。

与隧道作业环境密切相关的基本因素还有温度、湿度、噪声、照明、通风及风速。这些因素虽然不产生有害物质,但会破坏洞内舒适、安全的作业环境。如果这些因素不适合,也会影响作业效率,使灾害发生率上升。

有害气体主要隐患类型有:施工产生粉尘、爆破产生有害气体、动力设备排放烟雾和废气、天然存在可燃性气体、天然存在瓦斯、天然存在缺氧空气。

(二)隐患排查

1. 表现形式

(1)钻孔、爆破、装渣、运输、喷射混凝土、混凝土拌和、注浆及灌注混凝土等施工作业过程产生大量的粉尘(游离二氧化硅SiO_2)。尤其喷射混凝土产生的粉尘量最多,如图4-2-33所示。

(2)爆破作业产生的气体含有一氧化碳(CO)、氮氧化物(NO_x)等有害物质。

图4-2-33 喷射混凝土产生大量的粉尘

(3)使用柴油的施工机械、运输车辆和动力设备,产生烟雾和废气,含有大量的氮氧化物(NO_x)、一氧化碳(CO)等有害物质。

(4)使用汽油的动力设备产生含有铅(Pb)、一氧化碳(CO)、二氧化硫(SO_2)、氮氧化物(NO_x)等有害物质的尾气。

(5)围岩天然蕴藏、经开挖释放出来的可燃性气体、瓦斯(甲烷CH_4)及缺氧空气。

2. 原因分析

(1)隧道爆破、开挖、装渣、运输、锚喷支护等施工作业过程,产生大量的粉尘,长时间吸入后导致肺部纤维化,可能引起矽肺病、皮肤病、全身中毒等综合性危害。

(2)瓦斯是无色、无味的气体,难溶于水,在围岩中以游离状态和吸着状态存在。瓦斯突出隧道达到一定浓度时,能使人因缺氧而窒息,且容易发生燃烧火灾或爆炸,形成高温高压气体以极大的速度向外冲击,伤害作业人员,破坏巷道和机械设备。另外,爆炸后生成大量的有害气体,造成作业人员中毒。

(3)二氧化硫(SO_2)、氮氧化物(NO_x)、氨(NH_3)等气体能与大气中的飘尘黏附,严重污染空气。当人体吸入这些有害气体时,容易产生昏迷中毒。

(4)一氧化碳(CO)、硫化氢(H_2S)气体使人中毒、窒息,并且容易发生爆炸,产生冲击波伤害作业人员。

(5)缺氧空气使人呼吸困难,容易产生窒息、昏迷和中毒。下列情况容易产生缺氧空气:

①隧道穿越煤系地层、油田地层,开挖后释放出天然蕴藏的可燃性气体和瓦斯(CH_4),浓度较大时稀释隧道内的氧气。

②腐殖土围岩因土中细菌作用,会产生甲烷(CH_4)、硫化氢(H_2S)等气体,稀释隧道内的氧气。

③含有碳酸钙($CaCO_3$)的围岩地层,可分解、涌出大量的二氧化碳(CO_2),稀释隧道内的氧气。

④不透气的砂砾层因滞水产生缺氧状态。

⑤涌水处地层呈现铁锈似的红色时,可能缺氧。

3. 处置措施

(1)隧道施工应定期监测粉尘和有毒有害气体的浓度,保持安全、舒适、卫生的作业环境。洞内空气成分每月至少取样分析一次,风速、含尘量每月至少检测一次。洞内有毒有害气体监测如图4-2-34所示。具体环境标准要求如下:

①通过调整隧道通风的最佳风速(1.5~3.0m/s)以排除粉尘。

②保证每人每分钟供应$4m^3$的新鲜空气,氧气含量不得低于20%。

③洞内气温不宜超过28℃。

④洞内湿度控制在70%~90%之间变化。

⑤洞内噪声不大于90dB。

图4-2-34 洞内有毒有害气体监测

(2)洞内有毒有害气体浓度的允许值应按以下标准控制:

①瓦斯(甲烷CH_4)含量按体积计不得大于0.5%,每隔0.5~1h检测一次。当瓦斯含量大于0.5%时,应在开挖面随时检测,发现异常及时采取措施。当瓦斯含量达到2%时,必须加强通风降低瓦斯含量,方可进入检测。

②一氧化碳(CO)最高允许浓度为$30mg/m^3$。在特殊情况下,施工人员必须进入工作面时,可为$100mg/m^3$,但必须在30min内降至$30mg/m^3$。

③二氧化碳(CO_2)允许值按体积计不得大于0.5%。

④粉尘(SiO_2):含10%以上游离二氧化硅的粉尘浓度不得超过$2mg/m^3$;含10%以下游离二氧化硅的粉尘浓度不得超过$4mg/m^3$。

⑤二氧化硫(SO_2)浓度不得超过$15mg/m^3$。

⑥硫化氢(H_2S)浓度不得超过$10mg/m^3$。

⑦氮氧化物(NO_x)允许值为$5mg/m^3$以下。

⑧氨(NH_3)浓度不得超过$30mg/m^3$。

(3)机械通风是冲淡、排除隧道有害气体的主要措施,还可以降低粉尘、温度、湿度,消除缺氧,保持洞内空气新鲜,改善作业环境。隧道掘进50m以上必须实施机械通风,应设专人管理、维修。通风管道安装应做到平顺、接头严密,弯管半径不小于管道直径的3倍;管壁如有破损,必须及时修补或更换。机械通风及洞内管线布置如图4-2-35所示。

(4)无论通风机是否运转,严禁人员在风管的进出口附近停留。通风机停止转动时,任何人员不得靠近通风软管行走或在软管旁停留,不得将任何物品放在通风管或管口上。

(5)施工宜采用湿式凿岩机钻孔,用湿喷机喷射初期支护混凝土等减少粉尘浓度的施工工艺。

(6)在凿岩和装渣工作面上应采取以下防尘措施:

①凿岩机钻眼打孔时,必须先送水后送风,保持湿式凿岩,采取水压爆破,如图4-2-36所示。

图4-2-35 洞内管线布置示意图

图4-2-36 隧道爆破降低扬尘措施

②放炮前后应进行喷雾与洒水,用装水的软塑料袋充当炮泥,爆炸时水在强烈的冲击下雾化,起到湿式除尘作用。

③出渣前应喷水淋透渣堆和冲洗岩壁,作业面及运输道路采取喷淋洒水降低扬尘措施。如图4-2-37所示。

④在吹入式的出风口,应设置喷雾器净化风流中的粉尘。

⑤个体防护:施工人员应佩戴防尘口罩、防尘手套。

(7)防尘用水的水质和固体物质必须符合卫生标准,水池应保持清洁,设置沉淀或过滤设施。

(8)任何汽油动力设备都不允许停放在隧道内,或在隧道内使用,避免产生有毒有害气体。

图 4-2-37　隧道运输降低扬尘措施

（9）隧道洞内施工应选用低污染的柴油动力设备，并应带有机外净化装置。

（10）瓦斯隧道必须采用压入式或巷道式机械通风。风量应能冲淡和稀释瓦斯，保证洞内各部位的瓦斯浓度不超过规定浓度。如果通风设备出现故障或洞内通风受阻，所有人员应撤离现场，在通风系统恢复正常工作、经全面检查确认洞内有害气体浓度符合要求之前，任何人不得进入洞内。瓦斯隧道应急逃生标志如图 4-2-38 所示。

图 4-2-38　瓦斯隧道逃生路线示意

（11）瓦斯隧道通风的风速应能防止瓦斯在角隅和洞顶聚集、滞留，不间断连续运转，不小于最低风速。

（12）瓦斯隧道应严格按照规定配置防爆设备和设施，高度重视防爆工作，采取以下措施：

①洞内不得使用任何明火或火源。

②作业人员禁止吸烟。

③机械设备必须采用防爆及自动检测报警断电装置。

④对洞内的所有线路及照明设施进行改造，所有电缆采用阻燃、防爆电缆。

⑤洞内作业人员穿防静电工作服，禁止穿戴易产生静电的尼龙衣物进洞作业。为防止通风管道带静电，可以采取接地措施。

（三）监理要点

（1）开工前，针对存在天然有毒有害气体的煤系地层、采空区等不良地质隧道，施工单位应在隧道工程总体风险评估的基础上，开展有毒有害气体事故专项风险评估，增强安全风险意识，改进施工措施，规范预警预控管理，有效降低施工风险，严防重大爆炸或中毒事故发生。

（2）施工准备阶段，监理单位应审查"实施性施工组织设计"中预防有毒有害气体的安全技术措施是否完善，是否符合工程建设强制性标准的规定要求。

（3）针对存在有毒有害气体的不良地质隧道，施工单位必须按照标准、规范和设计要求编制专项施工方案，并组织专家咨询、论证。经修改完善的专项施工方案，必须由施工企业技术负责人审查，总监理工程师签字批准后方可组织实施。施工单位必须按批准的方案组织施工，严禁擅自改变施工方法，专职安全员进行现场管理。

（4）监理单位应编制预防有毒有害气体专项安全监理细则，由专业监理工程师编制，总监理工程师批准实施。存在有毒有害气体的不良地质隧道，监理工程师应巡视检查施工情况，发现未按专项施工方案实施时,应签发监理指令,责成施工单位整改。

(5)存在天然有毒有害气体的隧道工程,监理工程师应采取巡视、旁站等措施,加强隧道施工现场安全监督检查,落实超前探测预报,分析监测结果。一旦出现异常险情,应立即停工撤人,严禁冒险施工作业。

(6)存在天然有毒有害气体的隧道工程,必须实行施工单位领导带班工作制度,落实施工安全和紧急逃生措施;严格控制现场作业人数,提高机械化作业水平,严禁超员组织施工。

(7)施工单位应做好隧道内的通风、排水等文明施工措施。洞内"管、线、路"安全可靠,布局合理;施工现场安全标识齐全,通风管道应具备一定的压力并延伸到距离掌子面20m以内,对作业产生的有害气体进行检测,严禁有害气体浓度超标危害作业人员安全。

(8)施工单位应编制有毒有害气体事故应急救援预案,方案应合理可行并具备可操作性,配备救援物资和抢险设备。严禁事故发生后违章指挥,冒险施救。

(9)监理工程师发现隧道施工存在有毒有害气体事故隐患时,应责成施工单位采取紧急处置措施;情况严重时,应签发暂时停工令,并向建设单位和交通主管部门报告。

五、流沙

(一)基本知识

隧道开挖过程产生流沙现象,是水在围岩裂隙中渗流所产生的动水压力对岩体作用的结果。沙岩、沙土或粉质黏土整体性差,在动水压力的作用下丧失黏聚力,颗粒处于悬浮状态,随渗流的水一起流动而形成流沙,多呈糊浆状或涌流状。

公路隧道属于管状地下工程,作业空间狭窄。一旦发生流沙,可引起围岩失稳坍塌,洞身淤积堵塞,支护结构变形,甚至倒塌破坏,将对隧道作业人员的人身安全造成极大危害,对施工机械设备和工程财产造成严重损失,给后续施工带来困难。

流沙的主要隐患类型有:①洞身穿越富水沙质岩土,开挖引发流沙坍塌;②洞身穿越与地表水体连通的富水沙层,开挖引发流沙坍塌;③突发流沙冲毁堵塞隧道洞身。

(二)隐患排查

1. 表现形式

(1)海底隧道穿越与海域连通的富水沙层。服务隧道断面较小,施工进度超前两侧主线隧道。施工过程因拱顶局部与沙层贯通,造成涌水、流沙和坍塌。

(2)海底隧道竖井开挖时,穿越富水沙层。受潮汐影响,在高潮位海水压力作用下,突发流沙涌入竖井,淹没井内停置的施工机械和设备。泥沙及涌水急速上升,导致井壁外侧周边地表迅速沉陷,竖井开挖被迫停止。某海底隧道竖井地质剖面透水沙层如图4-2-39所示,竖井开挖如图4-2-40所示。

(3)富水沙岩、沙土或粉质黏土围岩开挖施工,由于渗水带走泥沙和粉土,使得围岩空穴逐渐扩大,继而产生坍塌。

(4)突发流沙倾泻而出,淤积堵塞隧道洞身,冲毁淹没作业人员、施工机械和设备,损坏隧道支护结构。

2. 原因分析

(1)沙层中的地下水对沙体产生悬浮作用,降低颗粒之间摩擦力。开挖形成动水压力,能轻易地将沙粒带走,形成流沙和坍塌。

(2)富水沙岩、沙土、粉质黏土及沙砾层围岩缺少黏聚力,如果未采取固结措施,地下水的渗流及涌水造成沙层流失,逐渐在拱部或边墙产生掉块、剥离,形成空洞,造成土体的塑性区加大。

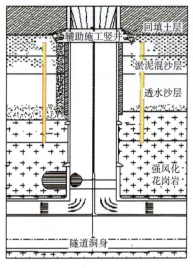

图 4-2-39　某海底隧道竖井地质剖面图　　　　图 4-2-40　海底隧道竖井开挖示意图

(3) 隧道穿越与地表水体(海水、河水或湖泊)连通的富水沙层,因水的落差和渗透压力较大,逐渐产生涌水、流沙和塌陷。

(4) 由于超前支护、固结效果差,在压力水的作用下,流沙倾泻而出,产生巨大的冲击力,快速冲开挖作业面,淤积堵塞隧道洞身,伤害作业人员、淹没施工机械和设备,初期支护结构变形受损,二次衬砌结构失稳。

3. 处置措施

(1) 隧道通过含水沙层之前,应通过超前地质预报措施,探测沙层特性、类型,标定沙层的规模、范围和准确位置,了解沙层地质构造、物理力学指标、滞水层分布,以及地下水压力和透水系数等,制订切实可行的处置方案和施工安全措施。

(2) 隧道通过含水沙层地段应采取治水措施,以减少沙层的含水量为主要目标,将沙层中的自由水降低到不使沙粒流失,避免产生流沙和坍塌。

(3) 含水沙层治水施工可采取以下措施:

①隧道埋深在 20m 以内,可在地表采取治水措施,截断地下水流。通常采用地表注浆堵水,或从地表设置止水帷幕,施工穿过沙层的止水支护结构(如地下连续墙、连续钢板桩、深层搅拌桩、密排灌注咬合桩等),分段、分仓阻隔止水,切断沙层与地下水或地表水的连接通道,使隧道开挖通过沙层时实现无水作业。透水沙层位于某海底隧道纵横断面地质剖面如图 4-2-41、图 4-2-42 所示;采用地下连续墙处置透水沙层的工程措施如图 4-2-43 所示;洞内透水沙层经综合处置后无水施工如图 4-2-44、图 4-2-45 所示。

②深埋超过 20m 时,可采用工作面超前注浆堵水措施。通常采取超前帷幕预注浆、超前小导管周边预注浆、开挖后局部注浆止水,堵塞渗水通道。

③采取井点降水措施(如轻型井点、管井井点、喷射井点等),降低地下水位。通过深井降水、抽排,降低水压力,防止沙层稀释和挟走沙粒。

④遇到特大范围流沙地层时,可采用冻结法、硅化法、压气法等特殊止水措施,阻止地下水的渗流,以防止流沙发生。

(4) 当隧道施工突遇含水沙层时,应迅速采取有效措施封闭流沙通道,防止开挖面流沙大量涌入。

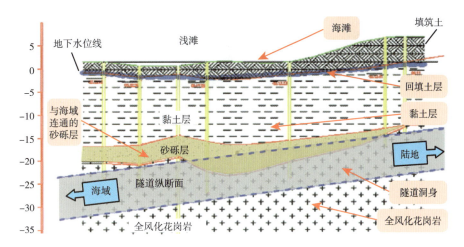

图 4-2-41 某海底隧道纵断面地质剖面示意图

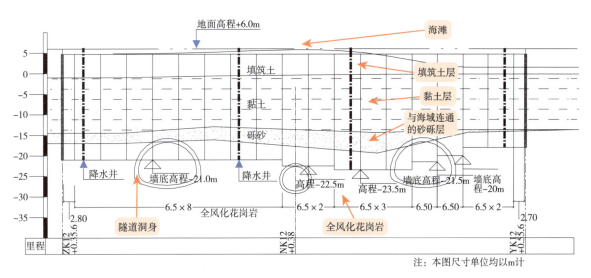

图 4-2-42 某海底隧道横断面地质剖面示意图

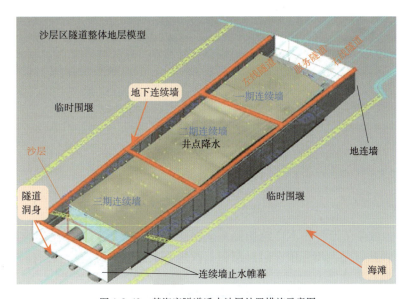

图 4-2-43 某海底隧道透水沙层处置措施示意图

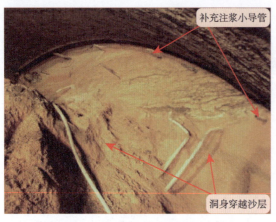

图 4-2-44 透水沙层经综合处置后无水施工

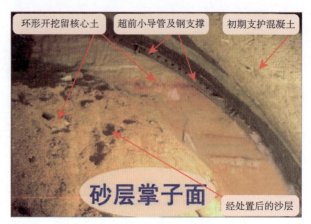

图 4-2-45 透水沙层开挖及支护施工示意图

(5)洞内沙层开挖应设置排水沟或预制管道、预制沟槽,将渗水引排至洞外。排水沟采取片石砌筑、迎水面砂浆抹面等防渗措施。

(6)流沙地层开挖后,应尽快施作仰拱、边墙和拱部初期支护,封闭开挖面。初期支护闭合成环后,能有效抑制流沙,防止围岩及支护结构遭受破坏。

某隧道穿越透水沙层产生拱部坍塌后,综合处置措施如图 4-2-46 所示。

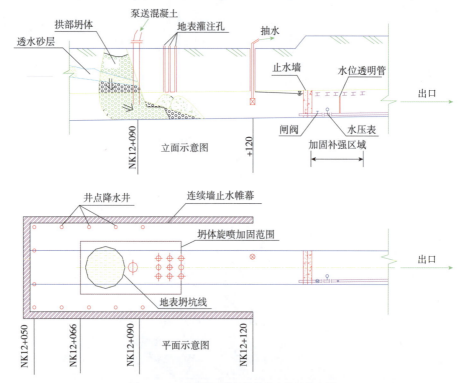

图 4-2-46 透水沙层拱部坍塌综合处置示意图

(三)监理要点

(1)开工前,针对存在流沙的不良地质隧道,施工单位应在隧道工程总体风险评估的基础上,开展流沙事故专项风险评估,增强安全风险意识,改进施工措施,规范预警预控管理,有效降低施工风险,严防重大事故发生。

(2)施工准备阶段,监理单位应审查"实施性施工组织设计"中预防流沙的安全技术措施是否完善，是否符合工程建设强制性标准的规定要求。

（3）针对存在流沙的不良地质隧道，施工单位必须按照标准、规范和设计要求编制预防流沙专项施工方案，附具安全验算结果，并组织专家咨询、论证。经修改完善的专项施工方案，必须由施工企业技术负责人审查，总监理工程师签字批准后方可组织实施。施工单位必须按批准的方案组织施工，严禁擅自改变施工方法，专职安全员进行现场管理。

（4）监理单位应编制预防流沙专项安全监理细则，由专业监理工程师编制，总监理工程师批准实施。不良地质隧道监理工程师应巡视检查施工情况，发现未按专项施工方案实施时，应签发监理指令，责成施工单位整改。

（5）存在流沙安全隐患的隧道工程，监理工程师应采取巡视、旁站等措施，加强隧道施工现场安全监督检查，落实超前水文地质探测预报，分析监控量测信息反馈结果。一旦数据异常出现险情，应立即停工撤人，严禁冒险施工作业。

（6）在可能产生流沙的不良地质地段，必须落实施工安全和紧急逃生措施；严格控制现场作业人数，提高机械化作业水平，严禁超员组织施工。

（7）对可能产生流沙事故的开挖和支护工序，监理工程师应组织检查验收、签认，留存声像资料，验收不合格或未经审批不得进行下一道工序施工。

（8）流沙地段抢险施工必须实行施工单位领导带班工作制度。

（9）施工单位应编制隧道流沙事故应急救援预案，方案应合理可行并具备可操作性，配备救援物资和抢险设备。严禁事故发生后违章指挥，冒险施救。

（10）监理工程师发现隧道施工存在流沙事故隐患时，应责成施工单位采取紧急处置措施；情况严重时，应签发暂时停工令，并向建设单位和交通主管部门报告。

六、洞口失稳

（一）基本知识

洞口位于隧道进出端头，犹如隧道的咽喉要道，对于隧道施工及运营安全至关重要。洞口段地表覆盖层通常较薄，地质条件较差，围岩风化、破碎程度及偏压现象较严重，地表水及地下水较丰富，坡面容易产生落石、滑动和坍塌。洞口失稳可导致洞口堵塞，干扰洞内正常施工，影响施工安全和延误工期。洞口失稳可能引发高处坠落或物体打击，导致作业人员伤亡或机械设备受损。

洞口失稳的主要隐患类型有：洞口边坡滑坡、坍塌，洞口仰坡滑坡、坍塌，洞口严重偏压变形失稳，坡面孤石坠落。

（二）隐患排查

1. 表现形式

（1）洞口穿越岩堆、滑坡体，设计未探明滑坡体规模，未采取处置措施或措施不当。开挖扰动岩堆、滑坡体，引起滑坡或坍塌。

（2）高边坡、松散岩体防护处置措施不到位，出现不稳定现象未及时采取措施或措施不当。

（3）雨季进洞施工无排水措施，未按设计开挖截水沟、排水沟，未形成排水体系。受台风暴雨冲刷导致仰坡、边坡失稳坍塌，如图4-2-47所示。

浅埋暗挖隧道洞口正确的开挖及支护施工措施如图4-2-48所示。

（4）洞口开挖方法不正确，未自上而下分层开挖、分层支护，采取掏底开挖或上下重叠开挖。

（5）施工爆破控制不当，爆破设计与实际围岩情况不匹配，软弱围岩采用深眼大爆破或集中药包爆破。

（6）洞口两侧山体由于高差产生严重偏压，破坏洞口段支护及衬砌结构。

(7)不良地质隧道进洞过晚，洞口大开挖、大爆破。

(8)坡面孤石或物体坠落，打击洞口施工人员和机械设备。

隧道洞口边坡、仰坡及支护工程失稳受损情况及处置如图4-2-49、图4-2-50所示。

图4-2-47 隧道洞口边坡失稳

图4-2-48 浅埋暗挖隧道洞口开挖及支护施工示意图

图4-2-49 洞口边坡仰坡坍塌损坏支护工程

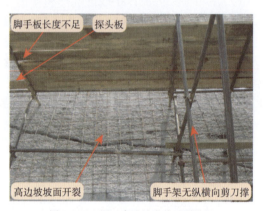

图4-2-50 洞口高边坡失稳开裂处置

2. 原因分析

(1)洞口开挖之前，未先建立完整、畅通的截水沟、急流槽、排水沟等地表排水系统。台风暴雨冲刷坡面，渗水使得土体重量增加，且土体颗粒之间摩擦力减小，导致仰坡、边坡失稳。

(2)洞口开挖后，未及时进行坡面防护工程施工，影响仰坡、边坡稳定。坡面坍塌、孤石或物体坠落将对进出隧道的施工人员和机械设备安全构成较大威胁。

(3)多数隧道洞口地质条件不良，土质松散，稳定性差。施工方法不正确，未自上而下分层开挖、分层支护；采用深眼大爆破或集中药包爆破，对山体产生强烈震动和扰动，产生坡面失稳坍塌。

(4)洞口处于滑坡体上，未探明工程地质情况并制订边坡加固方案，开挖扰动滑坡体引起坍塌。

(5)洞口两侧山体高差悬殊，隧道开挖破坏了原有的土体平衡状态，产生明显偏压受力。未采取工程处置措施，影响隧道支护及衬砌结构稳定。

(6)不良地质隧道进洞过晚，大开挖产生高边坡和仰坡，防护不到位，产生坡面失稳坍塌。

(7)洞口超前支护未施作或不满足要求即开挖进洞，容易产生坍塌冒顶。

(8)不良地质洞口边坡、仰坡开挖和支护施工未开展监测或监测不到位，持续或加速变形导致失稳坍塌。

3. 处置措施

(1)隧道洞口土石方开挖及进洞之前，必须率先施工边坡顶上和坡面平台截水沟、急流槽、排水沟，完善洞口排水系统。雨天应加强巡查，确保洞口排水顺畅，无淤积、堵塞现象，防止地表水渗透或冲刷边坡造成洞口失稳。

（2）洞口施工宜"早进洞、晚出洞"，尽量减少对地表和植被的扰动和破坏，避免大开挖形成高边坡和仰坡。软弱围岩洞口开挖严禁采用深眼大爆破或集中药包爆破，避免强烈震动影响坡面稳定。

（3）对边坡和仰坡以上可能滑塌的土体、灌木、孤石及碎落石块，应清除减载，采取有效的防护和加固措施彻底整治，确保隧道施工及运营安全。

（4）偏压洞口施工前，应制订减载、平衡反压填土、浅埋段土体加固、设置支挡结构物、增强隧道结构的整体抗变形能力等防护措施。开挖方法应结合偏压地形情况确定，不得人为加剧偏压状况，影响洞口安全。

（5）洞口边坡、仰坡采用明挖法施工时，应先外后内、自上而下、分段分层进行开挖，不得掏底开挖或上下重叠开挖。

（6）洞口超前支护措施施作到位后即可进洞施工。应及时完成洞身二次衬砌、洞门衬砌和坡面防护施工，稳固洞口边坡、仰坡，为后续的洞内施工创造安全稳定的条件。

洞口防护措施如图 4-2-51 所示。

图 4-2-51　进洞后及时施作洞口衬砌和坡面防护施工

（7）为加强隧道进口管理，洞口必须设立电子门禁系统和值班室，安排专人 24h 轮岗值班，巡查洞口边坡稳定和安全状况，对进出洞口的各类人员和机械设备进行登记管理。

洞口安全管理措施如图 4-2-52 所示。

图 4-2-52　洞口设立电子门禁系统和值班室

(8)长隧道、特长隧道以及海底(水底)隧道必须配置安全生产应急预警系统,如图 4-2-53 所示。

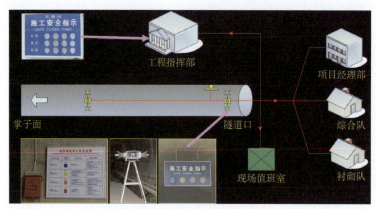

图 4-2-53 安全生产应急预警系统

(三)监理要点

(1)开工前,针对洞口浅埋、偏压、软弱围岩等不良地质隧道,施工单位应在隧道工程总体风险评估的基础上,开展洞口失稳专项风险评估,增强安全风险意识,改进施工措施,规范预警预控管理,有效降低施工风险,严防洞口滑坡和坍塌事故发生。

(2)施工准备阶段,监理单位应审查"实施性施工组织设计"中预防洞口失稳的安全技术措施是否完善,是否符合工程建设强制性标准的规定要求。

(3)针对洞口不良地质隧道,施工单位必须按照标准、规范和设计要求编制预防洞口失稳专项施工方案,附具安全验算结果,并组织专家咨询、论证。经修改完善的专项施工方案,必须由施工企业技术负责人审查,总监理工程师签字批准后方可组织实施。施工单位必须按批准的方案组织施工,严禁擅自改变施工方法,专职安全员进行现场管理。

(4)监理单位应编制预防洞口失稳专项安全监理细则,由专业监理工程师编制,总监理工程师批准实施。发现未按专项施工方案实施时,监理工程师应签发监理指令,责成施工单位整改。

(5)监理工程师应督促施工单位尽快实施完善洞口排水系统,清除坡面松动浮石,检查洞口开挖和支护工序。验收不合格或未经审批不得进洞施工。

(6)存在洞口失稳安全隐患的隧道工程,监理工程师应采取巡视、旁站等措施,加强隧道施工现场安全监督检查,落实超前水文地质探测预报,分析边坡、仰坡监测数据。一旦出现异常险情,应立即停工撤人,严禁冒险施工作业。

(7)不良地质洞口施工,必须实行施工单位领导带班工作制度,落实安全防护和紧急避险措施;严格控制现场作业人数,提高机械化作业水平,严禁超员组织施工。

(8)施工单位应编制隧道洞口失稳事故应急救援预案,方案应合理可行并具备可操作性,配备救援物资和抢险设备。严禁事故发生后违章指挥,冒险施救。

(9)监理工程师发现隧道施工存在洞口失稳事故隐患时,应责成施工单位采取紧急处置措施;情况严重时,应签发暂时停工令,并向建设单位和交通主管部门报告。

七、洞内火灾

(一)基本知识

隧道工程施工通道狭窄,作业空间有限,处于一端封闭的管状空间状态。施工过程一旦发生火灾,火源温度高,燃烧蔓延速度快,能见度低。着火区域充满浓烟,产生大量的不完全燃烧产物

（如 CO，无色、无味、有强烈毒性），在高温热气压的作用下快速扩散。由于洞内疏散、逃生、灭火、抢险及施救条件受限制，容易发生群体伤亡事故。

洞内火灾的主要隐患类型有：防水、排水材料燃烧引发火灾，易燃易爆物品爆炸引发火灾，电力线路和设备故障引发火灾。

（二）隐患排查

1. 表现形式

（1）隧道施工必须大量使用防水、排水材料，这些由塑料或橡胶制作的化工材料一旦着火燃烧，无法自然排烟，将产生大量的有毒有害气体和烟雾，迅速使人中毒、昏迷，造成作业人员伤亡事故。

（2）隧道着火燃烧产生的热量不易散发，可达到1000℃以上的高温、缺氧状态，并且迅速传播扩散，使洞内作业人员烧伤、窒息、死亡。

（3）隧道发生火灾后，引燃电力线路，破坏施工照明系统，大量的烟雾充满隧道，使得隧道内能见度大大降低。另一方面，由于其一端封闭的管状结构特点，给扑救火灾、疏散人员和逃生带来极大困难。

（4）隧道火灾可能引发洞内其他易燃、易爆物品燃烧或爆炸，加剧火势发展。

（5）隧道火灾可能产生支护结构坍塌打击、电力线路触电等次生灾害，危害作业人员和机械设备。

隧道火灾产生的灾害如图 4-2-54、图 4-2-55 所示。

图 4-2-54　隧道火灾危害示意图

图 4-2-55　隧道火灾危害及施救示意图

2. 原因分析

(1) 电焊或切割钢筋产生的火花、高温焊渣或钢筋头，容易点燃橡胶防水板、塑料排水管、盲沟、止水带等化工制品材料，产生高温、高压气体以及有毒有害烟雾。电焊作业引燃火灾安全隐患如图 4-2-56 所示。

图 4-2-56　电焊作业及灯具烘烤容易引发火灾

(2) 施工照明碘钨灯等高温灯具烘烤或倒地，引燃橡胶防水卷材、化纤土工布、塑料排水管，继而引燃施工台架和其他可燃物体。

(3) 炸药、雷管、氧气瓶、乙炔瓶、汽油、煤油、变压器油等易燃易爆物品使用保管不当酿成火灾，或在火灾环境下引发燃烧和爆炸加剧火灾。

(4) 电力线路、配电箱、开关箱或衬砌台车的电器设备因过载超负荷运行，出现老化、绝缘破损和故障，产生短路、火花和极大热量，引燃施工材料导致火灾。

(5) 电力线路故障通过施工台架等金属设备传导，也会导致施工作业人员触电伤亡。

(6) 在施工管理方面，针对隧道施工各环节安全防火工作不够重视，对防水、排水材料的可燃性质，以及燃烧产生的有毒有害气体可能引发严重后果预见性不强，应急抢险措施不到位，现场避险、逃生设施不完备，导致火灾事故发生和加重。

3. 处置措施

(1) 对一线作业人员应加强火灾预防、灭火等消防知识培训。洞内严禁明火作业、吸烟与取暖。

(2) 隧道施工现场衬砌台车台架底部、防水层铺设台架底部、大型机械设备旁侧、机电洞室、横洞转角等部位必须配备消防灭火器材，挂设醒目标志，定期巡查和管理，及时补充、更换（过期或欠压）灭火器材。

(3) 防水、排水材料属于易燃危险品，应在洞外设置专门的仓库进行加工和存放，配置消防灭火器材，由专人负责管理。库房应远离明火作业区、生活区、办公区和人员密集区，不得布置在架空电力线路下方。防水卷材存放如图 4-2-57 所示。

(4) 材料仓库外墙应上墙明示管理制度、防火警示标志、火警和应急救援电话等。

(5) 防水材料、排水材料、乙炔瓶、氧气瓶等易燃易爆物品，应根据施工进度严格控制领用数量。施工现场不宜过多存放或备用，存放与加工场地应远离临时用电动力线路、移动照明灯具、电焊施工作业点。

(6) 任何情况下都不允许将汽油、煤油、变压器油、炸药、雷管和其他易燃易爆物品运到洞内存放，避免引发火灾或爆炸。清洗风动工具应在专用洞室内，并设置向外开的防火门。

(7)隧道施工用电应严格执行《施工现场临时用电安全技术规范》(JGJ 46—2005)。施工现场必须配备持证上岗的专职电工，负责供电、照明、设备及线路维护管理。

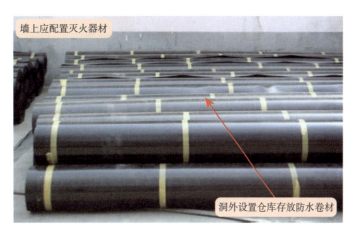

图 4-2-57　防水卷材存放示意图

(三)监理要点

(1)开工前，施工单位应在隧道工程总体风险评估的基础上，开展洞内火灾事故专项风险评估，增强安全风险意识，改进施工措施，规范预警预控管理，有效降低施工风险，严防火灾事故发生。

(2)施工准备阶段，监理单位应审查"实施性施工组织设计"中预防火灾的安全技术措施或者专项施工方案是否完善，是否符合工程建设强制性标准的规定要求。

(3)监理单位应编制洞内防火专项安全监理细则，由专业监理工程师编制，总监理工程师批准实施。

(4)隧道施工过程，监理工程师应加强洞内施工现场巡视检查，督促施工单位配备消防灭火设施，落实消防安全和紧急逃生措施。

(5)施工单位应编制隧道火灾事故应急救援预案，方案应合理可行并具备可操作性，配备救援抢险物资。严禁事故发生后违章指挥，冒险施救。

(6)监理工程师发现隧道施工存在火灾事故隐患时，应责成施工单位采取紧急处置措施；情况严重时，应签发暂时停工令，并向建设单位和交通主管部门报告。

第五章

港口与航道工程安全隐患排查

第一节　水上抛填、潜水作业

（一）基本知识

水上抛填可分为机械抛填和人工抛填。人工抛填使用人数多，出现意外落水的概率大，管理难度相对于机械抛填较大。机械抛填参与人数少，意外落水的概率相对较小，但对作业人员的素质要求较高。

潜水作业是海上救助打捞、海洋工程施工、港口航道疏浚、水利水电及桥梁隧道建设等作业的重要手段之一，是集多种科学于一体的科学技术，在整个系统中只要有任何一个环节稍有不慎，就有可能造成人员伤害和财产损失。

水上抛填、潜水作业的重大安全隐患主要有：施工机械上驳船未验算，未制订专项施工方案；驳船超载、偏载；船上设备基础不稳、未加固；甲板、围挡等被砸破、挖破；潜水作业时海况不良；潜水装具、设备存在安全性能缺陷。

（二）隐患排查

1. 施工准备阶段隐患

表现形式：水上抛填使用挖掘机、装载机等陆用施工机械上驳船时未进行验算，未编制专项施工方案或方案未审批，如图 5-1-1 所示。

图 5-1-1　抛填施工前准备工作安全隐患

原因分析：对专项施工方案不够重视，未进行船舶稳定性验算，未履行审批程序。

处置措施：陆用施工机械上驳船组合作业必须制订专项施工方案，附具船舶稳性验算结果，并严格履行审批程序，防止发生船舶倾翻、设备损毁、淹溺等事故。

2. 运输过程隐患

表现形式：①未严格执行驳船技术规范，发生超载、偏载，如图 5-1-2 所示；
②抛填作业时安全措施不到位，发生偏载，如图 5-1-3 所示。

原因分析：①司操人员安全教育和技术交底不到位；
②盲目追求经济利益，冒险蛮干，违章作业；
③超出驳船技术规范要求进行作业。

处置措施：①严格源头管理，驳船装载不得偏载或超载，防止船舶倾翻；

图 5-1-2　船舶超载运输　　　　　　　　　　图 5-1-3　船舶偏载

②驳船抛填作业时，应严格控制船位和抛填速度，保证船舶平衡，防止偏载；

③挖掘机、装载机等在驳船上作业时，驳船的纵横倾角应控制在允许范围内。

3. 船载施工机械隐患

表现形式： ①挖掘机、装载机作业时，船上沙石料等基础不平不稳，船舶晃动严重时易导致设备滑落，如图 5-1-4 所示；

②施工完毕挖掘机、装载机未进行加固，如图 5-1-5 所示。

图 5-1-4　船上施工机械不稳　　　　　　　　图 5-1-5　施工完毕未将挖掘机加固

原因分析： ①司操人员未接受安全技术交底，或违反安全操作规程，未对挖掘机基础进行平整就进行作业；

②施工完毕后操作人员为图省事，直接停止作业，未将设备放置到合适位置，也未加固；

③遇有不良海况采取措施不及时或措施不当，导致船舶晃动严重、设备不稳。

处置措施： ①船上挖掘机、装载机作业时设专人指挥，挖掘机、装载机作业前必须对基础进行平整；

②船舶晃动严重，遇有不良海况时立即停止作业，采取防护措施；

③施工完毕后，及时将设备停放到安全位置，进行封固，并将铲斗收回、平放、封固于甲板上。

4. 船舶船况隐患

表现形式： 装料时倾倒的石头将甲板、围挡等砸破，或挖掘机、装载机作业时将甲板、围挡挖破，如图 5-1-6 所示。

图 5-1-6　船舶破损

原因分析：①未进行安全教育和安全技术交底；
②司操人员作业时粗心大意，违反操作规程；
③甲板面钢板太薄，或未采取防护措施。

处置措施：①司操人员必须经过安全教育和交底后方可作业，严禁作业人员违章；
②要经常检查船舶甲板面状况，及时修船，有隐患严禁施工；
③采取安全防护措施，如：加厚甲板钢板厚度，或采取增铺钢板的措施。

5. 潜水作业海况隐患

表现形式：在水文、流速等海况不良的条件下进行潜水作业，如图5-1-7、图5-1-8所示。

图5-1-7 潜水作业流速过大

图5-1-8 潜水作业海况不良

原因分析：①未能有效分析不良海况对潜水的影响；
②未及时收听气象预报，或未预判到水文、流速等不良海况；
③未针对不良海况制订针对性措施。

处置措施：①应针对不良海况进行分析，制订相应的潜水方案及应急措施；
②及时收听气象预报，潜水作业前了解作业现场的水深、流速、水温、水质、水文、底质及风速；当作业环境随时间变化时，选择对潜水作业安全、有效的下潜时段；
③潜水员下水作业前，应熟悉现场的水文、气象、水质和地质等情况，掌握作业方法和技术要求，了解施工船舶的锚缆布设及移动范围等情况；
④当施工水域的水温在5℃以下、流速大于1.0m/s或具有噬人海生物、障碍物或污染物等时，在无安全防御措施情况下潜水员不得进行潜水作业。

6. 潜水装具、设备隐患

表现形式：潜水装具（如供气设备、供气胶管、潜水衣、头盔等）存在安全缺陷，如图5-1-9所示。

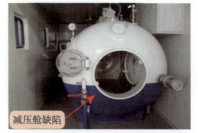
图5-1-9 潜水装具、设备安全隐患

原因分析：①潜水装备达不到安全要求未报废停用或进行修复；
②潜水前未对潜水装具、设备进行检查；
③潜水行走或作业时，遇障碍物划破、损坏潜水装具、设备；

④潜水时供氧设备、管路故障或供气管路缠绕。

处置措施：①潜水装备应建立保管、使用档案；

②潜水衣、头盔、供气设备、供气胶管要定期检查和清洗消毒，凡达不到安全要求的应报废停用或修复；

③潜水员在下水作业前，应认真检查潜水装具的安全性能，确认完好后方可着装入水；

④潜水员在行走或工作中应注意障碍物，防止划破潜水装具；

⑤同一工作面潜水员要随时注意检查各自的供气胶管和信号绳，防止相互绞缠。

(三)监理要点

1. 水上抛填作业

(1)审查、审批水上抛填安全技术措施。

(2)开工前的安全审查要点：

①采用起重机械抛填的，审查起重作业人员持证上岗情况，必须对起重设备基础及整体稳定性进行验算。

②审查安全技术交底和安全教育培训情况。

(3)需监理现场排查的工作内容：

①督促严格遵守船机设备安全操作规程和安全生产规程。

②人员进入现场必须戴安全帽、穿救生衣。

③6级以上大风及能见度低视线不良时，不得进行作业；夜间没有相应措施的不得施工。

④抛填影响范围内不得有非施工人员停留或行走。

⑤督促每艘抛填船上配备专职安全员，负责抛投区水上安全，配备必要的安全器材高音喇叭、口哨，抛投人员听哨音和喇叭指挥进行。

⑥船舶应设有醒目的、符合水上作业规定的作业标识。

2. 潜水作业

(1)审查潜水安全技术措施。

(2)开工前的安全审查要点：

①审查潜水作业人员持证上岗情况。

②审查安全技术交底和安全教育培训情况。

(3)需监理现场排查的工作内容：

①潜水及加压前，应督促检查潜水设备，确认良好后方可进行作业。

②潜水作业点的水面上不得进行起吊作业或有船只通过；在2000m半径内不得进行爆破作业，在200m半径内不得有抛锚、振动打桩、锤击打桩、空气幕沉井下沉、电击鱼类等作业，在2000m半径内不得进行爆破作业。

③水面有超过4级浪时，不得进行潜水作业。

第二节 船舶作业

(一)基本知识

水上工程作业船是指专门进行各种水上作业的船，其种类繁多，如各种钻探船、打桩船、挖掘开采船、运载抛卸船、起重船、打捞船、测量船、铺管船等。船舶作业受台风、雷暴雨等不良天气、不良海况、通航环境及施工作业内容的影响较大，易发生人员及船舶海损事故。

船舶作业中容易出现的重大安全隐患主要有：缆绳磨损、移船绞缆，解、系缆绳盲目操作，违规系挂缆绳；船舶在能见度不良水域航行或航行过程中遭遇浅滩、暗礁；船舶超员、运输构件加固不稳，超载、偏载；船舶驳油作业时有关设备存在缺陷或作业时油泄漏；船舶动火作业环境存在易燃物、油舱未清洗及未测爆即进行动火作业；施工船舶盲目穿越桥孔或过江架空管、线。

（二）隐患排查

1. 船舶作业安全管理上的隐患

表现形式：①船舶无有效证书、不适航、不满足最低安全配员要求，船员无相应适任证书，如图 5-2-1 所示；

②航海图书资料及航海通告没有及时申领、改正和登记。

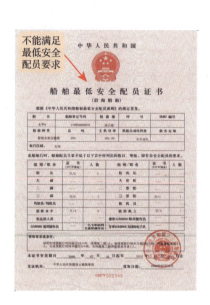

图 5-2-1　无效证书安全隐患

原因分析：①对安全管理重视程度不够，未严格执行法律法规要求；

②信息获取不及时，未严格执行中华人民共和国海上航行警告和航海通告管理规定。

处置措施：①按照《中华人民共和国海船船员适任考试、评估和发证规则》，及时组织船员培训、考试，取得相应适任证书，根据主管机关最低安全配员要求，合理调配船员，确保船舶安全；

②根据主管机关的相关要求，适时对船舶进行各种检验，取得相应证书，确保船舶随时适航；

③严格执行中华人民共和国海上航行警告和航海通告管理规定；

④信息获取渠道要随时保持畅通，及时申领航海图书资料及航海通告，并详细改正和登记相关内容，掌握海区最新实际情况；

⑤若在海上航行期间不能及时获取相关信息，应及时同调度、海务联系，对航行、作业区域内海航图表的有关内容进行及时有效的改正。

2. 船舶通信、消防、救生、堵漏设备隐患

表现形式：施工船舶未按规定配备有效的通信、消防、救生、堵漏设备，或设备存在缺陷，如图 5-2-2 所示。

原因分析：①安全生产费用投入不足；②安全检查工作不到位。

处置措施：①严格执行安全生产费用投入制度，按规定配备有效的通信、消防、救生、堵漏设备；

图 5-2-2　船舶通信、消防、救生、堵漏设备安全隐患

②加强安全检查，发现设备存在缺失或缺陷及时补充和更换。

3．船舶安全设施设备隐患

表现形式：施工船舶的各种设备、设施、安全装置及工索具存在缺陷，如图 5-2-3 所示。

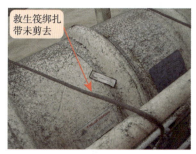

图 5-2-3　船舶安全设施设备安全隐患

原因分析：安全生产费用投入不足；安全检查、维护、保养工作不到位。

处置措施：保证安全投入，按规定为船舶配备各种设备、设施、安全装置及工索具；定期检查对设备、设施、安全装置及工索具的维护、保养或更换。

4．船舶锚和锚链隐患

表现形式：①锚未配齐，锚链长度不符要求，锚机制动失效易导致船舶失控，如图 5-2-4 所示；

图 5-2-4　船舶锚和锚链安全隐患

②抛锚无专人指挥，在禁止抛锚区内下锚，船舶发生走锚现象。

原因分析： ①安全检查不到位，对锚机缺乏检修，存在隐患，未制订有效的防范措施；

②未按要求配置锚链、锚等锚泊设备；

③不熟悉锚泊地环境，如风、流、底质等，或人为违规锚泊；

④相关人员业务技能低，安全意识差，没有进行安全教育、交底。

处置措施： ①配备符合实际需要的锚和锚缆，抛锚必须在专人指挥下进行，不得盲目操作；

②加强安全检查，定期检查锚泊设备，保持刹带、离合、制链器完好；

③必须了解周围环境，抛锚应根据风向、潮流、水底土质等确定抛锚位置和锚链的长度，并应避开水下禁止抛锚区；

④锚泊前要认真查看航路指南、海图等图示资料；

⑤抛锚时严禁在禁锚区抛锚，系泊抛锚时注意他船和码头，选择安全抛锚点，同时避免给他船带来危险；

⑥日常工作中加强安全教育、交底，提高业务技能，增强安全防范意识，必要时，选择锚位还应报告交管中心；

⑦抛锚作业完成后派专人值班，注意锚位情况。

5. 船舶缆绳及操作隐患

表现形式： ①缆绳磨损、老化，解、系缆绳盲目操作；如图 5-2-5 所示；

②施工现场违章盲目抛撒缆、移船绞缆、带缆；

③施工船舶在未成型的码头、墩台或其他构筑物上系挂缆绳，易导致码头、墩台或其他构筑物倒塌，如图 5-2-6 所示。

图 5-2-5 缆绳破损

图 5-2-6 违规带缆

原因分析： ①缆绳使用不规范、管理不当，监管不到位；

②未按规定对缆绳进行日常检查并及时修护；

③业务技能低，安全意识差，未严格执行安全操作规程。

处置措施： ①严格按规定使用缆绳，防磨损、防扭结；

②要经常检查和保养缆绳，磨损严重时立即更换；

③加强安全教育培训交底，严格执行安全操作规程；

④移船绞缆应观察锚缆的状况，不得强行收绞缆绳，且不得兜拽其他物件；

⑤抛撒缆前应观察周围情况，并提示现场人员；陆域带缆必须检查地锚的牢固性；

⑥缆绳通过的地段，必须悬挂安全警示标志，必要时设专人看护；解、系缆人员应穿戴合适的劳保防护用品，听从指挥，不得擅自操作；

⑦作业人员不得骑跨缆绳或站在缆绳圈内，向缆桩上带缆时不得用手握在缆绳圈端部；

⑧施工船舶不得在未成型的码头、墩台或其他构筑物上系挂缆绳。

6. 船舶航行隐患

表现形式：①天气条件不良情况下船舶航行，如图 5-2-7 所示；

②航行过程中遭遇浅滩、暗礁，如图 5-2-8 所示。

图 5-2-7　天气条件不良情况下船舶航行　　　　　图 5-2-8　船舶搁浅

原因分析：①未及时收听天气预报，对航行海区的情况不明；

②驾驶员业务技能低，安全意识差；

③在浅滩、暗礁区域航行时采取措施不当。

处置措施：①及时收听天气预报，开启雷达、AIS 等助航仪器，按规定鸣放号笛；

②提高安全意识，勤测船位，保持安全航速，加强瞭望、派人瞭头、备锚；

③航行前认真查阅海图、航路指南等图书资料，了解水域情况；

④当视线恶劣、渔船密集、避让困难、航道复杂，认为对航行安全无把握时，在条件许可的情况下，应择地锚泊或滞航，切勿盲目航行；

⑤加强对船长和驾驶员的技能培训，采取合理避让措施。

7. 船舶运输过程中隐患

表现形式：①施工船舶违规搭乘或留宿非作业人员、超员，如图 5-2-9 所示；

②运输构件加固不稳、超限、超宽、超载或偏载等，如图 5-2-10 所示。

图 5-2-9　船舶超员运输安全隐患　　　　　图 5-2-10　船舶超载运输安全隐患

原因分析：①不严格执行规章制度，安全意识差，违章盲目操作；

②未制定有关船舶超员、超限、超宽、超载或偏载规章制度。

处置措施：①施工船舶严格执行上船规章制度，不得搭乘或留宿非作业人员；

②加强对非作业人员的管理和安全教育；

③船上严禁装载或携带易燃易爆及危险有毒物品；

④严格执行有关规定，任何船舶不得超宽、超载或偏载装运；

⑤交通工作船应按核定人数载人，不得超员运行或客货混装。

8. 船舶驳油作业隐患

表现形式：①油泵、输油管阀门或有关设备发生故障；
②远距离驳油或作业时油泄漏，如图 5-2-11 所示。

图 5-2-11　船舶驳油作业安全隐患

原因分析：①安全检查不到位，未发现问题或发现问题未及时排查、整改；
②业务技能低，安全意识不强，没有按照安全操作规程要求进行操作。

处置措施：①对相关设备做好维护保养工作，做好日常监督检查工作，发现问题立即整改；
②作业前，作业双方应取得联系，约定作业程序、联络方法，作业完毕，应按规定清除管内残油；
③驳油过程中轮机员必须坚守岗位，严格执行安全操作规程；
④作业期间，禁止无关船舶帮靠，如遇影响安全作业的恶劣天气应立即停止作业；
⑤在可能或易于发生溢漏油的地方放置适当容积的集油容器；
⑥轮机长或值班轮机员应指派专职人员对加油处所全程看守，检查接口处及管路有无渗漏情况。

9. 船舶动火作业隐患

表现形式：①作业场所易燃物未及时清除遇明火，如图 5-2-12 所示；
②油舱未经清洗、未测爆即进行动火作业，如图 5-2-13 所示。

图 5-2-12　动火作业安全隐患　　图 5-2-13　清洗油舱安全隐患

原因分析：①人员安全意识差，未严格执行明火作业审批制度；
②现场安全管理或执行不到位，易燃物未及时清除；
③没有严格执行关于明火作业的要求和规定。

处置措施：①严格执行动火报备制度，强化作业人员安全意识，做到防患于未然；
②作业者必须持有合格的资格证书，严禁无证操作；
③制定安全措施，做好安全交底工作，船长应对明火作业的安全措施进行监督管理；
④封闭场所明火作业必须清洁、测爆，并保证足够的通风；
⑤作业现场要有专人负责监护工作，作业后清理现场；
⑥按照要求合理配置消防器材，确保消防设施有效。

10. 船舶盲目穿越桥孔或过江架空管、线隐患

表现形式：施工船舶盲目穿越桥孔或过江架空管、线，如图 5-2-14 所示。

图 5-2-14　船舶盲目穿越桥孔或过江架空管、线安全隐患

原因分析：操作人员安全意识差，信息不畅通，业务技能低，不了解周围环境。

处置措施：①提高业务技能和安全意识，加强沟通联系；

②施工船舶穿越桥孔或过江架空管、线前，必须预先了解其净空高度、宽度、水深、流速等情况。

11. 船舶应急设施、设备隐患

表现形式：①主机机旁操纵系统发生故障，如图 5-2-15 所示；

②应急发电机组发生故障，如图 5-2-16 所示；

③应急电源及应急照明系统发生故障；

④应急舵机设备发生故障，如图 5-2-17 所示。

图 5-2-15　主机运转系统故障　　图 5-2-16　发电机组故障　　图 5-2-17　螺旋桨故障

原因分析：①没有做好日常设备保养；

②没有坚持日常安全检查，或安全检查不细致。

处置措施：①日常做好设备维护、保养工作，并如实记录；

②日常安全检查要全面，发现隐患、故障及时处理。

（三）监理要点

（1）工程船舶操作规程是船舶施工作业中技术操作的主要依据，应严格执行。

（2）检查操作规程学习记录，船舶所有人员应参加学习。

（3）督促承包人和施工船舶经常与气象台或有关部门保持联系，按时收听当地和有关海区气象台的气象预报并记入船舶日志。

（4）督促施工船舶做好防风准备，尤其外海施工船舶，以防风暴突然侵袭。

（5）遇有雾、大雪、暴风雨或其他任何限制视距的天气情况时，船舶不应出航。

（6）督促施工船舶必须按海事局的要求和规定配置消防设备，各项消防设备必须安放在便于取用和操作的地方，全体船员应熟悉消防设备的位置。

（7）消防设备主要有：水灭火系统、手提灭火机（泡沫、二氧化碳、干粉、1211 灭火器）黄沙及沙箱、太平斧、太平桶等。

第三节 大型预制构件出运和安装

(一)基本知识

大型预制构件,包括沉箱、箱涵、大圆筒、盖板、方块、卸荷板等。其出运和安装过程中涉及有起重机械、船舶等大型机械设备,参与人员也较多,易发生群死群伤及船机海损事故,对天气和海况的要求较高,受大风大浪、施工工艺流程、大型船机设备的选型影响较大。

大型预制构件出运和安装作业中容易出现的重大安全隐患主要有:未制订专项方案或未按规定审批;起吊混凝土构件时,混凝土强度不够;起重设备不匹配、性能缺陷;超载、偏载、超限运输;违规使用卷扬机;构件拖运上船时安全措施不到位;气囊出运未进行受力核算,设备不匹配、气囊状况不良;千斤顶使用不规范;半潜驳上升、下潜时水文、气象条件不良,沉箱移入半潜驳时水深不足;沉箱未掌握气象、水文等环境因素,稳定性不足;沉箱远程拖运时措施不当,半潜驳运输时不稳固等;构件安装后未及时加固或采取措施;构件安装时,船机设备状况不良、作业环境不良。

(二)隐患排查

1. 大型预制构件出运和安装方案隐患

表现形式:进行大型预制构件出运和安装时,未进行受力验算、未编制专项施工方案、未经过主管领导审批或未通过专家论证,如图5-3-1所示。

原因分析:对危险性较大的分部分项工程专项施工方案重视不够,未编制专项施工方案,或属于超过一定规模的危险性较大的分部分项工程未组织专家论证。

处置措施:制订专项施工方案,附具验算结果,并严格履行审批程序。

2. 混凝土强度隐患

表现形式:预制构件混凝土强度不够,不满足规范或设计的要求,起吊时,吊点脱落或混凝土构件断裂,如图5-3-2所示。

图5-3-1 吊机上方驳未计算,未编制方案

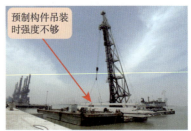
图5-3-2 预制构件吊装时强度不够

原因分析:①未严格按照技术规范进行施工;
②试验数据不准确或未进行混凝土试验检测。

处置措施:①起吊混凝土预制构件时,混凝土强度应满足规范规定或设计要求;起吊前必须取得混凝土强度试验结果;
②起吊构件前应进行试吊。

3. 起重船机设备、吊索具隐患

表现形式:①起重船机设备超载使用、吊装索具不匹配,如图5-3-3所示;
②设备及吊索具老化,或存在安全隐患,如图5-3-4所示。

图 5-3-3 吊索具不匹配、卡环不匹配

图 5-3-4 吊索具安全隐患

原因分析：①技术人员未制订施工方案，未进行起重船机设备及吊装索具的选型计算；
②操作人员未严格执行施工方案；作业人员图省事，作业前未进行检查确认。
处置措施：①大型及复杂的构件吊装应编制专项施工方案，并进行典型施工；
②吊装前，应根据构件的种类、形状和重量，选配适宜的起重船机设备及吊装索具；
③严禁超载使用；
④作业前应进行检查，保证设备、吊索具完好，发现隐患及时处理；
⑤构件上的杂物应清理干净。

4. 构件运输过程中隐患

表现形式：①构件运输时拖车、驳船超载、偏载、超限使用；
②构件固定不牢，运输过程中紧急制动、急转弯导致构件偏移，如图 5-3-5 所示。

图 5-3-5 构件运输过程中安全隐患

原因分析：①技术人员未制订专项施工方案，操作人员未严格执行方案；
②司操人员安全意识薄弱；
③车辆、船舶状况差，运输过程中未采取安全措施或措施不当。
处置措施：①构件装车、装驳前应制订装车、装驳方案，严格按照方案执行；
②吊运的构件，在装、卸车（船）时，要待车就好位、船系好缆，吊物停稳后，方可进行；

③装、卸时严禁超载、偏载；

④卸异形构件必须加固垫稳，防止倾倒；构件装车、装驳应按布置图将构件装放在指定位置，并应根据构件种类、工况条件等对构件进行封固；

⑤驳船甲板上应留有通道和必要的船员工作场地；

⑥重车下坡应缓慢行驶，并应避免紧急制动，驶至转弯或险要地段时，应降低车速，同时注意两侧行人和障碍物；

⑦装卸车应选择平坦、坚实的路面为装卸点，装卸车时，机车、平板车均应制动；

⑧陆上运输超宽、超高构件要警示标志，安排专人做好车辆疏导工作；

⑨拖车装运大型构件前，应检查牵引车和挂车的连接机构、制动软管等是否安全可靠。

5. 卷扬机隐患

表现形式： ①安装场地不平整、地质不良，机身安装不牢固，如图5-3-6所示；

②未配置合适的卷扬机，超性能使用。

原因分析： ①未经常对设备进行检查、维修、保养；

②作业前未进行设备性能检查；使用前未检查卷扬机是否适用；

③卷扬机老化，性能差，超载使用。

处置措施： ①配置合适的卷扬机；

②卷扬机应安装在平整结实，视线良好的地点，机身和地锚必须牢固；

③加大对设备的检查、维修、保养力度，保证设备性能完好；

④使用前必须检查卷扬机，查看型号是否适用；

⑤每班开机前应先检查卷扬机性能，并进行空运转试机，确认安全可靠后，方准操作；

⑥卷扬机老化必须降级使用，禁止超载使用。

6. 沉箱拖运上船隐患

表现形式： ①沉箱拖运上船时钢轨对接不良，牵引速度过快，连接部位松动，安全措施不到位，如图5-3-7所示；

图5-3-6　卷扬机安装不牢固、不平整　　图5-3-7　沉箱牵引上船时安全隐患

②沉箱入水速度过快，起浮过早。

原因分析： ①未制订施工方案、方案编制不合理或未严格按方案进行施工；

②作业人员安全意识薄弱，违章指挥、违章操作。

处置措施： ①编制有效的施工方案，严格按照方案施工；

②沉箱拖运应明确指挥信号及联系方式，信号不明时不得随意操作；

③沉箱拖运过程中，作业人员必须坚守岗位，听从指挥，严禁打闹，非作业人员要退出作业区；

④检查连接短梁和出运船舶上的钢轨以及台车轨道是否对接良好，轨道两侧有无杂物，固定轨道的垫板有无松动现象；

⑤沉箱上船期间，要注意牵引速度，并观察各连接部位是否正常；
⑥牵引沉箱前进时应检查滑板在滑道上的运行情况，牵引绞车运行时，应系用低速挡；
⑦沉箱沿滑道下水前，应掌握水文气象情况；
⑧波高大于等于1m时，不宜进行沉箱的溜放；
⑨当沉箱下沉到一定程度时，应开慢车，不要过快，以防发生事故；
⑩沉箱下水后严格掌握吃水深度及压水情况，防止沉箱过早起浮；
⑪沉箱下滑压水起浮后，应使斜架车继续下滑一段距离后再拖运沉箱；
⑫沉箱处于漂浮状态之前，应按规定向沉箱各舱格内注水，并满足浮游稳定的要求。

7. 气囊出运隐患

表现形式： ①气囊出运前未进行受力核算，选用设备不匹配，如图5-3-8所示；
②气囊超压使用、充气口开裂、压力表等配套零件松动或损坏。

原因分析： ①技术人员未制订施工方案，或制订的方案不适用；
②操作人员安全意识不足，未严格执行施工方案，违反操作规程；
③未进行作业前安全检查，设备维修保养不到位；
④施工作业前未进行安全技术交底。

处置措施： ①制订合理的施工方案，并进行相应的受力计算；
②气囊应在规定的工作压力使用范围内，严禁超压使用；
③作业前，应对卷扬机性能进行安全检查，陆上气囊移运构件的前后牵引系统应配置同型号的卷扬机，且应同步作业；
④移运中，钢丝绳两侧不得站人，并不得跨越行走；
⑤气囊使用前，应先进行试压，检查是否漏气、破损、老化；气囊充气头的压力表一旦发现失灵或损坏应立即更换；
⑥压紧螺母、堵头、管件、球阀、压力表等出现松动应立即紧固；
⑦高压气囊充气过程中，作业人员要远离气囊5m以上；
⑧拖运前，应将拖运区域地面打扫干净，并对电缆线路进行检查，防止拖运时意外断电；
⑨在拖运过程中，由专职人员进行指挥，气囊两侧严禁站人，必要时可设防护板。

8. 千斤顶使用隐患

表现形式： ①超性能使用千斤顶；
②千斤顶与荷重接触位置不当、与荷重面不垂直、未垫防滑垫层、荷重情况下突然下降、多台千斤顶同时作业时无专人指挥，荷载下有人工作等，如图5-3-9所示。

图5-3-8　气囊规格不统一

图5-3-9　荷载下有人工作

原因分析： ①选用设备不适用，未进行工作前检查；
②作业人员安全意识不足，违反操作规程。

处置措施：①配置合适的千斤顶，使用前必须检查千斤顶，查看型号是否适用，严禁超载使用；

②不得加长手柄或超过规定人数操作；

③禁止长时间无人照料情况下使用千斤顶承受荷重；

④使用多台千斤顶同时顶升一个物体时，千斤顶的总起重能力不小于荷重的2倍；

⑤油压式千斤顶的顶升高度不得超过限位标志线；

⑥螺旋及齿条式千斤顶的顶升高度不得超过螺杆或齿条高度的3/4；

⑦使用多台千斤顶同时顶升一个物体时，必须设专人统一指挥，确保各千斤顶的顶升速度及受力基本一致；

⑧在顶升的过程中，及时加设保险垫层，到达顶升高度后及时将构件垫牢；

⑨千斤顶的下降速度必须缓慢，严禁在带负荷的情况下突然下降；

⑩工作时千斤顶必须与荷重面垂直，其顶部与沉箱的接触面间应加设防滑垫层；

⑪沉箱顶升应按确定的顶升位置摆放千斤顶，千斤顶应分级加荷、同步起升，并应控制顶升速度与高度。

9. 半潜驳作业隐患

表现形式：①半潜驳上升、下潜时水文、气象条件不良；

②沉箱移入半潜驳时水深不足，如图5-3-10所示。

原因分析：①作业前未了解水文气象；

②作业前未进行作业环境的检查，未了解涨落潮情况。

处置措施：①沉箱移入半潜驳应在涨潮时进行，水深应满足半潜驳的重载吃水要求，最小富余水深不得小于0.5m；

②半潜驳重载起浮应缓慢调节压载水，船底脱离坐底构筑物且富余水深满足要求后，方可将半潜驳拖离；

③半潜驳下潜、沉箱起浮时，风力、波高、流速等工况条件，必须满足半潜驳作业性能和沉箱起浮的安全要求。

10. 半潜驳拖运隐患

表现形式：①未掌握拖航的气象、水文等环境，如图5-3-11所示；

图 5-3-10　半潜驳下潜作业水深不足

图 5-3-11　半潜驳托运时安全隐患

②沉箱的吃水、压载和浮游稳定性不满足规范要求。

原因分析：①作业前未了解水文气象，未进行作业环境的检查，未了解涨落潮情况；

②未制订专项施工方案，或未按方案执行；

③人员安全意识不足，违章操作。

处置措施：①拖航前应对拖航沿线的航道水深、航道宽度、暗礁、浅点、渔网和水产养殖区等进行勘察，并在海图上标明；

②沉箱近程拖航前，应掌握中、短期水文气象预报资料，当风力不大于6级且波高不大于1.0m时，方可启航拖运；

③沉箱移运下水或装半潜驳前，应对通水阀门操纵系统进行检查，并应对沉箱、通水阀门进行渗漏水检查；

④沉箱吃水、压载和浮游稳定必须按相关规范进行验算，并满足要求，使用液体进行压载时还必须验算自由液面对浮游稳定的影响；

⑤沉箱下水后应进行不少于24h的漂浮试验，无渗漏水时，方可进行简易封舱或拖航准备。

11. 沉箱远程拖运隐患

表现形式：①沉箱远程拖运时未采取远程拖运相关措施；

②半潜驳运输时，构件加固不稳、驳船超载偏载、遭遇恶劣天气等。

原因分析：①未制订专项施工方案，或未按方案执行；

②操作人员安全意识不足，违章操作，运输过程中未采取措施，或采取措施不当；

③未收听天气预报。

处置措施：①沉箱远程浮运拖带除应符合近程拖带的有关规定；

②沉箱拖带前应对航线进行调查，制订航行计划，选好避风港，并提前与避风港取得联系；

③航前应掌握本次航行区间的中长期水文气象预报资料，启航后3天内的水文气象预报，风力不大于6级且波高不大于1.5m时，方可启航拖运，遇有恶劣天气禁止航行；

④沉箱顶面应进行水密封舱，并应在封舱盖板上设置防滑、护栏等安全防护设施；

⑤盖板的结构应根据施工荷载经计算确定；

⑥沉箱拖航应配备不同类型的辅助船舶、水泵、动力设备、堵漏物资及具有海上施工经验的潜水及辅助人员等；

⑦远程拖带的沉箱舱格内宜设置自动水位报警装置，拖航中应有专人监测；

⑧禁止超载、偏载，保证半潜驳在运输过程中不偏载，随时调整船面平衡；

⑨沉箱必须加固牢，运输过程中随时检查，遇有隐患及时采取措施。

12. 构件安装后隐患

表现形式：构件安装后，未及时采取加固或其他安全防护措施，如图5-3-12所示。

原因分析：①作业人员安全意识不足，违章操作；

②施工方案编制不完善，安全技术交底不到位。

处置措施：①受风浪影响的梁、板、靠船构件等安装后，应立即采取加固措施，避免坠落；

②刚安装的扭王字块、扭工字块、四角锥等异形构件上不得站人，需调整构件位置应采取可靠的安全防护措施；

③扶壁安装后，应及时采取回填等防止扶壁倾覆的措施；

图5-3-12 构件安装完毕后安全隐患

④沉箱安装后，顶部应设置高潮位时不被水淹没的安全警示标识；

⑤完善相关施工方案的编制，对所有施工人员进行详细的安全技术交底。

13. 构件安装时船机设备隐患

表现形式：构件安装作业时，起重船超载、相关设备状况不良、受其他船舶影响、遭遇恶劣天气等，如图 5-3-13 所示。

图 5-3-13　预制构件安装时船机隐患

原因分析：①施工安全措施没落实，执行不到位；
②现场监护不到位；未对人员进行安全技术交底，作业人员安全意识不足；
③未及时收集天气、水文等情况；
④未在作业前对船舶设备设施进行检查。

处置措施：①构件安装宜在风力不大于 6 级、波高不大于 0.8m、流速不大于 1.0m/s 的工况条件下作业；
②安装构件时，作业人员穿戴好防护用具，将封舱盖板上的预留孔盖好，随用随开，并清除障碍物；
③起重船起吊安装时，应注意构件吊环和钢丝缆、卡环等受力情况，防止断缆伤人；

④起重船吊装作业时，禁止其他船舶横向穿越起重船的缆绳；
⑤起重船吊重不得超过额定负荷的 80%；
⑥施工作业前，应对施工船舶设备设施进行安全检查，保证一切设备性能良好。

(三) 监理要点

1. 审查和批准的工作内容

(1)审查、审批大型预制构件出运和安装安全专项施工方案，超过一定规模的还应进行专家论证。

(2)审查起重设备(船舶)基础及整体稳定性的验算。

(3)详细验算和确定大型船机设备的选型、吊索具的选型，选取较高的安全系数。

(4)大型或复杂构件的安装应进行典型施工。

2. 开工前的安全审查要点

(1)使用起重机械的，审查起重作业人员持证上岗情况。

(2)审查安全技术交底和安全教育培训情况。

3. 需监理现场排查的工作内容

(1)安装前构件上的杂物应清理干净。作业时，人员必须佩戴合格的劳动防护用品。

(2)大型构件吊装应采用控制绳控制构件摆动，待构件稳定且基本就位后，安装人员方可靠近。施工人员不得直接推拉构件。

(3)预制构件吊运时保证各吊点均匀受力，并防止构件产生扭曲和倾斜，吊绳与构件水平面所形成的夹角不应小于 45°。没有设置吊环的构件，采用吊运的吊绳应套橡胶管或缠绕厚棉布。

(4)构件对正轮廓线放置，放置时需慢慢下放，两端搁置长度达到设计要求，构件产生位置偏差时应督促及时进行调整。

(5)用自动脱钩起吊的块体在起吊、安装过程中严禁碰撞任何物体。

(6)沉箱安装宜在风力不大于 6 级、波高不大于 0.8m、流速不大于 1.0m/s 的工况条件下作业。

(7)构件安装后，应及时进行加固，且不可在未加固的构件上进行船舶带缆，同时应及时进行警示标识的安放并注意保护。

(8)构件在悬吊状态下不得长时间停滞。

第六章

特殊环境安全隐患排查

第一节 不良地质、环境施工

一、不良地质条件(含滑坡体)施工

(一)基本知识

不良地质是指对工程建设不利或有不良影响的动力地质现象,包括崩塌、滑坡、泥石流、岩溶、软弱松散地层等。它们既影响工程场地稳定性,也对地基基础、边坡工程、隧道洞室等工程的施工安全造成不利的影响。由于受到特定地质条件的影响,工程的施工环境变得复杂,如果不能采取有针对性的措施,将会存在较多的安全隐患,施工中易发生高处坠落、物体打击、垮塌(包括脚手架、边坡、基坑、隧道洞室和构筑物垮塌)、机械伤害、中毒和窒息等安全事故。因此,施工监理人员应督促施工单位加强安全隐患排查工作,及时发现事故隐患,督促整改落实,确保施工安全。

(二)隐患排查

1. 崩塌地段施工安全隐患

表现形式:由于崩塌形成的特点,在崩塌区域施工涉及高陡边坡防护工程及危岩的处置施工,如边坡上下通道设置、临边防护和防坠落设置、操作平台脚手架设置、登高作业防护、危岩处理下方的安全区域警示与围挡等不符合规范要求,则易引发高处坠落、物体打击和脚手架倒塌等安全事故。

原因分析:①边坡上进行防护工程作业、危岩清理作业时未按要求设置操作平台、临边防护或个人防护措施不到位,未经现场安全人员同意擅自拆除安全防护措施。

②预防岩石塌落的措施不满足规范要求,在进行防护工程作业、危岩清理作业时边坡下方的危险区域未设置有效的警戒隔离措施和警示标志,人员进入到警戒区域。

③上下边坡没有设置安全有效的通道,存在违章登高的现象。

④防护工程施工的脚手架搭设不符合要求,搭设人员无证上岗,脚手架未经验收就使用。

处置措施:①危岩、落石、岩堆与崩塌地段路基施工前,应督促施工单位对影响范围进行评估,并对既有的建(构)筑物和交通设施等采取相应的安全防护或迁移措施。

②施工期间应督促施工单位设置观测点,由专人监测和巡查,发现异常应立即停工,人机撤离,评估危险程度后采取相应的措施。

③危岩、落石、岩堆与崩塌影响范围内严禁搭盖临时房屋、堆放机具。

④刷坡时应要求施工单位明确清刷范围,并设置警示标志(图 6-1-1)。施工应先清理危岩、危石或对其采取加固措施,并根据情况修建拦截建筑物等防护设施。各项防治工程应及时配套完成。

⑤爆破开挖时应采取控制爆破技术,并加强现场防护及爆破后的检查。

⑥进行防护工程及刷坡作业中有登高作业的,督促作业人员必须按要求做好高处作业防护。

⑦进行防护工程作业时,应督促施工单位按照安全专项施工方案的要求搭设作业平台、上下边坡的安全通道等安全设施。

图 6-1-1 崩塌地段设置明显的安全隔离设施

2. 滑坡地段施工安全隐患

表现形式:滑坡治理常用的方法有削坡减载、抗滑段加重反压和抗滑支挡三种。滑坡治理工程施工中，如削坡机械设备作业、削坡顺序、边坡上下通道设置、临边防护设置、操作平台脚手架设置、登高作业防护、边坡施工下方的安全区域警示与围挡、抗滑桩（人工挖孔桩）通风等不符合规范要求，则易引发机械伤害、高空坠落、垮塌、物体打击及窒息等安全事故。如图6-1-2所示。

原因分析： ①滑坡地段施工前，未能制订应对滑坡和边坡危害的安全预案，施工过程中未能按要求对滑坡体进行监测。

②滑坡处置未能按照专项施工方案的要求实施，进行削坡减载未按照自上而下的顺序进行，存在超挖或乱挖的现象；在雨季等不利的季节进行滑坡整治施工；地表水节流措施未能按照要求实施。

③削坡或加重反压机械设备在作业过程中违反操作规程，大型设备违规停放在滑坡体上进行施工作业。

图6-1-2　某工地边坡脚手架搭设不规范，整体不稳固

④边坡上进行防护工程作业未按要求设置操作平台，临边防护或个人防护措施不到位，未经现场安全人员同意擅自拆除安全防护措施。

⑤在进行防护工程作业时边坡下方的危险区域未设置有效的警戒隔离措施和警示标志，人员进入到警戒区域。

⑥上下边坡、桩孔没有设置安全有效的通道，存在违章登高的现象。

⑦防护工程施工的脚手架搭设不符合要求，搭设人员无证上岗，脚手架未经验收就使用。

⑧进行抗滑支挡施工中存在违章作业，登高作业人员没有按规定进行体检，抗滑桩（人工挖孔桩）施工时未按要求进行通风，违规使用爆破作业。

处置措施： ①在施工前，详细复查滑坡地段地段的工程地质资料，包括滑坡上沿、滑坡体产状及滑坡剪出口，岩层的构造特征等。根据现场考察及设计要求，要求施工单位编制详细的施工组织设计和专项施工方案，经监理工程师审批后实施。

②对施工开挖的地质情况，施工情况等信息进行动态监测，对地质情况有出入的应联系设计部门进行相应设计修改。

③督促施工单位加强滑坡的监测监控，对点位有变化的应立即要求施工单位停止现场施工，加密观测次数，仔细分析点位的变动原因，及时将观测结果上报业主和设计单位。应会同施工单位、业主和设计单位分析滑坡产生的原因和确定具体处理方法。待按照处理方法进行处理完毕，经再次观察坡面无异动的情况下，才能同意继续开始土石方的挖方施工。

④滑坡体土石方开挖不宜在雨季实施，应控制施工用水，做好施工排水措施；切坡应按照自上而下、分段跳槽的施工方式，严禁通长大断面开挖；不宜采用普通爆破法施工；开挖的弃渣不得随意堆放在滑坡的推力段，以免诱发滑坡或引起新的滑坡。

⑤滑坡治理的施工必须提前做好截水沟和排水沟，截断山体水流。排水设施必须与实际地形和临近的沟渠顺接，确保雨季排水畅通，不积水。为防止水流下渗和冲刷，截水沟应进行严密的防渗和加固，土质松软、透水性较大或裂隙较多的岩石路段，对沟底纵坡较大的土质截水沟及截水沟的出水口，均应采用加固措施防止渗漏和冲刷沟底及沟壁。

⑥严格执行"分级开挖、分级防护"，对不稳定的边坡采取开挖和防护相结合，避免开挖边坡暴露时间过长，使边坡松弛范围变大，造成新病害。

⑦滑坡地段的处理，应从滑坡体两侧向中部自上而下进行，严禁全面拉槽开挖。施工中要设专人观察，严防塌方。

⑧施工中如发现山体有滑动、崩坍迹象危及施工安全时，应要求施工单位立即停止施工，撤出人员和机具，并会同相关方进行确定处理方案。

⑨施工机械作业时，除按规范操作外，应按事先设计的行走路线进行，其工作位置应平坦稳固，并应有专人指挥，指挥人员不得进入机械作业范围内。挖方边坡实行"随开挖、随加固、随防护"，施工时严格按照设计方案进行施工。

⑩边坡施工应设置安全通道，开挖工作面应与装运作业面相互错开，严禁上、下交叉作业。边坡上方有人工作时，边坡下方不准有人停留或通行。

⑪清理边坡上突出的块石和整修边坡时，应从上而下顺序进行，坡面上的松动土、石块必须及时清除。

⑫严禁在危石下方作业、休息和存放机具。施工中如发现山体有滑动、崩塌迹象危及施工安全时，应立即停止施工，撤出人员和机具，并报告上级主管部门处理。

⑬施工机械靠近边边缘作业时，应根据路堤高度留有必要的安全距离，并应有专人指挥，指挥人员不得进入机械作业范围内。

⑭弃土下方和有滚石危及范围的道路，应设警告标志，作业时下方禁止车辆、行人通行。

⑮进行防护工程作业时，应督促施工单位按照专项施工方案的要求搭设作业平台、上下边坡的安全通道等安全设施。

⑯抗滑支挡采用人工挖孔桩时，须检查挖孔桩施工作业人员的健康证及安全培训合格证，检查机械设备是否正确牢固可靠，以及对预防坍塌、高处坠落、触电、中毒、窒息及淹水的安全防护措施是否到位。

3. 泥石流区域施工安全隐患

表现形式：主要包括泥石流灾害可能造成的安全事故隐患和泥石流防治工程（包括植被、截水、护坡、拦挡、排导和防护工程）施工过程中的安全事故隐患，如：临建设施及材料堆放区位于泥石流可能经过的沟床区域，暴雨等特殊天气下没有应急撤离措施，防治工程施工时的安全防护措施不符合规范要求等。

原因分析：①施工临建设施设置在泥石流可能经过的沟床区域；暴雨等特殊天气下施工人员未能及时撤离泥石流的影响区域。

②截水、护坡、拦挡、排导和防护工程施工过程中，未按要求设置操作平台，临边防护或个人防护措施不到位，未经现场安全人员同意擅自拆除安全防护措施。

③截水、护坡、拦挡、排导和防护工程边坡下方的危险区域未设置有效的警戒隔离措施和警示标志，人员进入到警戒区域。

处置措施：①施工期间，应督促施工单位设观测点，由专人监测和巡查，发现暴雨等异常情况时应立即停工，人机撤离，评估危险程度后采取相应的措施。

②泥石流影响范围内严禁搭盖临时房屋、堆放机具。

③泥石流防治工程施工应设置安全通道，开挖工作面应与装运作业面相互错开，严禁上、下交叉作业。边坡上方有人工作时，边坡下方不准有人停留或通行。

④泥石流治理的施工必须提前做好截水沟和排水沟，截断山体水流。排水设施必须与实际地形和临近的沟渠顺接，确保雨季排水畅通，不积水。为防止水流下渗和冲刷，截水沟应进行严密的防渗和加固，土质松软、透水性较大或裂隙较多的岩石路段，对沟底纵坡较大的土质截水沟及截水沟的出水口，均应采用加固措施防止渗漏和冲刷沟底及沟壁。

⑤进行泥石流防治工程作业时，应督促施工单位按照专项施工方案的要求搭设作业平台、上下边坡的安全通道等安全设施。

4. 岩溶区域施工安全隐患

表现形式：岩溶地区隧道施工主要隐患有坍塌、突泥涌水、流沙等（详见第四章第二节"隧道施工"相关内容）。岩溶路基施工中，应排查溶洞处理过程中高处坠落、有害气体窒息事故的安全隐患，如排查溶洞周边的临边防护措施、人员进入清除溶洞内沉积物时的通风措施等是否符合规范要求。

原因分析：①岩溶地区隧道施工安全事故的主要原因详见第四章第二节"隧道施工"相关内容。
②施工前，未能对岩溶分布、地形、地表水和地下水活动的情况与规律进行全面的探查。
③溶洞口的临边措施不到位，未经现场安全人员同意擅自拆除临边防护措施。
④施工人员进入溶洞进行沉积物清理、填塞前未能做好通风工作。

处置措施：①施工前，应仔细查阅工程地质勘查报告，对岩溶分布、地形、地表水和地下水活动的情况与规律进行全面的探查，对溶洞位置，溶洞大小等数据做到心中有数。督促施工单位专门制订溶洞的安全处理技术方案，针对性地采取处置措施。
②溶洞洞口位置必须设置安全有效的防护隔离措施，并设置警告标志；洞内危险区域也必须悬挂警示标志，并保证洞内的照明。
③如果人员需要进入溶洞进行作业的，必须采取有效的防护措施，进入溶洞前必须预先做好通风和有害气体检测工作。施工时应有专人进行置换，随时与洞内人员保持联系。
④溶洞中如果出现涌水等异常情况时，人员应立即撤离。

5. 软弱、松散地层区域施工安全隐患

表现形式：主要存在因地基承载力不足或自稳性不足，如软弱、松散地层上进行构筑物施工时的地基加固处理、边坡开挖放坡与支护措施等可能造成的坍塌安全事故隐患。

原因分析：地基承载力未经验算合格，地基加固措施未按设计与规范要求实施，支架及构筑物的荷载超过地基的承载能力，支架和构筑物失稳发生垮塌。边坡放坡坡度陡于设计与规范要求，造成边坡垮塌；排水措施不到位，地表水冲刷造成边坡或沟槽垮塌。

处置措施：①督促施工单位对地基基础承载力进行验算，检查验收地基加固措施是否按照设计及专项施工方案的要求实施。督促施工单位对建设场地内的地基加固体做好检测工作。
②基坑、沟槽、边坡等处于软土地基或松散地层区域的，应督促施工单位严格按照设计或专项施工方案要求设置边坡坡度或支护措施，并做好周边排水设施。
③采取信息化施工手段，督促施工单位做好软土地基或松散地层的变形监测工作，发现变形超标，会同相关单位商议处理方案。

6. 软土和新吹填土地基施工安全隐患

表现形式：软土和新吹填土地基范围外侧未设立安全警示标志；软土和新吹填土地基排水沟和截水沟设置不足，软土表面受水浸泡；新吹填土地基待工时间不够即安排施工，土的强度不足以支撑人力或施工机械作业；软土层上的砂垫层厚度不足，不足以支撑施工机械作业；软土层上的砂垫层高差过大，可能造成插板机等机械倾覆。

原因分析：①施工单位对软土和新吹填土地基上施工的安全技术交底未认真落实或注意不够。
②软土和新吹填土地基防止沉陷采取的技术和管理措施不足或不当。
③在软土地基上回填速度过快。
④软土区上施工的组织不合理。

处置措施：①软土地基低于周边地势时，应有防止雨水冲入的措施，周围应开挖截水沟并排水；软土地基上也宜有排水设施。
②软土地基上应铺设足够厚度的砂垫层等材料，确保人员和机械作业安全。软土地基上分层回

填和速率应符合设计要求。软土地基处理应合理安排分区。

③检查施工方案执行情况，督促施工单位安排监测。当发生未按要求回填或监测超过预警值时，应发出监理通知单要求施工单位立即整改。

④检查砂垫层等材料铺设和效果。当铺设厚度满足设计要求，但不能确保作业机械不发生沉陷时，宜采取其他技术措施解决，如增加排水设施、等待软土地基强度增长等。

⑤检查施工警戒情况，要求每台施工机械应有其独立的警戒范围，未经处理的软土区域禁止人员和机械进入等。

⑥督促施工单位施工前，应对施工人员进行详细的安全技术交底，并编制应急预案。

7. 其他隐患

（1）易震区域施工隐患：应排查条状突出的山嘴、高耸孤立的山丘、非岩质的陡坡、不均匀地基、河岸和边坡边缘可能造成高处坠落、物体打击、垮塌安全事故的隐患，如排查山嘴、山丘、陡坡的防护设置，不均匀地基、河岸和边坡边缘的加固措施等是否符合规范要求，避开对建筑抗震不利的地段，不应在危险地段建造甲、乙、丙类建筑。

（2）软土区的挡土结构施工隐患：应排查挡土结构无监测；因施工不当，挡土结构出现倾斜、坍塌、位移过大和裂缝等安全隐患。

（3）软土区上的施工机械安全事故隐患：施工机械安全距离不够或没有对施工机械采取相应的防倾倒措施；施工发生异常情况，未及时停止施工。如打设排水板时套管发生过量弯曲、振冲时地面异常塌陷等安全隐患。

（三）监理要点

（1）核查施工单位安全生产保证体系的建立及运行情况；检查施工单位设立的安全生产管理机构，责任明确；检查施工单位安全生产管理制度和落实情况。

（2）检查安全风险评估工作，施工前施工单位应对各种安全风险源进行辨识和评估，并在施工过程中针对性地采取各种有效措施，预防安全事故的发生；编制专项施工方案，并按规定程序逐级审批后，作为施工管理、安全技术交底、过程控制的主要依据；对存在重大安全事故隐患的专项工程，应采取措施降低风险，制订安全事故应急预案，并组织演练。

（3）核查施工单位安全生产管理人员、特种作业人员（含特种作业管理人员）上岗证、操作证，必须持证上岗；检查施工安全教育培训情况，施工人员应逐级培训、考核合格后，方可从事相关作业。

（4）施工期间应排查"违章指挥、违章作业、违反劳动纪律"的"三违"行为；对照有关安全法规、制度和专项施工方案进行检查。

（5）特种设备应经生产、租赁、安装、使用等有关单位验收，并经国务院特种设备安全监督管理部门核准的检验检测机构按照安全技术规范的要求进行监督检验；未经监督检验合格的不得出厂或者交付使用；应建立特种设备安全技术档案；施工用机具、工具应具有生产许可证、产品合格证，经检验合格后方可使用（图6-1-3）。

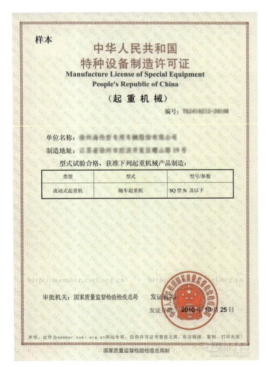

图6-1-3　特种设备制造许可证

(6)施工区域内外应设立安全警示、告知标志。

(7)加强施工安全管理工作,如安全生产工作会议,隐患排查、整改等应记录在案。

(8)具体监理要点可参见各隐患排查中的"处置措施"。

二、特殊环境施工

(一)基本知识

特殊环境施工主要是指在雨季、冬季、高温及夜间等环境条件下,受到特定的气候条件或施工条件的影响,使施工条件变复杂,影响安全的因素变多,而存在较多的施工安全隐患,施工中易发生高处坠落、物体打击、坍塌、起重伤害、火灾、中毒、触电、交通安全等安全生产事故。因此,施工监理人员应督促施工单位加强安全隐患排查工作,及时发现事故隐患、督促整改落实,确保施工安全。

(二)隐患排查

1. 雨季施工安全隐患

表现形式:沟槽、基坑、边坡在大量集中降雨的情况下可能发生坍塌安全事故,以及雨季用电设备发生触电事故。如图6-1-4~图6-1-6所示。

图6-1-4 某工地边坡过陡、堆土过高、堆土离沟槽过近

图6-1-5 某工地雨季施工桩工机械基座稳定性差

图6-1-6 某工地脚手架基础承载力差、无排水措施

原因分析:①施工现场未能做好排水工作,施工工地排水不畅,边坡坡顶未按要求设置截水沟,雨季前施工现场边缘的危岩未能进行清理,边坡坡度较陡峭,存在滑坡、塌方的隐患。

②施工现场临时设施选址存在隐患,未能避开滑坡、泥石流、山洪坍塌等灾害易发区。

③边坡、沟槽、基坑边缘违规堆土,并且在雨季前未能及时进行清理,施工现场积水未能及时排除,对边坡、沟槽等长时间浸泡。

④楼梯、坡道、脚手板、跳板等临时通道未能设置防滑措施。
⑤暴雨时施工人员未能及时撤离至安全区域。
⑥工地现场较高的构筑物、机械设备、临时设施及重要库房未能设置避雷措施，雷雨时违规进行土石方爆破施工。
⑦水泵等用电设备发生短路或漏电；不使用的用电设备未能断开电源，雨天发生漏电。

处置措施： ①根据施工总平面图、排水总平面图。利用自然地形确定排水方向；在雨季来临之前，督促施工单位按规定坡度挖好排水沟，确保施工工地的排水畅通。督促施工单位严格按防汛要求，设置连续、畅通的排水设施和其他应急设置，防止泥浆、污水废水外流或堵塞下水道和排入河沟。

②若施工现场临近高地，应督促施工单位在高地的边缘（现场的上侧）挖好截水沟，防止洪水冲入现场；雨期前应督促施工单位做好傍山的施工现场的危石处理，防止滑坡、塌方威胁工地。

③督促施工单位在雨期安排专人负责检查排水系统，及时疏浚排水系统，确保施工现场排水畅通。

④施工现场的大型临时设施，在雨期前应督促施工单位整修加固完毕，应保证不漏、不塌、不倒、周围不积水，严防水冲入设施内。选址要合理，避开滑坡、泥石流、山洪坍塌等灾害易发区，确保建设者生命财产安全。大风和大雨后，应检查临时设施地基和主体结构情况，发现问题及时处理。

⑤雨期前，应督促施工单位清除沟边多余弃土，减轻坡顶压力；雨后应及时对坑槽边坡和固壁支撑结构实行检查。深基坑应当派专人进行认真测量、观测边坡情况，如发现边坡有裂缝、疏松、支撑结构折断、滑动等危险征兆，应当督促施工单位立即采取措施。

⑥在雨季施工时，督促施工单位及时排除施工现场积水，人行道的上下坡应挖步梯或铺砂。脚手板、斜坡道、跳板上应采取防滑措施。加强对支架、脚手架和土方工程的检查，防止倾倒和坍塌。

⑦雨季施工时，应督促施工单位对处于洪水可能淹没地带的机械设备、材料等做好防范措施。施工人员要提前做好安全撤离的准备工作，要选好出入通道，防止被洪水包围。

⑧大雨后作业，应督促施工单位检查起重机械设备的基础、塔身的垂直度、缆风绳和附着结构，以及检查安全保险装置并先试吊，确认无异常方可作业。对于轨道式塔机，还应对轨道基础进行全面检查，检查轨距偏差、轨顶倾斜度、轨道基础沉降、钢轨不直度和轨道通过性能等。

⑨督促施工单位做好防雷击工作。工地上较高的建（构）筑物、临时设施及重要库房，如炸药房、油库发（变）电房、塔架、龙门吊架等，均应加设避雷装置。雷雨天气不得露天进行电力爆破土石方，如中途遇到雷电时，应当迅速将雷管的脚线，电线主线两端联成短路。

⑩督促施工单位做好脚手架、龙门架等场地的排水工作，防止沉陷倾斜。坑、槽、沟两边要放足边坡，危险部位要另做支撑，搞好排水工作，一经发现紧急情况，应立即停止土方施工。

⑪雨期施工中遇到气候突变，发生暴雨、水位暴涨、山洪暴发或因雨发生坡道打滑等情况时，应督促施工单位停止土石方机械作业施工。

⑫大雨后，应督促施工单位组织人员检查脚手架是否牢固，如有倾斜、下沉、松扣、崩扣和安全网脱落、开绳等现象，要及时进行处理。

⑬注重地质环境，避免工程施工引发新的地质灾害。在切坡、开挖、爆破等工序实施前，应查明作业面附近山体情况，必要时，做好预加固、防排水等辅助施工措施和施工过程监测预警等工作。

2. 冬季施工安全隐患

表现形式： 冬季天气干燥、多风多雪，不利于工程施工，容易发生人身伤害、火灾、中毒、交通运输等事故隐患。

原因分析：①未能发放与使用个人防护用品，发生人员冻伤事故。

②斜道、通行道、爬梯等通道未能做好防滑措施，雨雪后未能及时清理通道及作业面上的积雪、冰块和霜冻。

③违规在江河冰面上进行冰上作业或冰上通行。

④进行混凝土养护、取暖违章用电，电气设备短路；违规进行动火作业或取暖。

处置措施：①必须正确使用个人防护用品，并应按规定及时发放；特别要注意冻伤作业人员手、脚事故的发生。应确保防护用品的质量，要按规定的发放制度执行。

②做好防滑工作。通道防滑条损坏的要及时修补，斜道、通行道、爬梯等作业面上的霜冻、冰块、积雪要及时清除。

③冬季施工在江河冰面上通行时，事先应详细调查冰层的厚度及承载能力。冰面结冻不实地段，严禁通行。结冻不实地段、可通行地段都应设明显标志。初冬及春融季节应经常检查冰层变化情况，以确定可否通行。

④江河流冰前应制订防流冰方案，并将停留在冰面上的车辆、船只、机械和物资提前撤至安全地带。

⑤爆破法破除冻土应当注意的安全事故：破除施工要离建筑物 50m 以外，距高压电线 200m 以外；破除工作应在专业人员指挥下，由受过爆破知识和安全教育人员担任；放炮后要经过 20min 才可以前往检查；遇有瞎炮，严禁掏挖或在原炮眼内重装炸药，应该在距离远炮眼 60cm 以外的地方另行打眼放炮。

⑥硝化甘油类炸药在低温环境下凝固成固体，当受到振动时，极易发生爆炸，酿成严重事故。因此，冬季施工不得使用硝化甘油类炸药。

⑦采用电热法施工，要加强检查和维修，防止触电和火灾。

⑧采用烘烤法融解冻土时，会出现明火，由于冬天风大、干燥，易引起火灾。因此，应注意以下安全事项：施工作业现场周围不得有可燃物；制定严格的责任制，在施工地点安排专人值班，务必做到有火就有人，不能离岗；现场要准备一些砂子或其他灭火物品，以备不时之需。

⑨机械挖掘时，应采取措施注意行进和移动过程中的防滑，在坡道和冰雪路面应缓慢行驶，上坡时不等换挡，下坡时不得空挡滑行，冰雪路面行驶不得紧急制动。发动机应当搞好防冻、防止水箱冻裂。在边坡附近使用、移动机械时，应注意边坡可承载的荷载，防止边坡坍塌。

⑩大雪、轨道电缆结冰和 6 级以上大风等恶劣天气，应及时停止垂直运输作业，并将吊笼降到底层（或地面），切断电源。

⑪春融期间开工前，必须进行工程地质勘查，一取得地形、地貌、地物、水文及工程地质资料，确定地基的冻结深度和土的融沉类别。对有坑洼、沟槽、地物等特殊地段的建筑物场地应加点测定。开工前，应对坑槽沟边坡和固壁支撑结构随时进行检查，深基坑应派专人进行测量、观察边坡情况。如果发现边坡有裂缝、疏松、支撑结构折断、走动等危险征兆，应立即采取处置措施。

⑫风雪过后作业，应检查安全保险装置并先试吊，确认无异常后方可作业。井字架、龙门架、塔机等缆风绳地锚应埋置在冻土层以下，防止春季冻土融化，地锚锚固作用降低，地锚拔出，造成架体倒塌事故。

3. 高温季节施工安全隐患

表现形式：在高温条件下作业时，如通风和降温措施、高温条件作业人员身体条件、易燃易爆物品的存放、电气设备绝缘、接地、漏电保护装置等不符合规范要求，易引发中暑、火灾、爆炸及触电事故。

原因分析：①防暑降温措施不到位，对作业人员的防暑降温知识的宣传教育不到位；在高温条件下作业时，未采取必要的通风和降温措施；高温作业人员未进行健康检查，带禁忌症作业。

②易燃易爆物品违规堆放，直接放置与高温环境或太阳直射环境下。

③电线线路用电负荷超标，线路破损引发漏电。

④夏季气温较高、食物容易变质，对食物保存不当，引起食物中毒。

处置措施： ①夏季气候炎热，高温持续时间较长，监理工程师应督促施工单位制订防暑降温等安全措施。

②督促施工单位对职工进行防暑降温知识的宣传教育，使职工知道中暑症状，学会对中暑病人所应采取的应急措施。利用黑板报、墙报、广播、安全人员讲座与示范等形式开展教育活动。

③对在容器内和高温条件下的作业场所，督促施工单位采取通风和降温措施。

④督促施工单位对高温作业人员经常进行健康检查，发现有作业禁忌者，应及时调离高温作业岗位。

⑤督促施工单位加强用火申请和管理，遵守消防规定，加强防火检查，加强易燃、易爆品的管理，防止火灾发生。

⑥督促施工单位对电力线路经常检查，避免因线路破损而引起漏电、火灾事故发生。

4. 夜间施工安全隐患

表现形式： 夜间施工由于照明条件受到限制，易发生起重伤害、高处坠落、物体打击、触电等安全事故。

原因分析： 夜间施工照明不足；管线、封路施工未能按照要求设置围栏和红灯警示标志；夜间吊装作业时照明条件不符合要求，违规作业，违章指挥；夜间照明所用电气线路使用非标设备，造成漏电或火灾事故。

处置措施： ①夜间施工时，现场必须有符合操作要求的照明设备。对事故照明器具的种类、灯光亮度加以严格控制，特别是在城市市区居民居住区内和边通车边施工路段，减少施工照明的不良影响。

②施工中的小型桥涵两侧及穿越路基的管线等临时工程，应设置围栏，并悬挂红灯示警标志。在居民点或公共场所附近开挖沟槽时，应按公共场所设施的标准，设置牢固护栏和跳板供行人通过；夜间应设置照明灯和红灯。

③大型桥梁攀登扶梯处、施工船舶扶梯处应设有照明灯具，并督促施工单位执行运行的安全控制程序，进行巡视检查。

④夜间作业船只或在通航江河上长期停置的锚船、码头船等，应按港航监督部门规定，配置齐全的夜航、停泊标志灯。船只停靠码头应设照明灯。

⑤立体交叉作业必须统一指挥，避免物体坠落、机械作业相互干扰。

(三) 监理要点

(1) 排查施工单位安全生产保证体系的建立及运行情况；设立安全生产管理机构，明确责任；检查施工单位特殊环境施工的安全生产管理制度的制定和落实情况。

(2) 督促施工单位制订特殊环境施工的安全技术措施，并检查、督促措施的落实情况。

(3) 督促施工单位对特殊环境下的作业人员进行身体检查。

(4) 施工期间应排查"违章指挥、违章作业、违反劳动纪律"的"三违"行为；对照有关安全法规、制度和专项施工方案进行检查。

(5) 特种设备应经生产、租赁、安装、使用等有关单位验收，并经国务院特种设备安全监督管理部门核准的检验检测机构按照安全技术规范的要求进行监督检验；未经监督检验合格的不得出厂或者交付使用；应建立特种设备安全技术档案；施工用机具、工具应具有生产许可证、产品合格证，经检验合格后方可使用。

（6）施工区域内外应设立安全警示、告知标志。

（7）加强施工安全管理工作，如安全生产工作会议，隐患排查、整改等应记录在案。

（8）具体监理要点可参见各隐患排查中的"处置措施"。

第二节　台风和突风的预防

（一）基本知识

台风是形成于热带或副热带的广阔海面上的热带气旋，是一种破坏力很强的灾害性天气系统。台风的破坏力主要由强风、暴雨和风暴潮三个因素引起，台风过境时常常带来狂风暴雨天气，引起海面巨浪，严重威胁海上作业安全；台风登陆后带来的风暴增水可能摧毁各种建筑设施等，造成人民生命、财产的巨大损失。

突风则指突发性的 7 级以上的大风和龙卷风，常发生于气候剧烈变化之时，一般伴有大到暴雨，持续时间短但难以预测。防突风的预备时间很短甚至没有，因此突风的危害极大，需要在平时采取预防措施。突风的主要危害为造成船舶和机械倾覆并威胁人员生命安全。

处于台风影响范围的施工区域及突发多发的季节，施工和监理单位均应对防台风、防突风的安全隐患进行排查，防台风措施包括临建设施防台风、施工建筑物防台风和船舶机械防台风等。

（二）隐患排查

1. 临建设施防台风重大隐患

表现形式：①临建设施防风等级低，可能造成临建设施倒塌、损毁。如图 6-2-1 所示为防风等级低而被台风摧毁的临建设施。

②临建设施没有进行防台风加固，屋面与地面没有拉结。

③临建设施选址不当：

a. 地势低，周围排水设施不足或有堵塞，易发生洪涝灾害；

b. 搭建在高边坡附近，易受山洪、地质灾害影响，造成建筑物被冲毁。

④超过临建设施防台风等级的台风来临前，设施内人员未转移。

⑤临建设施防台风用电隐患：

a. 用电设备未转移或保护，用电设备有可能进水；

图 6-2-1　某工地防风等级低而被台风摧毁的临建设施

b. 人员撤离后的临建设施未断电。

原因分析：①对当地台风环境危害估计不足，临建设施过于简陋。

②临建设施事先未进行防风防汛设计，完工后未进行防风防汛的检查验收。

③施工单位事先未制订防风防汛应急预案，或者制订后未实际落实。

处置措施：①根据当地施工环境选择好临建设施的地点、结构，完工后检查验收，加固措施应与主体结构一并完工。

②办公生活区采用板房等非永久性结构的，应有防台风撤离的应急预案。

③进入台风季节后，应进行防台风隐患排查，对车间、仓库、临时建筑、生活和办公用房等临

时设施进行防风加固，疏通排水沟渠，配备防台风材料及设施。

④在风力将超过临建设施的设计防风等级时，应启动防台风撤离预案。防台风撤离应包括人员、办公设备、文件和其他受雨水影响的设备设施，防止临建设施倒塌、水浸和漏水造成重大损失。

⑤台风过后，应对临建设施组织检查，确认无倒塌和用电隐患后，方可通知人员返回入住。

2. 施工建筑物和专用设施防台风隐患

表现形式：①在台风期施工的建筑物，未进入永久状态前没有采取保护加固措施，如水中单桩沉桩后没有与相邻桩或结构临时加固，桥梁套箱安装后没有及时焊接加固或浇筑封底混凝土，码头桥梁上部结构没有加固，沉箱安装后箱内没有及时压载，基坑和开挖沟槽没有防护保护措施等。

②施工没有按规范或方案的防台要求进行，在台风来临前，来不及对已施工的分项工程采取防护措施，如防波堤堤心石推进太快，裸露部分无法在几天内安装完临时防护块体，可能造成防波堤的建筑物严重受损。

图 6-2-2　T形梁钢筋未加固被台风吹倒

③施工专用设施如模板和脚手架等的防台风隐患：

a. 模板没有进行防风设计，或安装后拉结不足；

b. 脚手架未按规范要求设置剪刀撑或未与结构物拉结。如图 6-2-2 所示为某工地 T 形梁钢筋未加固被台风吹倒。

④有台风警报时，未及时对施工建筑物和专用设施采取应急措施。

原因分析：①施工方案考虑不周或未按施工方案组织施工。

②施工进度发生变化后未对各工序的进度进行调整，工序进展不协调。

③在台风期安排了对大风暴雨风险敏感的分项工程施工，但却无相应的防护措施。

④防风防汛应急预案不落实。

处置措施：①应结合实际情况针对防台风要求制订可行的施工方案，处于台风下最大风险状态的分项工程如码头沉箱安装、防波堤抛填和桥梁上部结构施工等，应尽量避开台风期，否则应采取必要的防护措施。

②在台风期内各工序应稳步推进，及时防护或者临时加固。

③在发布台风警报后，应对工程进行必要的加固，水上作业受波浪影响且来不及浇筑混凝土的模板、脚手架等临时结构宜予以拆除。

④风后应对施工建筑物和专用设施进行损毁情况检查，处理受损所导致的隐患。

3. 施工船舶机械防台风隐患

表现形式：①船舶未确定防风避风锚地或防风避风锚地落实不可靠。

②船舶避风锚地离施工现场较远时，非自航船舶的拖轮配备不足。

③当水上施工机械如作业平台上的钻机、防波堤上的反铲等需要转移的数量多时，无转移方案或落实不力。图 6-2-3 所示为某工地水上施工平

图 6-2-3　某水上施工平台照片（机械防台风隐患大）

台的照片，该平台高程低、结构简陋，防台风时机械必须转移。

④机械设备防台风隐患：

a. 塔吊、龙门吊等施工机械未设置拉结或附墙装置；图 6-2-4 所示为某工地引桥的架桥机，防台风时还要增加加固措施；

b. 机械设备基础周围排水能力差，基础可能被水长时间浸泡；

c. 施工机械拟采取就地避风措施时，避风的地势低于风暴潮位或易受山洪影响；

d. 船舶机械的防台风加固措施不当。

⑤有台风警报时，未按防台风预案要求将船舶机械及时转移。

原因分析：①施工单位进场后对周围环境调查深度不足，制订的防台风应急预案不切合实际或落实不到位。

图 6-2-4　某工地引桥上的架桥机（防台风需加固）

②船舶机械防风加固未按要求执行。

③施工单位防台风指挥机构在有台风消息时，抱有侥幸心理或由于进度压力，未按预案或防护规范要求坚决转移船舶机械。

处置措施：①防风避风锚地应事先落实好并经有关部门同意或批准。

②非自航船舶应配备监护和调遣拖轮，当水上施工机械需转移时，另应配备起重船机和运输船机等。

③水上作业平台及机械应考虑防风措施，高程不应低于风暴潮位，达不到要求的应进行转移。

④就地避风的机械设备应有加固措施。

⑤应明确船机转移的条件和时机，防止发生未及时转移导致的严重后果。

⑥风后对重要机械和用电设备应组织进行使用前的检查，如机械设备的基础是否沉陷、拉结装置是否破坏、用电设备是否受潮和线路损坏等。

4. 防突风施工隐患

表现形式：①未确定船舶就地避风锚地或无可靠的就地避风措施。

②未配备应急救援拖轮或配备不足。

③船机防突风技术措施不符合船机安全防护要求。

④塔吊、龙门吊等施工机械工后未拉结固定，船舶工后锚泊措施不当。

原因分析：①对突风认识不足，防风措施不当。

②不注意工后船舶机械的防突风固定。

③发生突风后，未及时采取应对措施。

处置措施：①应研究当地水文气象资料和突风情况，针对突风进行危险源辨识和评估，制订好突风季节的安全施工应对方案，做好应急准备。

②施工船舶的作业性能必须满足发生突风时的工况条件，非自航船舶应配备防风锚，并应对锚机锚缆采取加固加长措施。

③施工现场距离掩护水域较远时，应有就地避风的措施准备，并根据非自航船的情况，配备适量适航的监护拖轮和救生设施。

④突风季节应特别注意工后的船舶机械安全防范，在船舶机械停止作业后应按规定进行锚固，防止突风来临时发生意外。

⑤在突风来临时，应立即停止作业，并采取应急措施，如交通船应就近靠近大船，非自航船舶

来不及拖航时宜采用单点锚泊等。

(三)监理要点

(1)要求施工单位根据当地施工环境选择好临建设施的地点、结构并报备,完工后报监理检查验收。

(2)要求施工单位制订防台风应急预案并报监理审查:

①办公生活区采用板房等非永久性结构的,应有防台风撤离的预案;

②船舶防台风应落实锚地和拖轮;

③施工建筑物防台风应有临时防护技术措施;

④施工机械防台风应有转移或就地防护的技术措施。

(3)进入台风季节后,应组织施工单位进行防台风隐患排查。

(4)审查台风期施工有关方案,对台风期的防护措施,应审查其可行性和配套的资源安排、下一步保护工序计划。

(5)督促施工单位在台风期内各工序稳步推进,及时防护或者临时加固。当发生未按防台风施工方案要求组织施工或防护措施未及时跟上时,应发出监理通知单要求施工单位立即整改。

(6)在有台风警报时,组织召开防台风会议,督促施工单位立即启动防台风应急预案,进行防台风各有关工作。

(7)台风过后,组织施工单位开展各项检查,确认临建设施、船舶机械、施工建筑物等无隐患后方可恢复施工。

(8)防突风注意事项:

①要求施工单位制订突风季节的安全施工应对方案,做好应急准备。

②审查船机性能及其防风加固技术措施。

③检查应急救援的通信和救护等设施,督促施工单位建立健全24小时值班调度制度。

④要求施工单位与气象部门联系,得到其专业服务,为防突风争取时间。

⑤检查施工单位在船舶机械停止作业后的锚固情况。

⑥在突风来临时,应指令施工单位立即停止作业,执行应急预案规定的应急措施。

第三节 跨线施工

一、跨公路(铁路)施工

(一)基本知识

跨公路(铁路)施工,由于其上跨已建成的公路(铁路)施工作业,必然影响公路(铁路)运营安全,同时基础和下部结构施工还可能影响路基稳定性和公路(铁路)两侧周边管线安全;上部结构施工直接给所跨公路(铁路)来往车辆带来安全隐患。因此,除了常见的高墩台施工作业安全隐患外,施工作业最易给所跨公路(铁路)带来路基坍塌、管线破损等生产安全事故。为此,监理工程师应督促施工单位施工安全隐患排查工作,及时发现事故隐患,并督促限期限时整改到位,确保所跨公路(铁路)运营安全。

(二)隐患排查

表现形式:①高墩台事故隐患。高墩台事故隐患主要包含:高处坠落事故隐患、物体打击伤害事故隐患、脚手架(支架)、模板倒塌事故隐患、起重伤害事故隐患等,如图6-3-1所示。相关排查方法详见本书第四章第一节。

②坍塌事故隐患。主要表现为大跨径的现浇箱梁施工发生坍塌事故，以及大跨径预制梁安装发生坠落事故。

a) b)

图6-3-1 某工地铁路跨线施工缺少安全防护措施

原因分析：对于高墩台施工作业事故原因分析详见本书第四章第一节。除此之外，上跨公路（铁路）施工常见的事故原因分析如下：

①对地下地质水文状况和管线分布事先没有详细检查勘探资料，并有针对性地进行事先摸排和调查，制订相关基坑围护和开挖方案缺少针对性，从而造成基坑开挖时造成围护变形和管线事故险情。

②事先应急预案不够充分，由于基坑作业为地下作业，施工中难免碰到未预见的地质水文情况，但应急方案考虑不周，导致应急措施和物质不到位，对突发的险情未能采取有针对性的应急措施，而造成险情酿成事故的情况时有发生。

③技术、安全和管线交底不到位，施工作业、管理人员对现场地质情况和地下管线不清楚，造成施工作业破坏地下管线的情况时有发生；同时对地下作业"时空效应"规律掌握不到位，基坑围护落实不到位，或开挖顺序不规范、开挖后支撑不及时支护到位，都可能造成基坑严重变形，从而影响周边路基稳定性和管线安全性。

处置措施：①应重点排查大跨径现浇箱梁支架是否按方案实施，大跨径预制梁安装是否按方案实施，检查专项施工方案的编制、审查及批准程序，跨线施工须办理相关施工许可手续。

除此之外，对于基坑坍塌事故隐患：应排查基坑围护和降水作业是否按方案实施；排查基坑开挖顺序和临时支撑是否符合方案和规范要求；排查临近基坑有无推土过近、过高或重型设备长时停放情况，引起基坑围护变形情况；排查基坑地质情况有无与勘探资料不符，存在软弱土层或透水层等不利土质情况，相关应急措施是否有针对性；排查基坑开挖后高处临边安全防护设置是否符合规范要求。

②公路两侧地上、地下可能存在通信、输配电管线，对于无法搬迁的管线必须进行保护。对于管线事故隐患，应排查管线位置、高程是否已经摸排清楚，并制订相应标识和保护措施；排查管线保护措施有无到位，重要管线有无针对性监测措施；排查在管线周边施工有无监护人员进行现场监控和指挥作业。

③公路跨线施工门洞前，应设置相应的限高限宽警示标志（图6-3-2）。

图6-3-2 某工地公路跨线施工门洞限高限宽警示标志设置

(三)监理要点

(1)严格审核基坑围护和开挖、高墩台作业、大跨径现浇箱梁支架施工作业、大跨径预制梁安装作业等专项施工方案;危险性达到一定规模的,应事先组织专家对专项施工方案评审,并根据专家意见对方案进行完善。

(2)施工前必须做好施工技术交底工作,对开挖支护作业要求、开挖顺序、放坡要求、支撑形成和安装顺序以及地面、地下的防、排水工作进行详细讲解,对临近管线情况也要做好交底和地面标识工作,防止误操作或违规作业酿成事故或险情。

基坑内作业过程中,应根据专项施工方案中管线和基坑监测方案,采取跟踪监测;对异常情况应及时组织原因分析,采取相应的应急措施,防止围护变形超过极限要求,确保基坑内作业安全和周边管线安全,必要时采取回填或临时加固围护等措施,防止基坑变形超标。

基坑作业完毕及时组织回填,回填作业应严格按方案实施,杜绝回填不密实或围护支撑拆除过早酿成的基坑坍塌事故及连带的管线安全事故。

(3)高墩台施工事故隐患处置措施见本书第四章第一节"高墩台施工"。

(4)大跨径现浇箱梁支架施工作业,为了保证铁路运输的畅通,应采用16m或24m工字梁或桁架梁跨越公路(铁路)运行区,作为箱梁施工的施工平台(图6-3-3、图6-3-4)。

图6-3-3 某工地公路跨线施工门洞安全措施

图6-3-4 某工地铁路跨线施工门洞安全措施

支架搭设应满足公路(铁路)安全限界,严格按专项施工方案实施,确保支架的整体稳定性。架设工字梁或桁架梁前,应向公路(铁路)运输部门办理临时封锁铁路(公路)交通相关手续。

(5)大跨径预制梁安装作业,应采用架桥机架设预制梁。

①架桥机安装完成后应进行验收,要求施工单位应根据现场的条件、起重设备的能力,结合预制梁板的安装施工方法来合理安排好施工顺序。

②预制梁安装时,监督施工单位按架桥机操作规程进行操作。

③监理在审核架设方案时,对机械的选用、安全措施及安放后的横向临时稳定连接措施应作为审查重点。

④5级风及以上的天气,应禁止架桥机作业。

二、临近高压输电线路施工

(一)基本知识

临近高压输电线路施工,施工作业首先必须考虑安全作业的距离,以免受输电线路影响作业人员安全,同时对自身施工作业给输电线路带来的破坏风险也应在施工前给予充分评估,做好隐患排查工作和针对性保护措施。

(二)隐患排查

表现形式:①临近高压输电线路施工时,容易造成直接接触触电伤害事故。

②临近高压输电线路施工，采用大型机械设备作业时，如吊车、挖掘机、桩机、混凝土泵车等或移动、搬运、安装大型物料、构配件、器具等，容易造成间接接触触电伤害事故。如图 6-3-5 ~ 图 6-3-7 所示。

图 6-3-5　某工地公路临近高压线施工缺少安全措施

图 6-3-6　某工地塔吊运料，操作失误吊钩勾　　图 6-3-7　某工地塔吊长臂的钢丝绳搭上
　　　　在高压线上　　　　　　　　　　　　　　　　　高压电线

③当临近超高压线路施工时，感应电也能给作业人员造成伤亡事故。

④临近高压输电线路施工时，容易引起输电线路短路故障，造成线路停运的安全责任事故，给用电生产企业带来较大经济损失。

原因分析：①施工现场遇到的高压输电线路一般为架空线路，个别也会遇到埋地电缆。因为高压输电线路位置原已固定，与施工现场的相对距离难以改变，势必给施工作业带来不利影响，如安全技术措施不当，就会造成安全隐患。

②不利的气象条件，也会造成临近高压输电线路施工安全管理的难度。如雷雨天气，因空气湿度加大导电效果会增加感应电压强度，乃至超过人体安全电压造成人员伤害；霜雪、冻雨增加电线负荷而降低悬垂高度；强风使架空线路晃动加剧；高温变化引起的裸线悬垂高度降低等。

③安全管理缺陷，包括人的不安全行为，如攀爬高压铁塔，不正确使用劳防用品，疲劳作业，强令冒险违章作业等；物的不安全状态，如高压线附近存在易燃易爆危险品，埋地电缆上方排水，存放物有被风刮起；环境的不安全因素，如高压线下方失火、爆炸，重型施工机械对铁塔的撞击、吊装绳索的弹起；安全技术措施采用不当，如桩机、吊机的高度，混凝土泵车使用固定泵，用电设备、机具的选用和接地不符合要求，安全防护设施不到位；安全管理行为不规范，人员培训，安全

教育不重视,三级交底不落实,现场安全管理缺失等。

处置措施:①作业前应排查三级教育、安全交底、班前教育是否到位;排查作业人员的劳防用品是否合格,使用是否正确。

②作业前,应排查机械设备、物料、构配件、器具的位置、空间尺寸是否侵入安全限界;用电设备是否接地良好和漏电保护装置是否灵敏有效;排查作业过程中是否有违规违章现象。

③应重点排查雷、雨、雪、风、高温等不利气象条件下的安全防护措施是否到位,尤其是空气湿度相当大时,感应电压监测结果是否在安全电压范围内,否则应立即停工;用电设备、机具选配是否适用;临时用电是否规范。

④应重点排查输电线路的防护措施是否到位;现场是否存放易燃易爆危险品;现场物品存放是否符合要求,尤其是遇强风物料卷起触碰线路裸线。

⑤临近高压线路施工,必须排查施工单位与运营单位是否签订安全协议;运营单位是否委派专职安全人员驻守监护;施工单位是否按批准的专项施工方案进行施工,是否采取了安全技术措施。施工前和施工过程中都要严格排查,确保安全。

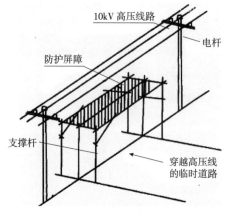

图6-3-8 某工地高压输电线路防护措施

(三)监理要点

(1)在建工程不得在外电架空线路正下方施工、搭设作业棚、建造生活设施或堆放构件、架具、材料及其他杂物等。高压输电线路防护措施示例如图6-3-8所示。

(2)在建工程(含脚手架)的周边与外电架空线路的边线之间的最小安全操作距离应符合表6-3-1的要求。

在建工程(含脚手架)周边与外电架空线路边线之间最小安全操作距离　　　表6-3-1

外电线路电压等级(kV)	<1	1~10	35~110	220	330~500
最小安全操作距离(m)	4.0	6.0	8.0	10	16

(3)施工现场的机动车道与外电架空线路交叉时,架空线路的最低点与路面的最小垂直距离应符合表6-3-2的要求。

架空线路的最低点与路面的最小垂直距离　　　表6-3-2

外电线路电压等级(kV)	<1	1~10	35
最小垂直距离(m)	6.0	7.0	7.0

(4)起重机严禁越过无防护设施的外电架空线路作业。在外电架空线路附近吊装时,起重机的任何部位或被吊物边缘在最大偏斜时与架空线路边线的最小安全距离应符合表6-3-3的要求。

起重机与架空线路边线的最小安全距离　　　表6-3-3

安全距离(m) \ 电压(kV)	<1	10	35	110	220	330	500
沿垂直方向	1.5	3.0	4.0	5.0	6.0	7.0	8.5
沿水平方向	1.5	2.0	3.5	4.0	6.0	7.0	8.5

(5)施工现场开挖沟槽边缘与外电埋地电缆沟槽边缘之间的距离不得小于 0.5m。

(6)当安全距离不能满足规定要求时,必须采取绝缘隔离防护措施,如屏障、遮栏、围栏、保护网等实现强制性绝缘隔离,并应悬挂醒目的警告标志。

(7)架设防护设施时,必须经有关部门批准,采用线路暂时停电或其他可靠的安全技术措施,并应有电气工程技术人员和专职安全人员监护。防护设施应坚固、稳定,且对外电线路的隔离防护应达到 IP30 级。防护设施与外电线路之间的安全距离不应小于表 6-3-4 所列数值。

防护设施与外电线之间的最小安全距离　　　　　　表 6-3-4

外电线路电压等级(kV)	≤10	35	110	220	330	500
最小安全距离(m)	1.7	2.0	2.5	4.0	5.0	6.0

(8)当规范规定的防护措施无法实现时,必须与有关部门协商,采取停电、迁移外电线路或改变工程位置等措施,未采取上述措施的严禁施工。

(9)在外电架空线路附近开挖沟槽时,必须会同有关部门采取加固措施,防止外电架空线路电杆倾斜、悬倒。高压线塔座护坡周围严禁开挖取土(图 6-3-9)。

(10)在临近高压输电线路塔基修筑便道时,应加设防撞设施。

(11)对施工单位上报的专项施工方案进行认真审查,必须经高压输电线路运管单位审批同意后方可实施。

(12)施工前要求高压输电线路运管单位对施工单位和监理单位进行安全书面交底,并作为施工和监理的安全管理依据,由施工单位严格执行,监理单位监督执行情况;对不符合安全要求的,必须整改到符合要求为止,否则不允许施工。

图 6-3-9　某工地高压线塔座护坡周围严禁开挖取土

(13)施工期间,要求高压线运管单位派安全监护人员对现场施工进行驻守监护,施工单位和监理单位积极配合,确保施工安全。

(14)对需要其他单位配合的,监理积极协调,确保第三方利益不受到伤害。

(15)施工准备阶段对作业人员进行安全三级教育、安全交底、班前教育,让作业人员充分了解现场环境的危险性,掌握安全技术的应用。

(16)进入高压线作业区域配专职安全员对施工现场不间断巡逻监控。

(17)用电设备机具选配合理,线路必须绝缘良好,电线不得与金属物绑在一起,用电设备机具必须按规定接零、接地保护。

(18)高压线下方不堆积易燃易爆危险品。

(19)现场所有的弃物、覆盖物均要压实,避免刮风卷起造成危险。

(20)所有的施工人员不得攀爬高压线铁塔,禁止向高压线投掷物品。

(21)在阴天、雷、雨、雪、雾、大风等恶劣天气情况下,必须停止一切施工,施工人员禁止在塔基 10m 范围内逗留。

(22)对施工现场的拉线、电杆、塔基等设隔离栅进行保护。

(23)禁止在夜间进行高压输电线路下方的各类施工作业。

(24)作业人员应配备绝缘手套、绝缘靴、绝缘衣等劳防用品,并正确使用,必要时场地设置绝缘垫。

(25)所有作业人员禁止疲劳作业,强令冒险作业等违章作业。

(26)作业期间加强安全作业距离的监测,确保在安全限界内作业。同时加强感应电压的监测,确保在安全电压范围内。

(27)大型设备的选用应满足安全距离的要求和接地保护(或绝缘)的安全要求,吊装作业必须设专职安全人员监控。

(28)埋地电缆上方不得排水,不得堆载重物。

第七章

典型案例

一、某高速公路圆柱墩模板支架坍塌较大事故

1. 事故经过

2011年5月17日上午，某高速公路一座大桥进行左幅2-A圆柱墩第二节混凝土浇筑作业（第一节13m已浇筑完成，本次计划浇筑10.2m）。12时17分左右，当第二节墩柱浇筑到9.7m时，墩柱模板与中系梁段基模连接处爆裂，导致第二节墩身模板整体倒塌，正在墩柱上施工作业的4名作业人员当场坠落死亡。现场图片见图7-1-1~图7-1-7。

2. 主要隐患

（1）专项施工方案缺乏安全性。方案采用设置4根缆风绳来稳定模板系统，模板外侧没有设置支架和施工作业平台，基模以上没有搭设"之"字形通道。

（2）模板连接螺栓数量严重不足。圆柱墩模板纵缝之间应安装 φ18 连接螺栓128颗，实际仅安装42颗，占32.81%；圆柱墩模板节段之间应安装 φ18 连接螺栓108颗，实际仅安装54颗，占50%；新浇墩柱模板与已成墩柱顶部基模之间应安装 φ18 连接螺栓36颗，实际没有安装。

图7-1-1 模板坍塌现场

图7-1-2 爆裂的圆柱墩模板

图7-1-3 上部模板与基模的连接

图7-1-4 施工方案缺乏安全性，施工人员正在冒险作业

— 276 —

图 7-1-5 通过铁丝拉在钢筋堆上的缆风绳

图 7-1-6 缆风绳扎头数量不足

（3）模板系统稳定措施严重不足。施工中设置了四根 $\phi 8$ 钢丝绳作缆风绳，缆风绳承载能力不满足安全验算要求。缆风绳上端与模板顶部所插的 $\phi 20$ 短钢筋连接，缆风绳下端有两根拉结在已成桥梁墩柱上，一根拉结在 $\phi 25$ 的钢钎上，一根以 2 股 10 号镀锌铁丝拉结在地面的半成品钢筋堆上。$\phi 8$ 钢丝绳中间的接头以一个扎头连接。

（4）墩柱混凝土浇筑速度过快。专项施工方案中，墩柱模板安全验算采用的混凝土浇筑速度为 2m/h，实际浇筑速度达到 8.69m/h。

3. 原因分析

没有搭设施工支架、没有设置施工作业平台，模板连接螺栓数量严重不足、墩柱混凝土

图 7-1-7 模板连接螺栓数量严重不足

浇筑速度过快，模板承受的侧压力过大导致底节模板爆裂、混凝土外泄，引起新浇混凝土重心向模板裂口反方向偏移，模板系统受到不平衡力量作用，上部模板（12m）与基模没有效连接、风缆系统可靠性差、结构整体稳定措施严重不足，缆风绳中间接头薄弱、抽脱，导致在浇墩柱模板系统整体倒塌。

4. 专家点评

模板安装必须设置施工作业平台和上下安全通道，为模板连接和支撑作业人员提供安全保障；模板连接螺栓必须上满、拧紧；模板的风缆系统必须经计算确定，安装好后应做拉力检验。缆风绳的规格、强度等级以及接长、连接用的绳卡（型号、数量和安装方式）等必须符合国家相关规范要求；地锚的设置必须安全可靠。截面较小的混凝土构件必须严格控制混凝土的浇筑速度和一次浇筑高度。

二、某高架桥桥墩盖梁模板支架坍塌较大事故

1. 事故经过

2011年12月19日，某高架桥桥墩盖梁施工发生支架模板坍塌事故，造成9人死亡、6人受伤、一辆客车报废、一辆混凝土搅拌运输车受损的较大安全生产事故。现场图片见图7-2-1～图7-2-8。

图7-2-1 模拟事故发生前的现场

图7-2-2 桥墩盖梁支架模板坍塌现场

图7-2-3 施工中的桥墩盖梁支架

图7-2-4 桥墩盖梁支架坍塌后的左侧局部

图7-2-5 桥墩盖梁支架坍塌后的工字钢横梁

图7-2-6 改钢管柱支撑为碗扣架支撑，拉大工字钢间距，取消顶部工字钢组横梁

图 7-2-7 工字钢梁间没有合理设置连接系，支架没有设置扫地杆和水平剪刀撑

图 7-2-8 碗扣支架没有设置扫地杆和水平剪刀撑

2. 主要隐患

（1）擅自变更经审核的专项施工方案。将通道上方的工字钢横梁由 I56a@250mm 改为 I45c@600mm，导致单根工字钢横梁承受的荷载显著增加、抗弯承载能力明显降低；取消了工字钢横梁之间的型钢联系，降低了工字钢横梁的整体稳定性；将通道右侧支腿 $\phi720$ 钢管改为 $\phi529$ 钢管，将左侧支腿 $\phi720$ 钢管改为 $\phi48 \times 3.5mm$ 碗扣式钢管，严重降低了支撑结构的承载能力。

（2）支架的整体稳定性不足。支架高约 17m，宽约为 4.2m，高宽比约为 4，未扩大下部架体尺寸，与桥墩的连接薄弱，也未采取其他增强支架稳定性措施，支架的整体稳定性严重不足。

（3）支架搭设不规范。支架底部未设置扫地杆，底层水平杆距地面高度约 700mm；支架顶部、中部和底部均未设置水平剪刀撑，支架纵、横向剪刀撑数量不满足规范要求，部分斜杆搭接长度不足，没有每步与立杆扣接。

（4）支架车行通道宽度太大（达到 8.75m），工字钢横梁型号由 I56a 改为 I45c，缺少有效的横向联系，在传递集中力的支点处没有按规定设置腹板加强劲板。横梁的应力严重超限、挠度过大、整体稳定性太差。

（5）通道左侧支腿承载能力严重不足。采用 $\phi48 \times 3.5mm$ 碗扣式钢管搭设，没有进行力学验算，没有设置斜杆，没有形成稳定结构，钢管上方没有设置刚性分配梁，工字钢梁对应搁置在钢管立杆顶部的方木上，没有发挥其他钢管的支撑作用（仅 1/6 的钢管受力），显著地降低了支架的承载能力。钢管立杆应力严重超限。

（6）通道右侧支腿工字钢横梁与 $\phi529$ 钢管支腿没有采用刚性连接，且钢管支腿地脚螺栓仅为 4 颗 $\phi12mm$ 螺栓，锚固力明显不足，$\phi529$ 钢管支腿稳定性差。

（7）防撞墩没有进行防撞击安全验算。右侧防撞墩施工分成 3 段浇筑，整体性不好，抗撞击能力差。部分碗扣式钢管搭设悬出防撞墩之外，防护挡板设置不规范，增加了车辆撞击风险。

3. 原因分析

车行横通道 I45a 工字钢横梁及其支撑体系应力严重超限、刚度明显不足、稳定性太差，是造成本次坍塌事故的直接原因。

4. 专家点评

在桥墩盖梁施工过程中，施工单位擅自变更支架和车行通道的专项施工方案，未按照通过专家论证、经修改完善和审批的专项施工方案进行施工；将通道上方的工字钢横梁由 I56a@250mm 改为 I45c@600mm，擅自取消工字钢横梁间的型钢联系，擅自改变工字钢横梁的支撑体系，不进行安全验算，不重新进行审核和专家论证，技术、安全管理混乱，必将造成严重后果。

在施工方法、构件材料、技术参数发生明显变化的情况下，监理单位未发出任何整改指令，未要求暂时停止施工，也未向建设单位或有关主管部门报告，未进行支撑架验收就同意转入下一道工序施工，且参与出具虚假预压报告。违反了《建设工程安全生产管理条例》第十四条"工程监理单位在实施监理过程中，发现存在安全事故隐患的，应当要求施工单位整改；情况严重的，应当要求施工单位暂时停止施工，并及时报告建设单位。施工单位拒不整改或者不停止施工的，工程监理单位应当及时向有关主管部门报告"的规定。

三、某省道跨江特大桥缆索吊机吊篮坠落重大事故

1. 事故经过

2008年10月28日，某省道跨江特大桥23名工人乘坐缆索吊机吊斗上晚班，因吊斗钢丝绳接头抽脱、断裂，载人吊斗坠落至桥面，造成11人死亡，12人受伤，其中5人重伤，7人轻伤。现场图片见图7-3-1~图7-3-4。

图7-3-1 坠落的吊篮

图7-3-2 吊篮坠落事故现场

图7-3-3 混乱的事故现场

图7-3-4 事故现场图

2. 主要隐患

（1）缆索吊机安装前没有告知质量技术监督管理机构，安装后没有进行检测检验，更没有取得使用登记证。经常性检查和定期检查落实不到位。

（2）缆索吊机起重绳使用小插接接长，钢丝绳直径变粗，通过滑车时容易发卡，影响系统的安全性；事故发生前两天，已经有施工人员发现钢丝绳接头存在磨损和断丝情况，没有及时排查整改。

（3）施工升降机安装位置不当，达到桥面需要先乘坐升降机到达0号块底部支架平台，再通过箱梁外侧约75°的陡爬梯爬高约15m，由于爬梯太陡，消耗体力，施工人员不愿意选择乘坐升降机上桥面。

（4）缆索吊机违规载人、超员运载。

(5)将工程转给无资质的单位和个人施工。

(6)为抢工期加班加点,超时超限运行。

3. 原因分析

缆索吊机未经检测检验合格、取得使用登记证书即投入使用,违章载人、超员载人,起重钢丝绳接头使用小插接法接长、直径变粗,发现隐患没有及时进行检查和整改,在起重绳发卡时,没有停机处理,继续违规起升,导致起重绳接头抽脱,造成吊篮坠落。

4. 专家点评

缆索吊机属于特种设备,受地形和施工条件限制,跨度、塔高、吊重等主要参数变化较大,表现出"非定型产品"特征,检测检验受到限制,在与质量技术监督部门协商一致的情况下,可以通过形式试验验证其安全性,取得检验合格证和使用登记证;用作吊运模板、材料、混凝土等的缆索吊机不应当吊运人员;缆索吊机的起重绳不应当设置接头,绳长不足应采用定制钢丝绳解决,确实无法解决的,应采用大插接法接长,保持钢丝绳直径不变和规定的接头长度;计算时应当考虑其承载能力的降低,使用中应当加强检查,发现异常及时停机处理,不容许吊机带病强制升降。连续刚构桥梁施工升降机的安装,应认真规划,保证施工人员能直达墩顶和桥面。

四、某长江大桥双壁钢围堰坍塌重大事故

1. 事故经过

2013年10月12日上午,某长江大桥4号墩双壁围堰内10名施工人员正在进行4-1号桩破除桩头混凝土和清理作业,10时33分,围堰突然坍塌并沉没于水中,致使堰内10名施工人员和岸边1名洗衣妇女失踪。现场图片见图7-4-1~图7-4-7。

图7-4-1 事故发生前的现场图片

图7-4-2 正在进行围堰接高施工的现场图片

图7-4-3 双壁钢围堰坍塌瞬间

图7-4-4 双壁钢围堰坍塌沉没后的江面

图7-4-5 水位消落以后的钢围堰

图7-4-6 水位消落以后的钢围堰及人行爬梯

图7-4-7 钢围堰坍塌致吊船起重臂销座破损，臂杆坠落、弯折

2. 主要隐患

(1)围堰方案变更(设防水位由155m提高到173.5m)后，仅制订了施工度汛方案，未重新制订专项施工方案，度汛方案未报施工单位技术负责人和监理工程师审批，未组织专家论证、审查。

(2)4号墩围堰度洪措施力学验算指标不全面，计算结果不能真实反映结构受力情况。对钢护筒与封底混凝土之间的黏结力取值缺乏依据，擅自由总体施工组织设计采用的$10t/m^2$提高到$15t/m^2$，影响围堰的抗上浮验算结果。同时，计算书中采用的隔舱注水高度是15m(注水至165m高程)，方案图中却标明注水至160m高程，即仅注水10m，与计算采用的数据不一致。

(3)4号墩围堰设防水位由155m提高到173.5m，水深增加18.5m，围堰相应加高17.5m，双壁钢围堰壁厚1m抗水压能力不足；围堰钢壳壁厚($\delta=6mm$)明显偏小，水平加劲环板偏弱($\delta=12mm$)；同时，水平加劲环板布置间距确定未合理考虑受力需要(均采用1m)，竖肋采用分段加工(均为1m)与环板顶焊构成(未标注焊缝类型及高度)，围堰结构存在严重构造缺陷。

(4)检算结果表明，事故发生时(桥址水位168.4m)，围堰结构控制部位最大应力达259MPa，超过钢材(Q235)容许应力，使结构处于危险状态。如果水位达到控制施工水位173.5m，结构计算应力将更大。

(5)围堰在事故发生时对断裂面(147m高程，水位消落后复查为145.2m)水头高达21.4m(对封底混凝土底部的水头达到30.4m)。虽然当时已将封底混凝土由2.5m增厚至6.5m，但基桩接长未提前实施，围堰抗上浮稳定安全度不足。施工中采用风镐凿除桩头，对护筒与封底混凝土之间的黏结效果产生削弱；事故发生时各桩嵌入封底混凝土仍仅2.5m，另4m范围仅为直径3.3m的空护筒与混凝土接触，缺少护筒内混凝土的支撑约束，钢混间黏结力有限，加之没有采取间孔破除桩头、分批、及时浇筑接桩混凝土的方法，致使在水位不断上涨情况下，结构抗上浮能力不断降低。

(6)工序安排不当。先浇筑加厚的封底混凝土，再接高钢围堰，最后实施接桩，施工工序安排明显不当，加大了施工安全风险。而且，在施工中没有加强监测、观测和认真分析。封底混凝土与钢护筒之间存在渗水现象，本身就是其间黏结作用正在被削弱的危险信号，但没有引起足够重视。

(7)围堰度汛解决方案执行走样。方案图中，标明隔舱混凝土应浇筑至150m高程，施工仅浇筑至 147m(水位消落后复查为 145.2m);方案图中注明隔舱注水应至 160m 高程,施工注水仅至 158m,离计算采用的注水至 165m 高程差距更大。

(8)浮吊船锚碇体系不健全。浮吊船排水量约 4300t,仅对角设置一对(2 根)锚绳,另通过三处(4 根)直径为 21mm 的钢丝绳连接在围堰上(破断拉力合计达到 73.6t),以帮助浮吊船定位,对围堰结构施加了力学核验以外的力量。在"水涨船不高"的情况下,随着钢丝绳承受拉力的不断增大,直到最后瞬间断裂,围堰承受巨大冲击,诱发围堰结构坍塌。

(9)围堰制作所用钢材进场时未进行质量检测。有一份角钢的质保书强度指标不合格。同时,围堰加工焊缝未进行试验检测。存在部分对接、T 形角焊缝未熔合现象;经打磨焊缝余高的壳板对接焊缝抗拉强度低于母材抗拉强度。围堰加工质量存在缺陷。

(10)工地压力气瓶管理不严格,存在气瓶爆炸隐患。

3. 原因分析

围堰结构与构造不合理,主要构件应力超限、稳定性安全储备不足,在水压力作用下,钢围堰在隔舱混凝土顶部位置突发断裂,是造成本次坍塌事故的直接原因。此外,分部分项工程的工序安排存在严重缺陷,中间验收把关、控制不严格,浮吊船锚碇体系不健全,监理环节严重违反工程建设的有关规定也是造成事故的重要因素。

4. 专家点评

围堰施工控制水位大幅提高,施工条件发生重大变化,必须重新制订专项施工方案,对围堰结构进行严格的安全验算,按规定组织专家论证、审查,完善企业技术负责人(包括专业承包企业、中标签约企业)、监理工程师审核签字手续。对已经实施的围堰结构应进行合理的加固处置。

施工中必须加强对专项施工方案执行情况的检查。在本案例中,围堰隔舱混凝土的填充和注水高度不断打折扣,浮吊船锚碇体系不健全,表明现场技术和生产管理混乱,这是引发事故的危险信号。

在施工工序安排方面,应当在低水位期间,首先抓紧时间于干处完成接桩施工;第二步是在打开围堰的连通管、保持围堰内外水位平衡的前提下,接高钢围堰、填充隔仓混凝土、在隔仓内注水;第三步再浇筑加厚的封底混凝土。

施工船舶必须通过设计计算合理布置锚碇系统,不应当在临时结构上拉设锚绳,涨落水期间应加强锚地、锚位监测、监控,防止走锚、断缆造成安全事故。

五、某高速公路架桥机倾覆较大事故

1. 事故经过

2012 年 9 月 29 日上午 8:38,某高速公路 E4 标某大桥第 13 跨发生架桥机倾覆事故,造成 4 人死亡、4 片 T 梁坠毁、1 台塔吊受损的较大安全事故。现场图片见图 7-5-1~图 7-5-4。

图 7-5-1 架桥机坍塌现场

图 7-5-2 架桥机坍塌现场

图 7-5-3 倾覆后的架桥机主桁

图 7-5-4 支座垫石及支座现场形态

2. 主要隐患

（1）在架 T 梁，同时位于 4% 的纵坡和 5.215% 的横坡上，架桥机没有严格调整到其操作说明书规定的纵、横坡度范围。架桥机横梁支垫不牢固。

（2）安全生产技术交底针对性不强，没有把桥梁大纵坡、大横坡的架设难度、操作注意事项和危险性向作业班组、作业人员详细说明清楚。

（3）1、2、3 号 T 梁架设完成后，没有将其间的横隔板主筋全部焊接牢靠。

（4）架桥机持证作业人员离开工地后，无证、无经验的辅助工擅自进行架梁作业。

3. 原因分析

无证的辅助工擅自进行架梁作业，并违反"从中间到两侧"的架梁基本程序，4 号中梁尚未架设，就先架设 5 号边梁；架桥机带梁整机横移，T 梁起升高度不足，与支座垫石擦刮后，强行横移致 T 梁迈过支座垫石，T 梁撞击支座后，又慌忙起升，架桥机晃动加剧，再紧急下放 T 梁，T 梁底局部搁置在支座上，致使 T 梁倾倒、折断、坠落，引起架桥机倾覆，打击另外 3 片横向连接薄弱的 T 梁致其折断坠毁。

4. 专家点评

架桥机说明书中规定了适宜的架梁纵、横坡度，当桥梁坡度超过规定时应及时进行调整，以满足说明书的要求；安全生产技术交底应有针对性，突出重点、难点；T 梁架设必须严格遵守架梁程序要求，单片 T 梁架设完成后，必须立即进行支撑，将其间的横隔板主筋全部焊接牢靠；未经培训、考核合格取得特种设备操作证书的人员严禁从事特种设备的操作。

六、某交通建设项目基坑坍塌重大事故

1. 事故经过

2008 年 11 月 15 日下午 3 时 15 分，正在施工的某交通建设项目深基坑地下连续墙支护结构坍塌，造成 21 人死亡，24 人受伤的重大安全事故。现场图片见图 7-6-1～图 7-6-6。

2. 现场隐患

（1）土方开挖未按照设计要求进行，存在严重超挖现象。第四层、第五层土方同时开挖，垂直方向超挖约 3m，开挖到基底后水平方向约 26m 范围未架设第四道钢支撑（钢管），约有 43m 未浇筑混凝土。土方超挖导致地下连续墙侧向变形、墙身弯矩和钢支撑轴力显著增大。

（2）钢支撑活络头节点构造不合理。现场钢支撑活络头节点承载力明显低于钢支撑的承载力。

图 7-6-1　基坑支护坍塌现场

图 7-6-2　横七竖八的钢管支撑

图 7-6-3　基坑坍塌引起的连锁反应

图 7-6-4　设计要求系梁与钢支撑采用槽钢固定，实际部分用钢筋固定、部分没有固定

图 7-6-5　钢支撑与地下连续墙预埋件未有效连接

图 7-6-6　活络头节点承载力不满足安全要求

（3）钢支撑与系梁的连接不满足设计要求。设计要求系梁与钢支撑采用槽钢有效固定，实际上是部分采用钢筋固定（有的已脱开）、部分没有任何固定措施，使得钢支撑计算长度大大增加；钢管存在弯曲现象，最大旁弯值达 11.76cm，由于偏心受压降低了钢支撑的承载力。

（4）钢支撑的系梁之间未按设计要求设置剪刀撑。设计要求系梁垂直方向在边跨应设置剪刀撑，在中间每隔三跨设一道剪刀撑，实际上未设，降低了支撑体系的总体稳定性。

（5）部分钢支撑的安装位置严重偏离设计要求。钢支撑安装位置最大偏差达 83.6cm，平均偏差 20.6cm；相邻钢支撑间距与设计间距偏差最大达 65.0cm。安装偏差导致钢支撑受力不均匀、产生了附加弯矩。

（6）钢支撑与地下连续墙预埋件未有效连接。钢支撑与地连墙预埋件没有按要求实施焊接，直接搁置在钢牛腿上，使钢支撑在偶发冲击荷载或地下连续墙异常变形情况下丧失支撑功能。

（7）监测监控落实不到位。监测方案中的监测内容和监测点数量均不满足规范要求。测点破坏严重未及时修复，造成多处监控盲区；部分监测内容的测试方法存在严重缺陷，部分监测数据不可靠。监测报告中存在伪造数据现象，隐瞒报警数值，丧失了最佳处置时机。

3. 原因分析

施工单位违规施工、冒险作业、基坑严重超挖；支撑体系存在严重缺陷且钢支撑架设不及时；垫层混凝土未及时浇筑。监测单位挂靠他人资质，施工监测失效，施工单位没有根据现场情况采取有效补救措施。

4. 专家点评

达到一定规模的深基坑的专项施工方案，必须组织专家论证、审查，经施工单位技术负责人、总监理工程师审核签字后实施，由专职安全生产管理人员进行现场监督。开挖和支护施工必须严格按照专项施工方案的规定进行。如确因现场施工条件变化需要改变，应及时报告，并制订相应的技术安全措施，经过审核确认，必要时应重新组织专家论证、审查。施工中发现支护结构异常变形、开裂、异响或地基隆起、大翻沙、涌水等现象，应当立即撤离作业人员，经设计、监理人员确认安全后，方可按经审核的技术安全措施进行处置。

监理人员应严格按设计、规范的要求进行监理。施工过程中，对关键环节监理应按规定程序进行验收，上一工序验收不合格，不得进入下一工序的施工。监理发现施工中存在严重质量安全隐患，应当要求施工单位暂时停止施工，并及时报告建设单位。施工单位拒不整改或者不停止施工的，监理单位应当及时向有关主管部门报告。

深基坑施工监测监控必须严格落实责任，确定科学的测试方法，保证数据真实可靠，并避免检测盲区。监测技术人员应及时分析、掌握关键参数的变化趋势，及时发布预警信息，科学指导施工。

七、某高速公路隧道围岩坍塌较大安全事故

1. 事故经过

2014年5月5日23时20分左右，某高速公路的一座特长隧道左洞开挖面后部左侧拱腰45°以上围岩突然坍塌，形成一"上小下大"的三角形缺口。缺口从拱腰至拱顶，长度约4m、宽度约2m、深度约1.5m，塌方体积约5m³，造成3人死亡，一人受伤，一台SH210型挖掘机驾驶室被砸毁的较大安全事故。现场图片见图7-7-1～图7-7-5。

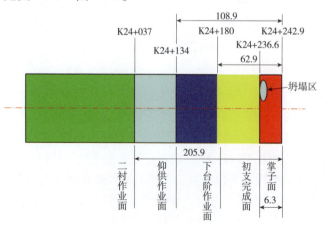

图7-7-1 事故发生洞段位置（尺寸单位：m）

图 7-7-2 事故现场

图 7-7-3 事故救援

图 7-7-4 初支喷射混凝土裂缝及渗水

图 7-7-5 节理面相互切割

2. 现场隐患

（1）循环进尺超限。事故发生洞段上一循环末榀钢架至掌子面距离为 6.3m，扣除上一循环未支护的 1.2m，实际循环进尺达到 5.1m，明显超过规范要求。

（2）超前小导管数量不足。事故发生洞段坍腔围岩仅见 6 根超前小导管，根据设计要求，沿隧道拱部弧线约 4m 范围设置的超前小导管应不少于 10 根。

（3）钢拱架间距偏差超限。事故发生洞段围岩支护类型为 IVQ（有车行横通道的 IV 级围岩），钢拱架设计间距为 80cm。钢拱架间距经现场测量为 0.9m、1.1m；上一循环所余 1.2m 范围没有安装钢拱架。

（4）系统锚杆未及时施作。上一循环所余 1.2m 仅做了初喷，在事故发生前没有施作系统锚杆。

（5）发现初期支护开裂未撤离作业人员。事故发生前 1h 左右，施工技术人员、安全员发现隧道左洞前方左侧喷射混凝土出现裂缝并有渗水痕迹，但判断是由于爆破震动引起的支护裂缝，没有确定为异常裂缝，未通知作业人员撤离现场。

（6）未经安全确认即进入开挖面作业。事故发生时，挖掘机正在找顶尚未完成的开挖面作业，而且挖掘机的履带与隧道轴线垂直。两名支护工正在进行钢架安装距离测量。

（7）隧道开挖面到仰拱作业面之间的距离达到 108.9m，隧道上台阶长度达到 62.9m，均远大于专项施工方案规定的控制距离。

（8）超前地质预报深度不足。超前地质预报没有覆盖隧道周边一定范围的围岩（5～8m）。超前地质钻孔方案没有针对隧道复杂的地质条件提出在隧道开挖面的周边打设外插探孔的要求。施工前，虽进行了地质调查和 TSP 预报，但坍塌洞段仅发现一组构造带，且没标明构造带在断面上的具体部位，预报发育构造带与发生坍塌的断面存在误差，没有发现相邻的、形成相互切割的另两组构造带。超前地质探孔预报因所钻探孔数量较少和布孔范围较大，没有发现坍塌段存在异常情况。

3. 原因分析

隧道围岩岩性突变，三组节理面两两形成"X"形交叉，将岩石切割成"上小下大"的不连续碎块，岩石碎块失去原有支承后在拱部围岩松动圈沉降、挤压和其自重作用下突发坍塌，击中下方正在施工作业的挖掘机操作人员和支护人员，是造成本次事故的直接原因。施工中违规作业和超前地质预报对周边围岩覆盖范围不足，对事故发生有一定影响。

4. 专家点评

超前地质预报应注重发挥地质雷达探测地质构造、瞬变电磁法探测水害、地质雷达结合瞬变电磁法探测岩溶的优势，探明隧道前方和周边的水文、地质条件（隧道周边轮廓线外 5～8m 范围）。

超前地质探孔应长短探孔相结合，以便于与物探成果进行比对。

施工中，应高度重视对超前地质预报成果的研究和使用，根据实际水文、地质情况，及时调整支护参数，采取相应的技术与安全措施，实行动态化、信息化设计、施工和管理。同时，应切实加强设计驻场服务。

隧道开挖和初期支护施工必须严格遵守设计和施工技术规范要求，严格施工程序，严守安全规程，严格控制超前支护、循环进尺和初期支护参数。进入开挖面作业前必须进行全面检查，确认处于安全状态。

发现地面沉降或隧道初期支护喷射混凝土出现裂缝和异常变形等情况，应立即暂停施工，通知施工作业人员撤离现场，制订处置措施，经设计和监理单位同意后方可恢复施工。

八、某桥梁预制场龙门吊机倾覆较大安全事故

1. 事故经过

2009 年 8 月 19 日 16 时 40 分，某市一桥梁制梁场，一台 10t 门式起重机在作业过程中，突遇强对流天气，起重机作业人员未能将夹轨钳夹紧安装到位，导致起重机在风力作用下，沿轨道加速运行 50m 后脱轨倾覆。其一侧支腿砸在置于地面等待安装的 80t 门式起重机驾驶室，造成在此避雨的 8 名安装人员 4 人死亡 3 人受伤的较大事故，直接经济损失 270 余万元。现场图片见图 7-8-1～图 7-8-3。

图 7-8-1　事故现场

图 7-8-2 工程车辆在清理事故现场

图 7-8-3 事故现场勘查

2. 现场隐患

(1) 80t 龙门吊机的安装单位将安装业务口头转包给无特种设备安装资质的个体包工头，安装人员均无特种设备作业人员证书。

(2) 现场劳务负责人在生产、作业中违反安全管理规定，指派无证人员操作 10t 龙门吊机。

(3) 操作人员未经培训、考核合格取得证书，未将夹轨钳夹紧安装到位，违规操作。

(4) 安全管理混乱，没有对起重机安装及使用过程进行有效的安全监督。

3. 原因分析

事故起重机在作业过程中，突遇强对流天气，起重机作业人员未能进行正确处置，导致起重机在风力作用下，沿轨道加速运行 50m 后脱轨倾覆。这是一起因遇强对流天气、现场安全管理混乱，以及无证安装、无证使用、无证操作起重机引发的特种设备责任事故。

4. 专家点评

特种设备的安全附件、安全保护装置必须齐全、有效。特种设备使用单位应当对其使用的特种设备的安全附件、安全保护装置进行定期校验、检修，并做出记录。施工中应加强对气象信息的收集，遇有恶劣天气必须提前做好应对措施，轨道式起重机必须提前将夹轨钳安装到位。遇到 6 级及以上大风应停止吊装作业。特种设备安全管理人员和作业人员应当按照国家有关规定取得相应资格后，方可从事相关工作。特种设备的安装单位必须取得相应的许可证。禁止任何人指派无证人员操作特种设备。

九、某省二级公路桥梁预制场龙门吊机倾覆一般安全事故

1. 事故经过

2011 年 11 月 19 日 16 时 45 分，某省二级公路桥梁预制场 80t 龙门吊机安装过程中，一边安装龙门架支腿与横梁的连接螺栓，一边进行起重天车和操作室吊装，导致龙门吊机倾覆，造成 1 人死亡、2 人受伤的安全生产事故。现场图片见图 7-9-1、图 7-9-2。

2. 现场隐患

(1) 龙门吊机安装单位没有取得相应的资质。

(2) 龙门吊机安装没有制订专项施工方案。

(3) 龙门吊机安装过程中，支腿临时稳定措施落实不到位。

(4)龙门架支腿和横梁连接螺栓还没有全部安装完成,没有形成稳定结构,就实施起重天车和操作室吊装,属于违章冒险作业。

图 7-9-1 龙门吊机倾覆现场

图 7-9-2 龙门吊机又违规起吊架桥机

3. 原因分析

龙门架支腿和横梁连接螺栓还没有全部安装完成,龙门架还没有形成稳定结构,就实施其上的起重天车和操作室吊装,导致龙门吊机支腿倾斜、结构倾覆,是造成本次事故的直接原因。

4. 专家点评

龙门吊机也是常见的特种设备,应当由取得相应资质的单位承担安装、拆除;安装前应制订专项施工方案,增加临时支撑或设置可靠的缆风绳及地锚,确保龙门吊机支腿的稳定。龙门吊机安装过程中,应有技术人员现场指挥和专职安全员进行现场监督。龙门吊机支腿和横梁连接螺栓必须上满拧紧,经过检查验收合格,确保龙门架形成稳定结构后才能进行起重天车和操作室的吊装。

十、某省某大桥工地船舶倾覆较大安全生产事故

1. 事故经过

2009年6月29日13时20分,在某省横跨某河的大桥工地,22名施工人员乘船从河南岸去往北岸工地途中,因船舶桨扣断裂致船舶失控倾覆,船上22人全部落水。经全力抢救,15人被成功救起,造成7人溺水身亡的较大安全事故。现场图片见图7-10-1。

图 7-10-1 船舶失控倾覆

2. 现场隐患

(1)船舶操作人员未经过相关部门的安全知识和操作技能培训,并取得考核合格证书。

(2)工程项目部非法借用当地一茶坊用于屯鱼的"三无"(无船名船号、无船舶证书、无船籍港)铁质非机动船,长期用于接送施工人员过河上下班。该船不具备载人条件,也未到海事部门办理相关载人手续。

(3)船舶上没有按规定配备救生设施。

3. 原因分析

船桨桨扣断裂,致使船舶在湍急的水流作用下失去控制,进而倾覆;没有为施工人员配备救生设施,加大了事故的损失。

4. 专家点评

出事船舶为施工单位借用他人船只,未按照相关规定到海事部门办理核载定额及配备安全设施等手续,属于"三无"船只,未接受海事部门监管。船舶操作人员未经过相关部门的安全知识和操作技能培训,并取得考核合格证书。在施工过程中,特别是进入汛期,工程监理单位应当加强检查,并及时制止使用。

十一、某市工作船与运沙船碰撞沉没较大安全生产事故

1. 事故经过

2003年1月29日5时50分,某市辖区某疏浚打捞公司所属工程船(船长22.65m,总吨60t,船员6人)在黄浦江从某水厂驶往上海某水厂准备清除该厂取水口垃圾。当航行至东沟江面附近水域时,与一艘不知名船舶碰撞后沉没,造成1人死亡,5人失踪的较大安全事故。

2. 现场隐患

(1)工程船驾驶员驾驶船舶时与人聊天,未进行瞭望,仅凭驾驶室内的目测航行。
(2)大雾天气致使能见度下降,未减速航行,未鸣放雾笛及发送相关声光信号。
(3)在两船相遇时,没有采取正确的紧急避险措施。
(4)船上人员未正确佩戴水上救生设施。

3. 原因分析

事发当时江上有大雾,两船均未按规定鸣放雾笛及发送相关声光信号,且工程船驾驶员因与人聊天,未进行瞭望,仅凭驾驶室内的目测航行。船舶操作人员违反航行规程,是造成此次事故的直接原因。

4. 专家点评

船舶应当及时收集、分析、掌握气象信息,并结合天气变化趋势采取科学的应对措施。内河船舶应当严格遵守《中华人民共和国内河避碰规则》,必须按照有关规定航行和避让。船舶在任何时候均应以安全航速行驶,以便能够采取有效的避让行动。船舶在航行过程中,要保持高度警惕,当对来船动态不明产生怀疑或者声号不统一时,应立即减速、停止,必要时应予倒车。所取任何防止碰撞的行动,应当明确、有效、及早进行,并运用良好的驾驶技术,直至驶过让清为止。

船舶在避让过程中,让路船应当主动避让被让路船;被让路船也应当注意让路船的行动,并按当时情况采取行动协助避让。两机动船相遇,双方避让意图经声号统一后,避让行动不得改变。在夜间以及白天能见度不良的情况下,应当正确使用有关号灯。在船舶相遇时,或者在雾、霾、下雪、暴风雨、沙暴等原因而使能见度受到限制时,应及时正确使用声响信号,防止船舶碰撞。此外,船舶还应按规定配备齐全、有效的救生设施。

附录

附录1 中华人民共和国安全生产法

(2002年6月29日第九届全国人民代表大会常务委员会第二十八次会议通过 根据2009年8月27日第十一届全国人民代表大会常务委员会第十次会议关于《关于修改部分法律的决定》第一次修正 根据2014年8月31日第十二届全国人民代表大会常务委员会第十次会议《关于修改〈中华人民共和国安全生产法〉的决定》第二次修正,自2014年12月1日起施行)

第一章 总 则

第一条 为了加强安全生产工作,防止和减少生产安全事故,保障人民群众生命和财产安全,促进经济社会持续健康发展,制定本法。

第二条 在中华人民共和国领域内从事生产经营活动的单位(以下统称生产经营单位)的安全生产,适用本法;有关法律、行政法规对消防安全和道路交通安全、铁路交通安全、水上交通安全、民用航空安全以及核与辐射安全、特种设备安全另有规定的,适用其规定。

第三条 安全生产工作应当以人为本,坚持安全发展,坚持安全第一、预防为主、综合治理的方针,强化和落实生产经营单位的主体责任,建立生产经营单位负责、职工参与、政府监管、行业自律和社会监督的机制。

第四条 生产经营单位必须遵守本法和其他有关安全生产的法律、法规,加强安全生产管理,建立、健全安全生产责任制和安全生产规章制度,改善安全生产条件,推进安全生产标准化建设,提高安全生产水平,确保安全生产。

第五条 生产经营单位的主要负责人对本单位的安全生产工作全面负责。

第六条 生产经营单位的从业人员有依法获得安全生产保障的权利,并应当依法履行安全生产方面的义务。

第七条 工会依法对安全生产工作进行监督。

生产经营单位的工会依法组织职工参加本单位安全生产工作的民主管理和民主监督,维护职工在安全生产方面的合法权益。生产经营单位制定或者修改有关安全生产的规章制度,应当听取工会的意见。

第八条 国务院和县级以上地方各级人民政府应当根据国民经济和社会发展规划制定安全生产规划,并组织实施。安全生产规划应当与城乡规划相衔接。

国务院和县级以上地方各级人民政府应当加强对安全生产工作的领导,支持、督促各有关部门依法履行安全生产监督管理职责,建立健全安全生产工作协调机制,及时协调、解决安全生产监督管理中存在的重大问题。

乡、镇人民政府以及街道办事处、开发区管理机构等地方人民政府的派出机关应当按照职责,加强对本行政区域内生产经营单位安全生产状况的监督检查,协助上级人民政府有关部门依法履行安全生产监督管理职责。

第九条 国务院安全生产监督管理部门依照本法,对全国安全生产工作实施综合监督管理;县级以上地方各级人民政府安全生产监督管理部门依照本法,对本行政区域内安全生产工作实施综合监督管理。

国务院有关部门依照本法和其他有关法律、行政法规的规定,在各自的职责范围内对有关行业、领域的安全生产工作实施监督管理；县级以上地方各级人民政府有关部门依照本法和其他有关法律、法规的规定，在各自的职责范围内对有关行业、领域的安全生产工作实施监督管理。

安全生产监督管理部门和对有关行业、领域的安全生产工作实施监督管理的部门，统称负有安全生产监督管理职责的部门。

第十条 国务院有关部门应当按照保障安全生产的要求，依法及时制定有关的国家标准或者行业标准，并根据科技进步和经济发展适时修订。

生产经营单位必须执行依法制定的保障安全生产的国家标准或者行业标准。

第十一条 各级人民政府及其有关部门应当采取多种形式，加强对有关安全生产的法律、法规和安全生产知识的宣传，增强全社会的安全生产意识。

第十二条 有关协会组织依照法律、行政法规和章程，为生产经营单位提供安全生产方面的信息、培训等服务，发挥自律作用，促进生产经营单位加强安全生产管理。

第十三条 依法设立的为安全生产提供技术、管理服务的机构，依照法律、行政法规和执业准则，接受生产经营单位的委托为其安全生产工作提供技术、管理服务。

生产经营单位委托前款规定的机构提供安全生产技术、管理服务的，保证安全生产的责任仍由本单位负责。

第十四条 国家实行生产安全事故责任追究制度，依照本法和有关法律、法规的规定，追究生产安全事故责任人员的法律责任。

第十五条 国家鼓励和支持安全生产科学技术研究和安全生产先进技术的推广应用，提高安全生产水平。

第十六条 国家对在改善安全生产条件、防止生产安全事故、参加抢险救护等方面取得显著成绩的单位和个人，给予奖励。

第二章　生产经营单位的安全生产保障

第十七条 生产经营单位应当具备本法和有关法律、行政法规和国家标准或者行业标准规定的安全生产条件；不具备安全生产条件的，不得从事生产经营活动。

第十八条 生产经营单位的主要负责人对本单位安全生产工作负有下列职责：

（一）建立、健全本单位安全生产责任制；

（二）组织制定本单位安全生产规章制度和操作规程；

（三）保证本单位安全生产投入的有效实施；

（四）督促、检查本单位的安全生产工作，及时消除生产安全事故隐患；

（五）组织制定并实施本单位的生产安全事故应急救援预案；

（六）及时、如实报告生产安全事故；

（七）组织制定并实施本单位安全生产教育和培训计划。

第十九条 生产经营单位的安全生产责任制应当明确各岗位的责任人员、责任范围和考核标准等内容。

生产经营单位应当建立相应的机制，加强对安全生产责任制落实情况的监督考核，保证安全生产责任制的落实。

第二十条 生产经营单位应当具备的安全生产条件所必需的资金投入，由生产经营单位的决策机构、主要负责人或者个人经营的投资人予以保证，并对由于安全生产所必需的资金投入不足导致的后果承担责任。

有关生产经营单位应当按照规定提取和使用安全生产费用，专门用于改善安全生产条件。安全生产费用在成本中据实列支。安全生产费用提取、使用和监督管理的具体办法由国务院财政部门会同国务院安全生产监督管理部门征求国务院有关部门意见后制定。

第二十一条 矿山、金属冶炼、建筑施工、道路运输单位和危险物品的生产、经营、储存单位，应当设置安全生产管理机构或者配备专职安全生产管理人员。

前款规定以外的其他生产经营单位，从业人员超过一百人的，应当设置安全生产管理机构或者配备专职安全生产管理人员；从业人员在一百人以下的，应当配备专职或者兼职的安全生产管理人员。

第二十二条 生产经营单位的安全生产管理机构以及安全生产管理人员履行下列职责：

（一）组织或者参与拟订本单位安全生产规章制度、操作规程和生产安全事故应急救援预案；

（二）组织或者参与本单位安全生产教育和培训，如实记录安全生产教育和培训情况；

（三）督促落实本单位重大危险源的安全管理措施；

（四）组织或者参与本单位应急救援演练；

（五）检查本单位的安全生产状况，及时排查生产安全事故隐患，提出改进安全生产管理的建议；

（六）制止和纠正违章指挥、强令冒险作业、违反操作规程的行为；

（七）督促落实本单位安全生产整改措施。

第二十三条 生产经营单位的安全生产管理机构以及安全生产管理人员应当恪尽职守，依法履行职责。

生产经营单位作出涉及安全生产的经营决策，应当听取安全生产管理机构以及安全生产管理人员的意见。

生产经营单位不得因安全生产管理人员依法履行职责而降低其工资、福利等待遇或者解除与其订立的劳动合同。

危险物品的生产、储存单位以及矿山、金属冶炼单位的安全生产管理人员的任免，应当告知主管的负有安全生产监督管理职责的部门。

第二十四条 生产经营单位的主要负责人和安全生产管理人员必须具备与本单位所从事的生产经营活动相应的安全生产知识和管理能力。

危险物品的生产、经营、储存单位以及矿山、金属冶炼、建筑施工、道路运输单位的主要负责人和安全生产管理人员，应当由主管的负有安全生产监督管理职责的部门对其安全生产知识和管理能力考核合格。考核不得收费。

危险物品的生产、储存单位以及矿山、金属冶炼单位应当有注册安全工程师从事安全生产管理工作。鼓励其他生产经营单位聘用注册安全工程师从事安全生产管理工作。注册安全工程师按专业分类管理，具体办法由国务院人力资源和社会保障部门、国务院安全生产监督管理部门会同国务院有关部门制定。

第二十五条 生产经营单位应当对从业人员进行安全生产教育和培训，保证从业人员具备必要的安全生产知识，熟悉有关的安全生产规章制度和安全操作规程，掌握本岗位的安全操作技能，了解事故应急处理措施，知悉自身在安全生产方面的权利和义务。未经安全生产教育和培训合格的从业人员，不得上岗作业。

生产经营单位使用被派遣劳动者的，应当将被派遣劳动者纳入本单位从业人员统一管理，对被派遣劳动者进行岗位安全操作规程和安全操作技能的教育和培训。劳务派遣单位应当对被派遣劳动者进行必要的安全生产教育和培训。

生产经营单位接收中等职业学校、高等学校学生实习的，应当对实习学生进行相应的安全生产教育和培训，提供必要的劳动防护用品。学校应当协助生产经营单位对实习学生进行安全生产教育和培训。

生产经营单位应当建立安全生产教育和培训档案，如实记录安全生产教育和培训的时间、内容、参加人员以及考核结果等情况。

第二十六条 生产经营单位采用新工艺、新技术、新材料或者使用新设备，必须了解、掌握其安全技术特性，采取有效的安全防护措施，并对从业人员进行专门的安全生产教育和培训。

第二十七条 生产经营单位的特种作业人员必须按照国家有关规定经专门的安全作业培训，取得相应资格，方可上岗作业。

特种作业人员的范围由国务院负安全生产监督管理部门会同国务院有关部门确定。

第二十八条 生产经营单位新建、改建、扩建工程项目（以下统称建设项目）的安全设施，必须与主体工程同时设计、同时施工、同时投入生产和使用。安全设施投资应当纳入建设项目概算。

第二十九条 矿山、金属冶炼建设项目和用于生产、储存、装卸危险物品的建设项目，应当按照国家有关规定进行安全评价。

第三十条 建设项目安全设施的设计人、设计单位应当对安全设施设计负责。

矿山、金属冶炼建设项目和用于生产、储存、装卸危险物品的建设项目的安全设施设计应当按照国家有关规定报经有关部门审查，审查部门及其负责审查的人员对审查结果负责。

第三十一条 矿山、金属冶炼建设项目和用于生产、储存、装卸危险物品的建设项目的施工单位必须按照批准的安全设施设计施工，并对安全设施的工程质量负责。

矿山、金属冶炼建设项目和用于生产、储存危险物品的建设项目竣工投入生产或者使用前，应当由建设单位负责组织对安全设施进行验收；验收合格后，方可投入生产和使用。安全生产监督管理部门应当加强对建设单位验收活动和验收结果的监督核查。

第三十二条 生产经营单位应当在有较大危险因素的生产经营场所和有关设施、设备上，设置明显的安全警示标志。

第三十三条 安全设备的设计、制造、安装、使用、检测、维修、改造和报废，应当符合国家标准或者行业标准。

生产经营单位必须对安全设备进行经常性维护、保养，并定期检测，保证正常运转。维护、保养、检测应当作好记录，并由有关人员签字。

第三十四条 生产经营单位使用的危险物品的容器、运输工具，以及涉及人身安全、危险性较大的海洋石油开采特种设备和矿山井下特种设备，必须按照国家有关规定，由专业生产单位生产，并经具有专业资质的检测、检验机构检测、检验合格，取得安全使用证或者安全标志，方可投入使用。检测、检验机构对检测、检验结果负责。

第三十五条 国家对严重危及生产安全的工艺、设备实行淘汰制度，具体目录由国务院安全生产监督管理部门会同国务院有关部门制定并公布。法律、行政法规对目录的制定另有规定的，适用其规定。

省、自治区、直辖市人民政府可以根据本地区实际情况制定并公布具体目录，对前款规定以外的危及生产安全的工艺、设备予以淘汰。

生产经营单位不得使用应当淘汰的危及生产安全的工艺、设备。

第三十六条 生产、经营、运输、储存、使用危险物品或者处置废弃危险物品的，由有关主管部门依照有关法律、法规的规定和国家标准或者行业标准审批并实施监督管理。

生产经营单位生产、经营、运输、储存、使用危险物品或者处置废弃危险物品，必须执行有关法律、法规和国家标准或者行业标准，建立专门的安全管理制度，采取可靠的安全措施，接受有关主管部门依法实施的监督管理。

第三十七条 生产经营单位对重大危险源应当登记建档，进行定期检测、评估、监控，并制定应急预案，告知从业人员和相关人员在紧急情况下应当采取的应急措施。

生产经营单位应当按照国家有关规定将本单位重大危险源及有关安全措施、应急措施报有关地方人民政府安全生产监督管理部门和有关部门备案。

第三十八条 生产经营单位应当建立健全生产安全事故隐患排查治理制度，采取技术、管理措施，及时发现并消除事故隐患。事故隐患排查治理情况应当如实记录，并向从业人员通报。

县级以上地方各级人民政府负有安全生产监督管理职责的部门应当建立健全重大事故隐患治理督办制度，督促生产经营单位消除重大事故隐患。

第三十九条 生产、经营、储存、使用危险物品的车间、商店、仓库不得与员工宿舍在同一座建筑物内，并应当与员工宿舍保持安全距离。

生产经营场所和员工宿舍应当设有符合紧急疏散要求、标志明显、保持畅通的出口。禁止锁闭、封堵生产经营场所或者员工宿舍的出口。

第四十条 生产经营单位进行爆破、吊装以及国务院安全生产监督管理部门会同国务院有关部门规定的其他危险作业，应当安排专门人员进行现场安全管理，确保操作规程的遵守和安全措施的落实。

第四十一条 生产经营单位应当教育和督促从业人员严格执行本单位的安全生产规章制度和安全操作规程；并向从业人员如实告知作业场所和工作岗位存在的危险因素、防范措施以及事故应急措施。

第四十二条 生产经营单位必须为从业人员提供符合国家标准或者行业标准的劳动防护用品，并监督、教育从业人员按照使用规则佩戴、使用。

第四十三条 生产经营单位的安全生产管理人员应当根据本单位的生产经营特点，对安全生产状况进行经常性检查；对检查中发现的安全问题，应当立即处理；不能处理的，应当及时报告本单位有关负责人，有关负责人应当及时处理。检查及处理情况应当如实记录在案。

生产经营单位的安全生产管理人员在检查中发现重大事故隐患，依照前款规定向本单位有关负责人报告，有关负责人不及时处理的，安全生产管理人员可以向主管的负有安全生产监督管理职责的部门报告，接到报告的部门应当依法及时处理。

第四十四条 生产经营单位应当安排用于配备劳动防护用品、进行安全生产培训的经费。

第四十五条 两个以上生产经营单位在同一作业区域内进行生产经营活动，可能危及对方生产安全的，应当签订安全生产管理协议，明确各自的安全生产管理职责和应当采取的安全措施，并指定专职安全生产管理人员进行安全检查与协调。

第四十六条 生产经营单位不得将生产经营项目、场所、设备发包或者出租给不具备安全生产条件或者相应资质的单位或者个人。

生产经营项目、场所发包或者出租给其他单位的，生产经营单位应当与承包单位、承租单位签订专门的安全生产管理协议，或者在承包合同、租赁合同中约定各自的安全生产管理职责；生产经营单位对承包单位、承租单位的安全生产工作统一协调、管理，定期进行安全检查，发现安全问题的，应当及时督促整改。

第四十七条 生产经营单位发生生产安全事故时，单位的主要负责人应当立即组织抢救，并不得在事故调查处理期间擅离职守。

第四十八条 生产经营单位必须依法参加工伤保险，为从业人员缴纳保险费。

国家鼓励生产经营单位投保安全生产责任保险。

第三章 从业人员的安全生产权利义务

第四十九条 生产经营单位与从业人员订立的劳动合同，应当载明有关保障从业人员劳动安全、防止职业危害的事项，以及依法为从业人员办理工伤保险的事项。

生产经营单位不得以任何形式与从业人员订立协议，免除或者减轻其对从业人员因生产安全事故伤亡依法应承担的责任。

第五十条 生产经营单位的从业人员有权了解其作业场所和工作岗位存在的危险因素、防范措施及事故应急措施，有权对本单位的安全生产工作提出建议。

第五十一条 从业人员有权对本单位安全生产工作中存在的问题提出批评、检举、控告；有权拒绝违章指挥和强令冒险作业。

生产经营单位不得因从业人员对本单位安全生产工作提出批评、检举、控告或者拒绝违章指挥、强令冒险作业而降低其工资、福利等待遇或者解除与其订立的劳动合同。

第五十二条 从业人员发现直接危及人身安全的紧急情况时，有权停止作业或者在采取可能的应急措施后撤离作业场所。

生产经营单位不得因从业人员在前款紧急情况下停止作业或者采取紧急撤离措施而降低其工资、福利等待遇或者解除与其订立的劳动合同。

第五十三条 因生产安全事故受到损害的从业人员，除依法享有工伤保险外，依照有关民事法律尚有获得赔偿的权利的，有权向本单位提出赔偿要求。

第五十四条 从业人员在作业过程中，应当严格遵守本单位的安全生产规章制度和操作规程，服从管理，正确佩戴和使用劳动防护用品。

第五十五条 从业人员应当接受安全生产教育和培训，掌握本职工作所需的安全生产知识，提高安全生产技能，增强事故预防和应急处理能力。

第五十六条 从业人员发现事故隐患或者其他不安全因素，应当立即向现场安全生产管理人员或者本单位负责人报告；接到报告的人员应当及时予以处理。

第五十七条 工会有权对建设项目的安全设施与主体工程同时设计、同时施工、同时投入生产和使用进行监督，提出意见。

工会对生产经营单位违反安全生产法律、法规，侵犯从业人员合法权益的行为，有权要求纠正；发现生产经营单位违章指挥、强令冒险作业或者发现事故隐患时，有权提出解决的建议，生产经营单位应当及时研究答复；发现危及从业人员生命安全的情况时，有权向生产经营单位建议组织从业人员撤离危险场所，生产经营单位必须立即作出处理。

工会有权依法参加事故调查，向有关部门提出处理意见，并要求追究有关人员的责任。

第五十八条 生产经营单位使用被派遣劳动者的，被派遣劳动者享有本法规定的从业人员的权利，并应当履行本法规定的从业人员的义务。

第四章 安全生产的监督管理

第五十九条 县级以上地方各级人民政府应当根据本行政区域内的安全生产状况，组织有关部门按照职责分工，对本行政区域内容易发生重大生产安全事故的生产经营单位进行严格检查。

安全生产监督管理部门应当按照分类分级监督管理的要求，制定安全生产年度监督检查计划，并按照年度监督检查计划进行监督检查，发现事故隐患，应当及时处理。

第六十条 负有安全生产监督管理职责的部门依照有关法律、法规的规定，对涉及安全生产的事项需要审查批准（包括批准、核准、许可、注册、认证、颁发证照等，下同）或者验收的，必须严格依照有关法律、法规和国家标准或者行业标准规定的安全生产条件和程序进行审查；不符合有关法律、法规和国家标准或者行业标准规定的安全生产条件的，不得批准或者验收通过。对未依法取得批准或者验收合格的单位擅自从事有关活动的，负责行政审批的部门发现或者接到举报后应当立即予以取缔，并依法予以处理。对已经依法取得批准的单位，负责行政审批的部门发现其不再具备安全生产条件的，应当撤销原批准。

第六十一条 负有安全生产监督管理职责的部门对涉及安全生产的事项进行审查、验收，不得收取费用；不得要求接受审查、验收的单位购买其指定品牌或者指定生产、销售单位的安全设备、器材或者其他产品。

第六十二条 安全生产监督管理部门和其他负有安全生产监督管理职责的部门依法开展安全生

产行政执法工作,对生产经营单位执行有关安全生产的法律、法规和国家标准或者行业标准的情况进行监督检查,行使以下职权:

(一)进入生产经营单位进行检查,调阅有关资料,向有关单位和人员了解情况;

(二)对检查中发现的安全生产违法行为,当场予以纠正或者要求限期改正;对依法应当给予行政处罚的行为,依照本法和其他有关法律、行政法规的规定作出行政处罚决定;

(三)对检查中发现的事故隐患,应当责令立即排除;重大事故隐患排除前或者排除过程中无法保证安全的,应当责令从危险区域内撤出作业人员,责令暂时停产停业或者停止使用相关设施、设备;重大事故隐患排除后,经审查同意,方可恢复生产经营和使用;

(四)对有根据认为不符合保障安全生产的国家标准或者行业标准的设施、设备、器材以及违法生产、储存、使用、经营、运输的危险物品予以查封或者扣押,对违法生产、储存、使用、经营危险物品的作业场所予以查封,并依法作出处理决定。

监督检查不得影响被检查单位的正常生产经营活动。

第六十三条 生产经营单位对负有安全生产监督管理职责的部门的监督检查人员(以下统称安全生产监督检查人员)依法履行监督检查职责,应当予以配合,不得拒绝、阻挠。

第六十四条 安全生产监督检查人员应当忠于职守,坚持原则,秉公执法。

安全生产监督检查人员执行监督检查任务时,必须出示有效的监督执法证件;对涉及被检查单位的技术秘密和业务秘密,应当为其保密。

第六十五条 安全生产监督检查人员应当将检查的时间、地点、内容、发现的问题及其处理情况,作出书面记录,并由检查人员和被检查单位的负责人签字;被检查单位的负责人拒绝签字的,检查人员应当将情况记录在案,并向负有安全生产监督管理职责的部门报告。

第六十六条 负有安全生产监督管理职责的部门在监督检查中,应当互相配合,实行联合检查;确需分别进行检查的,应当互通情况,发现存在的安全问题应当由其他有关部门进行处理的,应当及时移送其他有关部门并形成记录备查,接受移送的部门应当及时进行处理。

第六十七条 负有安全生产监督管理职责的部门依法对存在重大事故隐患的生产经营单位作出停产停业、停止施工、停止使用相关设施或者设备的决定,生产经营单位应当依法执行,及时消除事故隐患。生产经营单位拒不执行,有发生生产安全事故的现实危险的,在保证安全的前提下,经本部门主要负责人批准,负有安全生产监督管理职责的部门可以采取通知有关单位停止供电、停止供应民用爆炸物品等措施,强制生产经营单位履行决定。通知应当采用书面形式,有关单位应当予以配合。

负有安全生产监督管理职责的部门依照前款规定采取停止供电措施,除有危及生产安全的紧急情形外,应当提前二十四小时通知生产经营单位。生产经营单位依法履行行政决定、采取相应措施消除事故隐患的,负有安全生产监督管理职责的部门应当及时解除前款规定的措施。

第六十八条 监察机关依照行政监察法的规定,对负有安全生产监督管理职责的部门及其工作人员履行安全生产监督管理职责实施监察。

第六十九条 承担安全评价、认证、检测、检验的机构应当具备国家规定的资质条件,并对其作出的安全评价、认证、检测、检验的结果负责。

第七十条 负有安全生产监督管理职责的部门应当建立举报制度,公开举报电话、信箱或者电子邮件地址,受理有关安全生产的举报;受理的举报事项经调查核实后,应当形成书面材料;需要落实整改措施的,报经有关负责人签字并督促落实。

第七十一条 任何单位或者个人对事故隐患或者安全生产违法行为,均有权向负有安全生产监督管理职责的部门报告或者举报。

第七十二条 居民委员会、村民委员会发现其所在区域内的生产经营单位存在事故隐患或者安全生产违法行为时,应当向当地人民政府或者有关部门报告。

第七十三条 县级以上各级人民政府及其有关部门对报告重大事故隐患或者举报安全生产违法行为的有功人员，给予奖励。具体奖励办法由国务院安全生产监督管理部门会同国务院财政部门制定。

第七十四条 新闻、出版、广播、电影、电视等单位有进行安全生产公益宣传教育的义务，有对违反安全生产法律、法规的行为进行舆论监督的权利。

第七十五条 负有安全生产监督管理职责的部门应当建立安全生产违法行为信息库，如实记录生产经营单位的安全生产违法行为信息；对违法行为情节严重的生产经营单位，应当向社会公告，并通报行业主管部门、投资主管部门、国土资源主管部门、证券监督管理机构以及有关金融机构。

第五章 生产安全事故的应急救援与调查处理

第七十六条 国家加强生产安全事故应急能力建设，在重点行业、领域建立应急救援基地和应急救援队伍，鼓励生产经营单位和其他社会力量建立应急救援队伍，配备相应的应急救援装备和物资，提高应急救援的专业化水平。

国务院安全生产监督管理部门建立全国统一的生产安全事故应急救援信息系统，国务院有关部门建立健全相关行业、领域的生产安全事故应急救援信息系统。

第七十七条 县级以上地方各级人民政府应当组织有关部门制定本行政区域内特大生产安全事故应急救援预案，建立应急救援体系。

第七十八条 生产经营单位应当制定本单位生产安全事故应急救援预案，与所在地县级以上地方人民政府组织制定的生产安全事故应急救援预案相衔接，并定期组织演练。

第七十九条 危险物品的生产、经营、储存单位以及矿山、金属冶炼、城市轨道交通运营、建筑施工单位应当建立应急救援组织；生产经营规模较小的，可以不建立应急救援组织，但应当指定兼职的应急救援人员。

危险物品的生产、经营、储存、运输单位以及矿山、金属冶炼、城市轨道交通运营、建筑施工单位应当配备必要的应急救援器材、设备和物资，并进行经常性维护、保养，保证正常运转。

第八十条 生产经营单位发生生产安全事故后，事故现场有关人员应当立即报告本单位负责人。

单位负责人接到事故报告后，应当迅速采取有效措施，组织抢救，防止事故扩大，减少人员伤亡和财产损失，并按照国家有关规定立即如实报告当地负有安全生产监督管理职责的部门，不得隐瞒不报、谎报或者迟报，不得故意破坏事故现场、毁灭有关证据。

第八十一条 负有安全生产监督管理职责的部门接到事故报告后，应当立即按照国家有关规定上报事故情况。负有安全生产监督管理职责的部门和有关地方人民政府对事故情况不得隐瞒不报、谎报或者迟报。

第八十二条 有关地方人民政府和负有安全生产监督管理职责的部门的负责人接到生产安全事故报告后，应当按照生产安全事故应急救援预案的要求立即赶到事故现场，组织事故抢救。

参与事故抢救的部门和单位应当服从统一指挥，加强协同联动，采取有效的应急救援措施，并根据事故救援的需要采取警戒、疏散等措施，防止事故扩大和次生灾害的发生，减少人员伤亡和财产损失。

事故抢救过程中应当采取必要措施，避免或者减少对环境造成的危害。

任何单位和个人都应当支持、配合事故抢救，并提供一切便利条件。

第八十三条 事故调查处理应当按照科学严谨、依法依规、实事求是、注重实效的原则，及时、准确地查清事故原因，查明事故性质和责任，总结事故教训，提出整改措施，并对事故责任者提出处理意见。事故调查报告应当依法及时向社会公布。事故调查和处理的具体办法由国务院制定。

事故发生单位应当及时全面落实整改措施，负有安全生产监督管理职责的部门应当加强监督检查。

第八十四条 生产经营单位发生生产安全事故，经调查确定为责任事故的，除了应当查明事故单位的责任并依法予以追究外，还应当查明对安全生产的有关事项负有审查批准和监督职责的行政部门的责任，对有失职、渎职行为的，依照本法第八十七条的规定追究法律责任。

第八十五条 任何单位和个人不得阻挠和干涉对事故的依法调查处理。

第八十六条 县级以上地方各级人民政府安全生产监督管理部门应当定期统计分析本行政区域内发生生产安全事故的情况，并定期向社会公布。

第六章 法律责任

第八十七条 负有安全生产监督管理职责的部门的工作人员，有下列行为之一的，给予降级或者撤职的处分；构成犯罪的，依照刑法有关规定追究刑事责任：

（一）对不符合法定安全生产条件的涉及安全生产的事项予以批准或者验收通过的；

（二）发现未依法取得批准、验收的单位擅自从事有关活动或者接到举报后不予取缔或者不依法予以处理的；

（三）对已经依法取得批准的单位不履行监督管理职责，发现其不再具备安全生产条件而不撤销原批准或者发现安全生产违法行为不予查处的；

（四）在监督检查中发现重大事故隐患，不依法及时处理的。

负有安全生产监督管理职责的部门的工作人员有前款规定以外的滥用职权、玩忽职守、徇私舞弊行为的，依法给予处分；构成犯罪的，依照刑法有关规定追究刑事责任。

第八十八条 负有安全生产监督管理职责的部门，要求被审查、验收的单位购买其指定的安全设备、器材或者其他产品的，在对安全生产事项的审查、验收中收取费用的，由其上级机关或者监察机关责令改正，责令退还收取的费用；情节严重的，对直接负责的主管人员和其他直接责任人员依法给予处分。

第八十九条 承担安全评价、认证、检测、检验工作的机构，出具虚假证明的，没收违法所得；违法所得在十万元以上的，并处违法所得二倍以上五倍以下的罚款；没有违法所得或者违法所得不足十万元的，单处或者并处十万元以上二十万元以下的罚款；对其直接负责的主管人员和其他直接责任人员处二万元以上五万元以下的罚款；给他人造成损害的，与生产经营单位承担连带赔偿责任；构成犯罪的，依照刑法有关规定追究刑事责任。

对有前款违法行为的机构，吊销其相应资质。

第九十条 生产经营单位的决策机构、主要负责人或者个人经营的投资人不依照本法规定保证安全生产所必需的资金投入，致使生产经营单位不具备安全生产条件的，责令限期改正，提供必需的资金；逾期未改正的，责令生产经营单位停产停业整顿。

有前款违法行为，导致发生生产安全事故的，对生产经营单位的主要负责人给予撤职处分，对个人经营的投资人处二万元以上二十万元以下的罚款；构成犯罪的，依照刑法有关规定追究刑事责任。

第九十一条 生产经营单位的主要负责人未履行本法规定的安全生产管理职责的，责令限期改正；逾期未改正的，处二万元以上五万元以下的罚款，责令生产经营单位停产停业整顿。

生产经营单位的主要负责人有前款违法行为，导致发生生产安全事故的，给予撤职处分；构成犯罪的，依照刑法有关规定追究刑事责任。

生产经营单位的主要负责人依照前款规定受刑事处罚或者撤职处分的，自刑罚执行完毕或者受处分之日起，五年内不得担任任何生产经营单位的主要负责人；对重大、特别重大生产安全事故负有责任的，终身不得担任本行业生产经营单位的主要负责人。

第九十二条 生产经营单位的主要负责人未履行本法规定的安全生产管理职责，导致发生生产安全事故的，由安全生产监督管理部门依照下列规定处以罚款：

(一)发生一般事故的,处上一年年收入百分之三十的罚款;
(二)发生较大事故的,处上一年年收入百分之四十的罚款;
(三)发生重大事故的,处上一年年收入百分之六十的罚款;
(四)发生特别重大事故的,处上一年年收入百分之八十的罚款。

第九十三条 生产经营单位的安全生产管理人员未履行本法规定的安全生产管理职责的,责令限期改正;导致发生生产安全事故的,暂停或者撤销其与安全生产有关的资格;构成犯罪的,依照刑法有关规定追究刑事责任。

第九十四条 生产经营单位有下列行为之一的,责令限期改正,可以处五万元以下的罚款;逾期未改正的,责令停产停业整顿,并处五万元以上十万元以下的罚款,对其直接负责的主管人员和其他直接责任人员处一万元以上二万元以下的罚款:

(一)未按照规定设置安全生产管理机构或者配备安全生产管理人员的;
(二)危险物品的生产、经营、储存单位以及矿山、金属冶炼、建筑施工、道路运输单位的主要负责人和安全生产管理人员未按照规定经考核合格的;
(三)未按照规定对从业人员、被派遣劳动者、实习学生进行安全生产教育和培训,或者未按照规定如实告知有关的安全生产事项的;
(四)未如实记录安全生产教育和培训情况的;
(五)未将事故隐患排查治理情况如实记录或者未向从业人员通报的;
(六)未按照规定制定生产安全事故应急救援预案或者未定期组织演练的;
(七)特种作业人员未按照规定经专门的安全作业培训并取得相应资格,上岗作业的。

第九十五条 生产经营单位有下列行为之一的,责令停止建设或者停产停业整顿,限期改正;逾期未改正的,处五十万元以上一百万元以下的罚款,对其直接负责的主管人员和其他直接责任人员处二万元以上五万元以下的罚款;构成犯罪的,依照刑法有关规定追究刑事责任:

(一)未按照规定对矿山、金属冶炼建设项目或者用于生产、储存、装卸危险物品的建设项目进行安全评价的;
(二)矿山、金属冶炼建设项目或者用于生产、储存、装卸危险物品的建设项目没有安全设施设计或者安全设施设计未按照规定报经有关部门审查同意的;
(三)矿山、金属冶炼建设项目或者用于生产、储存、装卸危险物品的建设项目的施工单位未按照批准的安全设施设计施工的;
(四)矿山、金属冶炼建设项目或者用于生产、储存危险物品的建设项目竣工投入生产或者使用前,安全设施未经验收合格的。

第九十六条 生产经营单位有下列行为之一的,责令限期改正,可以处五万元以下的罚款;逾期未改正的,处五万元以上二十万元以下的罚款,对其直接负责的主管人员和其他直接责任人员处一万元以上二万元以下的罚款;情节严重的,责令停产停业整顿;构成犯罪的,依照刑法有关规定追究刑事责任:

(一)未在有较大危险因素的生产经营场所和有关设施、设备上设置明显的安全警示标志的;
(二)安全设备的安装、使用、检测、改造和报废不符合国家标准或者行业标准的;
(三)未对安全设备进行经常性维护、保养和定期检测的;
(四)未为从业人员提供符合国家标准或者行业标准的劳动防护用品的;
(五)危险物品的容器、运输工具,以及涉及人身安全、危险性较大的海洋石油开采特种设备和矿山井下特种设备未经具有专业资质的机构检测、检验合格,取得安全使用证或者安全标志,投入使用的;
(六)使用应当淘汰的危及生产安全的工艺、设备的。

第九十七条 未经依法批准，擅自生产、经营、运输、储存、使用危险物品或者处置废弃危险物品的，依照有关危险物品安全管理的法律、行政法规的规定予以处罚；构成犯罪的，依照刑法有关规定追究刑事责任。

第九十八条 生产经营单位有下列行为之一的，责令限期改正，可以处十万元以下的罚款；逾期未改正的，责令停产停业整顿，并处十万元以上二十万元以下的罚款，对其直接负责的主管人员和其他直接责任人员处二万元以上五万元以下的罚款；构成犯罪的，依照刑法有关规定追究刑事责任：

（一）生产、经营、运输、储存、使用危险物品或者处置废弃危险物品，未建立专门安全管理制度、未采取可靠的安全措施的；

（二）对重大危险源未登记建档，或者未进行评估、监控，或者未制定应急预案的；

（三）进行爆破、吊装以及国务院安全生产监督管理部门会同国务院有关部门规定的其他危险作业，未安排专门人员进行现场安全管理的；

（四）未建立事故隐患排查治理制度的。

第九十九条 生产经营单位未采取措施消除事故隐患的，责令立即消除或者限期消除；生产经营单位拒不执行的，责令停产停业整顿，并处十万元以上五十万元以下的罚款，对其直接负责的主管人员和其他直接责任人员处二万元以上五万元以下的罚款。

第一百条 生产经营单位将生产经营项目、场所、设备发包或者出租给不具备安全生产条件或者相应资质的单位或者个人的，责令限期改正，没收违法所得；违法所得十万元以上的，并处违法所得二倍以上五倍以下的罚款；没有违法所得或者违法所得不足十万元的，单处或者并处十万元以上二十万元以下的罚款；对其直接负责的主管人员和其他直接责任人员处一万元以上二万元以下的罚款；导致发生生产安全事故给他人造成损害的，与承包方、承租方承担连带赔偿责任。

生产经营单位未与承包单位、承租单位签订专门的安全生产管理协议或者未在承包合同、租赁合同中明确各自的安全生产管理职责，或者未对承包单位、承租单位的安全生产统一协调、管理的，责令限期改正，可以处五万元以下的罚款，对其直接负责的主管人员和其他直接责任人员可以处一万元以下的罚款；逾期未改正的，责令停产停业整顿。

第一百零一条 两个以上生产经营单位在同一作业区域内进行可能危及对方安全生产的生产经营活动，未签订安全生产管理协议或者未指定专职安全生产管理人员进行安全检查与协调的，责令限期改正，可以处五万元以下的罚款，对其直接负责的主管人员和其他直接责任人员可以处一万元以下的罚款；逾期未改正的，责令停产停业。

第一百零二条 生产经营单位有下列行为之一的，责令限期改正，可以处五万元以下的罚款，对其直接负责的主管人员和其他直接责任人员可以处一万元以下的罚款；逾期未改正的，责令停产停业整顿；构成犯罪的，依照刑法有关规定追究刑事责任：

（一）生产、经营、储存、使用危险物品的车间、商店、仓库与员工宿舍在同一座建筑内，或者与员工宿舍的距离不符合安全要求的；

（二）生产经营场所和员工宿舍未设有符合紧急疏散需要、标志明显、保持畅通的出口，或者锁闭、封堵生产经营场所或者员工宿舍出口的。

第一百零三条 生产经营单位与从业人员订立协议，免除或者减轻其对从业人员因生产安全事故伤亡依法应承担的责任的，该协议无效；对生产经营单位的主要负责人、个人经营的投资人处二万元以上十万元以下的罚款。

第一百零四条 生产经营单位的从业人员不服从管理，违反安全生产规章制度或者操作规程的，由生产经营单位给予批评教育，依照有关规章制度给予处分；构成犯罪的，依照刑法有关规定追究刑事责任。

第一百零五条 违反本法规定，生产经营单位拒绝、阻碍负有安全生产监督管理职责的部门依法实施监督检查的，责令改正；拒不改正的，处二万元以上二十万元以下的罚款；对其直接负责的主管人员和其他直接责任人员处一万元以上二万元以下的罚款；构成犯罪的，依照刑法有关规定追究刑事责任。

第一百零六条 生产经营单位的主要负责人在本单位发生生产安全事故时，不立即组织抢救或者在事故调查处理期间擅离职守或者逃匿的，给予降级、撤职的处分，并由安全生产监督管理部门处上一年年收入百分之六十至百分之一百的罚款；对逃匿的处十五日以下拘留；构成犯罪的，依照刑法有关规定追究刑事责任。

生产经营单位的主要负责人对生产安全事故隐瞒不报、谎报或者迟报的，依照前款规定处罚。

第一百零七条 有关地方人民政府、负有安全生产监督管理职责的部门，对生产安全事故隐瞒不报、谎报或者迟报的，对直接负责的主管人员和其他直接责任人员依法给予处分；构成犯罪的，依照刑法有关规定追究刑事责任。

第一百零八条 生产经营单位不具备本法和其他有关法律、行政法规和国家标准或者行业标准规定的安全生产条件，经停产停业整顿仍不具备安全生产条件的，予以关闭；有关部门应当依法吊销其有关证照。

第一百零九条 发生生产安全事故，对负有责任的生产经营单位除要求其依法承担相应的赔偿等责任外，由安全生产监督管理部门依照下列规定处以罚款：

（一）发生一般事故的，处二十万元以上五十万元以下的罚款；

（二）发生较大事故的，处五十万元以上一百万元以下的罚款；

（三）发生重大事故的，处一百万元以上五百万元以下的罚款；

（四）发生特别重大事故的，处五百万元以上一千万元以下的罚款；情节特别严重的，处一千万元以上二千万元以下的罚款。

第一百一十条 本法规定的行政处罚，由安全生产监督管理部门和其他负有安全生产监督管理职责的部门按照职责分工决定。予以关闭的行政处罚由负有安全生产监督管理职责的部门报请县级以上人民政府按照国务院规定的权限决定；给予拘留的行政处罚由公安机关依照治安管理处罚法的规定决定。

第一百一十一条 生产经营单位发生生产安全事故造成人员伤亡、他人财产损失的，应当依法承担赔偿责任；拒不承担或者其负责人逃匿的，由人民法院依法强制执行。

生产安全事故的责任人未依法承担赔偿责任，经人民法院依法采取执行措施后，仍不能对受害人给予足额赔偿的，应当继续履行赔偿义务；受害人发现责任人有其他财产的，可以随时请求人民法院执行。

第七章 附 则

第一百一十二条 本法下列用语的含义：

危险物品，是指易燃易爆物品、危险化学品、放射性物品等能够危及人身安全和财产安全的物品。

重大危险源，是指长期地或者临时地生产、搬运、使用或者储存危险物品，且危险物品的数量等于或者超过临界量的单元（包括场所和设施）。

第一百一十三条 本法规定的生产安全一般事故、较大事故、重大事故、特别重大事故的划分标准由国务院规定。

国务院安全生产监督管理部门和其他负有安全生产监督管理职责的部门应当根据各自的职责分工，制定相关行业、领域重大事故隐患的判定标准。

第一百一十四条 本法自 2002 年 11 月 1 日起施行。

附录2　公路水运工程建设重大事故隐患清单管理制度

第一条　为强化公路水运工程建设安全生产管理工作，推动重大事故隐患管理工作，遏制重、特大生产安全事故发生，根据《安全生产法》、《建设工程安全生产管理条例》、交通运输部《公路水运工程安全生产监督管理办法》等，制定本制度。

第二条　列入国家和地方基本建设计划的公路、水运基础设施新建、改建、扩建等工程项目相关单位实施重大事故隐患清单管理等工作，适用本制度。

第三条　公路水运工程建设重大事故隐患是指在建设过程中，可能导致发生重大及以上等级生产安全事故的环境或物的不安全状态、人的不安全行为及管理存在的缺陷。

第四条　交通运输部指导地方交通运输主管部门开展重大事故隐患清单管理工作。根据法律法规和标准规范以及公路水运工程建设领域施工安全管理实际，制定重大事故隐患清单管理制度及重大事故隐患行业基础清单（见附件1、附件2）。

各地交通运输主管部门结合本地区公路水运工程建设实际，参考行业基础清单，制定本地区重大事故隐患地方基础清单。监督指导公路水运工程建设项目的重大事故隐患清单管理及事故隐患排查治理工作。

第五条　公路水运工程施工企业是工程项目事故隐患排查治理的责任主体。应制定本单位生产安全事故隐患清单管理制度，明确管理程序、管理内容及相关职责，督促所承建公路水运工程项目的派出机构（以下简称"施工单位"）做好工程项目的重大事故隐患清单管理及事故隐患排查治理工作。

第六条　施工单位在承建的公路水运工程项目开工前，依据工程实际，参照有关清单，制定工程项目的重大事故隐患清单（以下简称"工程项目清单"），由施工单位项目负责人审核发布，并向施工企业法人单位备案。要将工程项目清单纳入岗前教育培训，并在相应作业区域公示。

当工程建设条件、施工环境、施工作业内容等发生变化，施工单位应对工程项目清单及时调整，并经审核重新备案。

第七条　建设过程中，施工单位应参照工程项目清单开展事故隐患排查，对发现存在重大事故隐患的作业区域应立即停止相关作业。根据重大事故隐患建立治理台账，台账应在工程项目清单的基础上明确治理负责人、治理时限及治理措施。按照治理措施进行隐患消除，治理完成后，由治理责任人签认并将治理台账存档。

第八条　施工企业法人单位、工程项目监理、建设单位应对施工单位的工程项目清单管理工作进行检查，督促施工单位及时排查治理重大事故隐患。

第九条　县级以上交通运输主管部门及其质量安全监管机构依据职责应对公路水运工程建设项目的重大事故隐患清单管理工作进行监督检查，对工作开展不到位的，按照有关法律法规及规章制度对相关责任单位和责任人采取约谈、挂牌督办、列入重点名单以及行政处罚等相应措施。

第十条　本制度由交通运输部解释，自发布之日起施行，有效期3年。

公路工程重大事故隐患清单(行业基础版)

附件1

工程类别	施工环节	隐患编号	隐患内容	易引发事故类型	判定依据
工程管理	方案管理	GG-001	未按规定编制或未按程序审批危险性较大工程或新工艺、新工法的专项施工方案;超过一定规模的危险性较大工程的专项施工方案未组织专家论证、审查;未按审批的专项施工方案施工	坍塌等	JTG F90-3.0.2
辅助施工	工地建设	GF-001	施工驻地及场站设置在滑坡、塌方、泥石流、崩塌、落石、洪水、雪崩等危险区域	坍塌	JTG F90-3.0.8、4.1.1、4.1.2、4.1.3、4.4
		GF-002	施工现场、生产区、生活区、办公区等防火或临时用电未按规范实施	火灾	
	围堰施工	GF-003	未按设计或方案要求施工围堰;未定期开展围堰监测监控,工况发生变化时未及时采取措施	坍塌、淹溺	JTG F90-(5.8.22、8.7);JTG/T F50-(12.2.1、12.2.2、13.3.4、13.3.8);77号文件
		GF-004	碰撞、随意拆除、擅自削弱围堰内部支撑杆件或在其上堆放重物		
		GF-005	土石围堰无防排水和防汛措施;钢围堰无防撞措施;侧壁随意驻泊施工船舶		
	挂篮施工	GF-006	采用挂篮法施工未平衡浇筑;挂篮拼装后未预压、锚固不规范;混凝土强度未达到要求或恶劣天气移动挂篮	坍塌	JTG F90-8.11.4;JTG/T F50-16.5.1、16.5.4
通用作业	模板作业	GT-001	未按规范或方案要求安装或拆除模板[包括翻模、爬(滑)模、移动模架等];各类模板使用的螺栓安装数量不足	坍塌	JTG F90-(5.2.13、5.2.14、8.9.4、8.9.5、8.11.2);JTG/T F50-(5.3、5.5)
	支架作业	GT-002	未处置支架基础;支架未按规范或方案要求搭设、预压、验收	坍塌	JTG F90-(5.2.1~5.2.7);JTG/T F50-(5.4、5.5)
		GT-003	支架搭设使用无产品合格证、未经检验或检不合格的管材、构件		
	特种设备设施作业	GT-004	使用未经检验或验收不合格的起重机械	起重伤害	JTG F90-5.6.1、5.6.9、5.6.16、5.6.17
		GT-005	未按规范或方案要求安装拆除桥式、臂架式或缆索式等起重机械		
		GT-006	使用吊车、塔吊等起重机械吊运人员		
路基工程	高边坡施工	GL-001	含岩堆、松散岩石或滑坡地段的高边坡开挖、排险、防护措施不足	坍塌	JTG F90-6.8.1、6.8.2
	爆破施工	GL-002	未设置警戒区;爆破后未排险立即施工	爆炸	JTG F90-5.10
桥梁工程	深基坑施工	GQ-001	深基坑施工防护措施不足	坍塌	JTG F90-8.8.4
	墩柱施工	GQ-002	桥墩施工未搭设施工作业平台		JTG F90-8.9.2
	梁板施工	GQ-003	梁板安装未采取防倾覆措施		JTG F90-8.11.3
	拱桥施工	GQ-004	拱架支撑体系搭设、拆除不规范;拱圈施工工序、工艺或材料不符合规范		JTG F90-8.12.2;JTG/T F50-(15.2.2、15.2.3、15.3)

续上表

工程类别	施工环节	隐患编号	隐患内容	易引发事故类型	判定依据
隧道工程	洞口边、仰坡施工	GS-001	雨季、融雪季节边、仰坡施工排险、防护措施不足；边、仰坡开挖未施作排水系统	坍塌	JTG F90-9.2.5；JTG/ F60-(5.1.1、5.1.4、5.1.7)；JTG/T F60-5.1.3
		GS-002	含岩堆、松散岩石或滑坡地段的边坡开挖、排险、防护措施不足		JTG F90-9.2.5；JTG F60-(16.7、16.8)；JTG/T F60-15.7、15.8
	洞内施工	GS-003	雨季、融雪季节，浅埋或地表径流地段未开展地表监测	坍塌	JTG F90-9.2.8；JTG F60-5.1.8
		GS-004	未按规范或方案要求开展超前地质预报、监控量测		JTG F90-9.17；JTG F60-10.2；JTG/T F60-(9.2、10.2)；104号文件
		GS-005	开挖方法不符合设计或方案要求；开挖前未对掌子面及其临近的拱顶、拱腰围岩进行排险		JTG F90-9.3；104号文件
		GS-006	未按规范或方案要求初喷及支护；拱架、锚杆等材质不符合设计要求		JTG F90-(9.4~9.6)；104号文件
		GS-007	仰拱一次开挖长度不符合方案要求；Ⅲ级围岩仰拱距掌子面的距离大于90m；Ⅳ级围岩仰拱距掌子面的距离大于50m；Ⅴ级及以上围岩仰拱距掌子面的距离大于40m；仰拱拱架未闭合		JTG F90-9.3.13；104号文件
		GS-008	Ⅳ级围岩二衬距掌子面的距离大于90m，Ⅴ级及以上围岩二衬距掌子面的距离大于70m		JTG F90-9.11.10
	瓦斯隧道施工	GS-009	工区任意位置瓦斯浓度达到限值；瓦斯检测与防爆设施不符合方案要求	瓦斯爆炸	JTG F90-(9.11.8、9.11.10)；JTG F60-(16.6.6、16.6.7)
	防火防爆	GS-010	隧道内土工布、防水板等易燃材料存在火灾隐患	火灾，爆炸	JTG F90-9.1.17；104号文件
		GS-011	隧道内存放、加工、销毁民用爆炸物品；使用非专用车辆运输民用爆炸物品或人药混装运输		

注：①JTG F90：《公路工程施工安全技术规范》(JTG F90—2015)；
②JTG/T F50：《公路桥涵施工技术规范》(JTG/T F50—2011)；
③JTG F60：《公路隧道施工技术规范》(JTG F60—2009)；
④JTG/T F60：《公路隧道施工技术细则》(JTG/T F60—2009)；
⑤77号文件：交通运输部办公厅关于转发重庆市交通委员会关于加强桥梁工程双壁钢围堰施工安全管理工作的通知(交办安监〔2015〕77号)；
⑥104号文件：国家安全监管总局、交通运输部、国务院国资委、国家铁路局关于印发《隧道施工安全九条规定》的通知(安监总管二〔2014〕104号)。

水运工程重大事故隐患清单(行业基础版)　　　　附件2

工程类别	施工环节	隐患编号	隐患内容	易引发事故类型	判定依据
工程管理	方案管理	SG-001	危险性较大的分部分项工程未编制专项施工方案,方案未按程序审核批准,未按方案施工	各类事故	《公路水运工程安全生产监督管理办法》第23条;JTS 205-4.7.7
辅助施工	工地建设	SF-001	施工驻地及场站设置在易受山体滑坡、泥石流或易受潮水、洪水侵袭和雷击的区域	山体滑坡、泥石流自然灾害	JTS 205-4.1.2
		SF-002	施工现场办公、生活区和作业区未分开设置或安全距离不足,易燃易爆物品仓库或其他危险品仓库的布置以及与相邻建筑物的距离不符合国家和有关部门的规定	火灾、爆炸	《公路水运工程安全生产监督管理办法》第25条;《危险化学品安全管理条例》第19条;GB 18265-6.1;JTS 205-4.1.5、4.5.6
		SF-003	生产生活区防火及用电安全措施存在严重缺陷,安全通道不畅	火灾、爆炸	JTS 205-4.1.1
	围堰施工	SF-004	未按设计或方案要求施工围堰,未定期开展监测监控,工况发生变化时未及时采取措施	坍塌、淹溺	JTG F90-(5.8.22、8.7.3、8.7.4、8.7.5);JTG/T F50-12.2.1、12.2.2、13.3.4、13.3.8;77号文件
		SF-005	碰撞、随意拆除、擅自削弱钢围堰内部支撑杆件或在其上堆放重物	坍塌、淹溺	
		SF-006	土石围堰无防排水和防汛措施;钢围堰无防撞措施,侧壁随意驻泊施工船舶	坍塌、船舶沉没	
通用作业	支架作业	ST-001	未处置支架基础,支架未按规范或方案要求搭设、预压、验收	坍塌	JTG F90-(5.2.1~5.2.7) JTG/T F50-(5.4、5.5)
		ST-002	支架搭设使用无产品合格证、未经检验或验收不合格的管材、构件	坍塌	JTG F90-(5.2.1~5.2.7) JTG/T F50-(5.4、5.5)
	模板作业	ST-003	未按规范或方案要求安装或拆除沉箱、胸墙、闸墙等处的模板	坍塌	JTS 205-5.3.4.2;JTG F90-5.2.14
	特种设备设施作业	ST-004	使用未经检验或验收不合格的起重机械	起重伤害	《特种设备安全法》第14条、第40条;JTS 205-5.7.1
	施工船舶作业	ST-005	运输船舶无配载图,超航区运输,上下船设施不安全稳固	船舶沉没、淹溺	JTS 205-6.2.8、10.1.3、10.1.9
		ST-006	工程船舶防台防汛防突风无应急预案,或救生设施、应急拖轮等配备不足	船舶沉没	JTS 205-12.1.1.1、12.2.1、10.1.4
		ST-007	工程船舶改造、船舶与陆用设备组合作业未按规定验算船舶稳定性和结构强度等	船舶沉没、淹溺	JTS 205-4.7.3
码头工程	水下爆夯	SM-001	爆破器材无公安机关核定的准用手续,无领用退库等台账资料	爆炸	《民用爆炸物品安全管理条例》第37条;GB 6722-(5.2.4.3、5.3.1、6.3.1.1、10.1.4、14.3.2);JTS 205-5.12.1

续上表

工程类别	施工环节	隐患编号	隐患内容	易引发事故类型	判定依据
码头工程	沉箱浮运	SM-002	沉箱浮运未验算浮游稳定性	沉箱沉没	JTS 205-6.2.15、6.2.17
	深基坑施工	SM-003	深基坑无降(排)水方案或无施工监测措施	坍塌	JTS 205-(8.1.3、8.1.5.1、8.5.1);JTG F90-8.8.4
		SM-004	基坑周边1m范围内随意堆载、停放设备	坍塌	
航道整治、防波堤及护岸工程	铺排施工	SD-001	人员站立于正在溜放的软体排上方	淹溺	JTS 205-5.10.4

注:①JTS 205:《水运工程施工安全防护技术规范》(JTS 205-1—2008);
②GB 18265:《危险化学品经营企业开业条件和技术要求》(GB 18265—2000);
③JTG F90:《公路工程施工安全技术规范》(JTG F90—2015);
④JTG/T F50:《公路桥涵施工技术规范》(JTG/T F50—2011);
⑤GB 6722:《爆破安全规程》(GB 6722—2014);
⑥77号文件:交通运输部办公厅关于转发重庆市交通委员会关于加强桥梁工程双壁钢围堰施工安全管理工作的通知(交办安监〔2015〕77号)。

参 考 文 献

[1] 中华人民共和国国家标准. GB 6067.1—2010 起重机械安全规程[S]. 北京：中国标准出版社，2010.
[2] 中华人民共和国国家标准. GB/T 14405—2011 通用桥式起重机[S]. 北京：中国标准出版社，2011.
[3] 中华人民共和国国家标准. GB/T 14406—2011 通用门式起重机[S]. 北京：中国标准出版社，2011.
[4] 中华人民共和国国家标准. GB 26469—2011 架桥机安全规程[S]. 北京：中国标准出版社，2011.
[5] 中华人民共和国国家标准. GB 50278—2010 起重设备安装工程施工及验收规范[S]. 北京：中国建筑工业出版社，2010.
[6] 中华人民共和国国家标准. GB 6722—2014 爆破安全规程[S]. 北京：中国标准出版社，2014.
[7] 中华人民共和国国家标准. GB 50089—2007 民用爆破器材工程设计安全规范[S]. 北京：中国计划出版社，2007.
[8] 中华人民共和国行业标准. JTG F90—2015 公路工程施工安全技术规范[S]. 北京：人民交通出版社股份有限公司，2015.
[9] 中华人民共和国行业标准. JTG/T F50—2011 公路桥涵施工技术规范[S]. 北京：人民交通出版社，2011.
[10] 中华人民共和国行业标准. JTG G10—2006 公路工程施工监理规范[S]. 北京：人民交通出版社，2006.
[11] 中华人民共和国行业标准. JTG F60—2009 公路隧道施工技术规范[S]. 北京：人民交通出版社，2009.
[12] 中华人民共和国行业标准. JTS 205-1—2008 水运工程施工安全防护技术规范[S]. 北京：人民交通出版社，2008.
[13] 中华人民共和国行业标准. JGJ 59—2011 建筑施工安全检查标准[S]. 北京：中国建筑工业出版社，2011.
[14] 中华人民共和国公共安全行业标准. GA 837—2009 民用爆炸物品储存库治安防范要求[S]. 北京：中国标准出版社，2009.
[15] 中华人民共和国公共安全行业标准. GA 838—2009 小型民用爆炸物品储存库安全规范[S]. 北京：中国标准出版社，2009.
[16] 交通运输部工程质量监督局. 公路水运工程施工安全标准化指南[M]. 北京：人民交通出版社，2013.
[17] 交通运输部工程质量监督局. 公路桥梁和隧道工程施工安全风险评估制度及指南解析[M]. 北京：人民交通出版社，2011.
[18] 交通运输部安全与质量监督管理司. 高速公路路堑高边坡工程施工安全风险评估指南（试行）[M]. 北京：人民交通出版社股份有限公司，2015.
[19] 安徽省地方标准. DB 34/T 1981—2013 安徽省公路水运工程梁式支架技术规程[S]. 北京：人民交通出版社股份有限公司，2014.
[20] 中国交通建设监理协会. 交通建设工程安全监理[M]. 第2版. 北京：人民交通出版社，2010.
[21] 贵州路桥集团有限公司. 公路瓦斯隧道施工及安全技术[M]. 北京：人民交通出版社，2013.
[22] 蔡伟. 爆破作业人员简明读本[M]. 沈阳：辽宁科学技术出版社，2014.